八闽教育名家系列丛书编委会

学术顾问：周洪宇　黄书光　张亚群　李　迅

丛书主编：黄仁贤

编　　委：吴明洪　涂怀京　陈明霞　杨卫明　杨来恩
　　　　　周志平　方彦寿　赖一郎　董　洪

八闽教育名家系列丛书

丛书主编：黄仁贤

八闽教育名家文选

当代卷（二）

涂怀京 杨来恩 | 主编

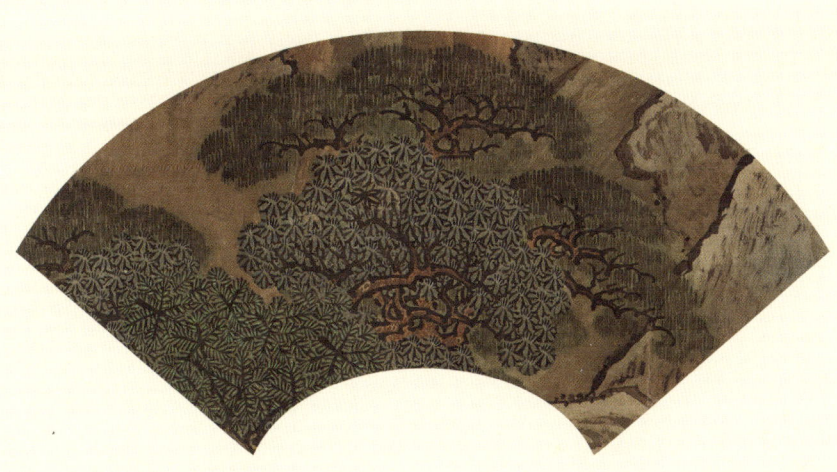

海峡出版发行集团 | 福建教育出版社

图书在版编目（CIP）数据

八闽教育名家文选. 二，当代卷/涂怀京，杨来恩主编. －福州：福建教育出版社，2025.8. －（八闽教育名家系列丛书/黄仁贤主编）. －ISBN 978-7-5758-0400-4

Ⅰ.G40-53

中国国家版本馆 CIP 数据核字第 2025VY3159 号

八闽教育名家系列丛书

丛书主编：黄仁贤

Bamin Jiaoyu Mingjia Wenxuan·Dangdai Juan（Er）

八闽教育名家文选·当代卷（二）

涂怀京　杨来恩　主编

出版发行　福建教育出版社
（福州市梦山路 27 号　邮编：350025　网址：www.fep.com.cn
编辑部电话：0591-83726908
发行部电话：0591-83721876　87115073　010-62024258）
出 版 人　江金辉
印　　刷　福州德安彩色印刷有限公司
（福州市金山工业区浦上标准厂房 B 区 42 栋）
开　　本　710 毫米×1000 毫米　1/16
印　　张　18.75
字　　数　257 千字
插　　页　3
版　　次　2025 年 8 月第 1 版　2025 年 8 月第 1 次印刷
书　　号　ISBN 978-7-5758-0400-4
定　　价　58.00 元

如发现本书印装质量问题，请向本社出版科（电话：0591-83726019）调换。

丛书总序

刘海峰

在福建这片被武夷云雾与东海涛声滋养的土地上，文明之脉绵长，教育之树常青。当我们将目光投向八闽大地的历史星空，那些在中国教育史上璀璨的名字便如星辰般浮现——从闽中走向全国的理学大师朱熹，到近代教育救国的先驱严复，八闽大地教育名家群星闪耀，彪炳史册。

我在1996年出版的《福建教育史》一书的绪论中，曾概括出福建教育史上七个独具特色的方面：其一为朱熹讲学与福建书院的兴盛，其二是宋明两代成为科举大省，其三是台湾士人参加福建乡试，其四是福建船政学堂为全国洋务学堂的先导，其五为教会办学的首要省份之一，其六为华侨办学的典型省份，其七为东南沿海抗战时坚持办学的代表省份。福建教育史上不仅有许多独具特色的方面，而且出现过许多教育名家，其中有不少在全国都有很高的知名度，在中国教育史上占有一席之地。

唐中宗神龙二年（706年），长溪（今属福建福安）人薛令之考中进士，成为破福建科举天荒的开闽进士。中唐以后，经历过李椅、常衮等人的几次兴学活动，参加科举者明显增加，林藻、欧阳詹等人相继登第，福建从被视为"闽人未知学"逐渐变为每年考上进士比肩中原的地区。宋代福建教育和科举特别兴盛，《宋史·地理志》将"多向学，喜讲诵，好为文辞，登科第者尤多"列为福建的重要特点。宋代进士总数有4万名左右，福建进士人数有

7000人左右，为全国第一，且遥遥领先于其他地区。在两宋118名状元中，福建人占20名，也为全国之冠。北宋太平老人《袖中锦·天下第一》在罗列当时全国的工艺及农、林、牧、渔著名产品之后，将"福建出秀才"的社会现象也列为天下第一。因此，宋代有"龙门一半在闽川"的说法。

从宋代到清代，福建的著名人物和教育家多数是进士出身。尤其是朱熹，不仅是南宋集理学之大成的思想家、哲学家，而且是中国历史上最著名的书院教育家，对元明清教育和科举考试有重要影响。朱熹所作《四书章句集注》和朱熹及其门人所注"五经"在元代以后成为科举考试的主要教材，这也是明代福建士人在科场中占有优势因而中进士者较多的一个原因。朱熹一生大部分时间在福建讲学论道，将儒家伦理注入八闽文脉。"海滨邹鲁"虽然是不少沿海地区喜用的美称，但用来形容八闽大地的确名副其实。

近代以后，作为东南沿海省份，福建是较早接触西学的省份之一。1902年出版的《急悃斋新科闱墨选本》序说："八闽之地，古称蛮荒，今乃文化过乎中原。以此邦人士多留寓海外，其智慧开通者早也。"严复将"物竞天择"的现代性焦虑转化为教育救国的紧迫感，陈嘉庚抱持"教育为立国之本，兴学乃国民天职"的信念倾资办学，许多八闽教育名家领风气之先，在全国有重大影响。他们或以思想照亮混沌，或以实践开辟新途，共同构筑了福建教育的精神谱系。

教育是文明延续的津梁，是强国建设的基石。在实现中华民族伟大复兴的征程上，教育承担着培养时代新人的神圣使命。八闽教育名家身上体现的教育精神和文化理念，是福建地域文化和中华优秀传统文化的重要组成部分。他们的教育思想如闽江之水，既有源头活水的清澈，又有海纳百川的包容；他们的教育实践如土楼之基，既扎根于传统文化的厚土，又指向现代文明的苍穹。2023年，福建教育出版社便告诉我在策划一套"八闽教育名家系列丛书"，当时我就认为很有意义。丛书是对福建教育史优秀传统的致敬与梳理，更是对福建未来教育发展的启迪与期许。

本丛书所收录的教育名家,皆为福建教育史上著名的教育理论家或实践家,我与当代八闽教育名家中的高时良、陈本铭、潘懋元、孙培青等先生还有过不少交往,印象深刻。于今黄仁贤教授主编的这套"八闽教育名家系列丛书"已经完稿,丛书不仅记录教育名家的历史,收录他们的代表性论著,更试图搭建一座连接过去与未来的桥梁。丛书的出版将吸引更多学者关注八闽教育历史与文化,从历史纵深中理解教育的本质和教育家精神,并从中汲取教育经验与智慧,为当今的教育改革实践提供历史资源和思想资源。

八闽大地,名家辈出。丛书面世,可喜可贺。是为序。

编校凡例

1. 编写方式。全书选取历代八闽教育名家代表性作品编辑成册，分为古代卷、近现代卷、当代卷。各卷以教育名家为纲，辑选各篇文章分列于后。每篇选文前有"题解"，由选编者对各位教育名家生平事迹和各篇选文的背景与内容做简要介绍。

2. 选文版本。各名家文选，依据各人已刊行、已出版的文集或已公开发表的文章进行编辑整理。所据文集版本，古代卷多为四库全书本或点校整理本，其他各卷则多为现代通行本。

3. 编校原则。编辑时，为尊重原作品的内容结构与作者的行文习惯，只对选文做必要的技术处理。

4. 文字规范。全书使用通用规范文字，原文繁体字改为简体字，异体字改为正体字；"的""得""地""底"等用词习惯，一仍其旧。

5. 错漏校勘。原文排印有明显的错、讹、漏、衍、倒之处，直接改正，不出校记。作者偶有误用别字者，则括注正字。原文漫漶不清者，以□依数标记。

6. 标点规范。原文无标点的，整理时加上标点；原文标点与新式标点不符的，予以修订。

7. 译名规范。原文专门术语，外国人名、地名等，与今通译名有异的，保留原样，在首次出现时加脚注说明。

8. 数字规范。原文中的数字、序码、日期等，一般不予更动。文选当代卷中，统计数值较大者，为便于阅读，改为阿拉伯数字。

9. 统一注释。对原文部分生僻词与专业术语等，进行注释说明，格式统一采用页末脚注。当代卷原有注释保留，以脚注或括注呈现，有需要补充说明的，加编者注。

10. 选文出处。为方便读者阅读参考索引，统一在各篇选文文末标明来源出处。

目 录

王亚南 …… 1

如何发挥自学的精神 …… 2
和同志们谈谈几点比较原则性的科学研究经验 …… 7

吴自强 …… 10

劳动教育之一般原理 …… 12
实施义务教育应如何下手 …… 21
中学师范师资训练问题的商榷 …… 23
怎样教我们中学时期的青年（节选） …… 31
论中国教育的改革 …… 35

金澍荣 …… 40

教育的研究 …… 42
如何使高级师范教育计划化 …… 46

新宪法与教育机会均等 …… 50
　　"实践论"对于教学的指导意义（节选）
　　　——兼论实用主义教学理论的反动性 …… 52

檀仁梅 …… 61

　　世界师范教育改革动向 …… 63
　　大学试行学分制的初步调查研究 …… 72
　　巴甫洛夫高级神经活动学说与教学原则 …… 82

陆维特 …… 98

　　认真贯彻《中共中央关于教育体制改革的决定》
　　　——要以陶行知的教育理论与实践的财富来为《决定》增添光彩（代发刊词）…… 102
　　陶行知先生不朽 …… 104
　　试论师范教育的改革 …… 106
　　会长陆维特同志给福建师大第三次党代会的贺信
　　…… 112
　　走向农村教育燎原之势的未来 …… 114
　　建立社会主义商品经济新秩序与教育改革 …… 121

建立家庭和幼儿园密切配合的教育制度（节选）
…… 127
生活教育的核心是改革 …… 131
促进我国农村教改的新途径 …… 140

蔡继琨 …… 144

福建的音乐教育 …… 146
抗战中的福建音乐教育 …… 153
对于战时中学音乐教学的意见 …… 159

陈本铭 …… 164

《苏区教育史》评介 …… 165
孔子教育思想试评
　　——兼论五四时期"打倒孔家店"的口号
…… 167
论张謇的教育思想和办学活动 …… 183

陈君实 …… 214

在新的挑战面前 …… 216

改造·创新·攀登（节选）
　　——福州一中教育实践（1952—1983）的回眸和反思
…… 225
农民工的春天何时到来
　　——加强职业技术教育培训 …… 250

赖昌贵 …… 253

A. 班杜拉的社会学习理论述评 …… 254
中学生学习方法测验的编制 …… 267
布卢姆掌握学习策略评介 …… 278

王亚南

【题解】

王亚南(1901—1969),湖北黄冈人,中国杰出的马克思主义经济学家、教育家,早年就读于私立武昌中华大学教育系,后游学日、德、英等国;先后任教于暨南大学、中山大学、厦门大学、清华大学;1950年至1969年任厦门大学校长,1955年当选为中国科学院学部委员,1958年任中国科学院福建分院院长。王亚南与郭大力共同完成《资本论》(全三卷)首个中文全译本,极大推动了马克思主义经济学在中国的传播与发展。他的学术著述贯彻马克思主义认识论和方法论,强调理论与实践的交融,秉持教育与社会相契合之理念,提倡教学相长与学以致用之精神,展现出卓越的创新精神和时代担当,为后来者提供了宝贵的学术遗产和精神财富。

《如何发挥自学的精神》是王亚南临行厦门大学任职前,写给中山大学经济学系学生的一封公开信。信中言明中山大学与中山大学经济学系对其学术成长的"造就"之功,赠言中大学子"希望你们发挥自己学习的精神,自己去找门径,自己去探索,也许有时觉得太迂回了,有时觉得太苦了,但这却最靠得住"。至于如何发挥自学的精神,首先应"随时不要忽视了共学的重要性",论学取友,相与切磋;其次,要"从反对者获取自由,予反对者以自由",既须有坚定的研究立场,又要有开明的研究态度;再者,须"发现他自己认为有效的研究方法",例如对于底蕴较为深厚的学习者而言,采取比较法就最为合适；最后，得警惕理论与现实脱节的学术倾向，"我个人，研究经济理论，我就随时警惕着，怕我自己的研究带有讲坛式的、书院式的倾向"。王亚南对学生的深切关爱和对学术的严谨态度，堪称学界之榜样。

王亚南在《和同志们谈谈几点比较原则性的科学研究经验》中，分析了科学研究工作所需的条件、方向和方法。第一点，"正确的研究方向，是一切研究工作的出发点"，科学研究要与社会政治环境紧密联系，将研究工作"和党所指示的总路线，和国家提出的总任务相结合"。第二点，"正确的马克思列宁主义，是一切科学研究工作的指南"，科学研究要牢固把握马克思列宁主义的指导原则，"使我们的研究工作，时刻受到测验和考验"。第三点，科学研究工作的长期性和艰巨性，不仅"需要坚持的毅力和顽强的战斗精神"，还要掌握"有效的学习研究方法""有秩序有规律的工作习惯"以及"结合实际的研究工作习惯"。王亚南此三点之论不仅是关于科学研究经验的总结，更是一次关于科学精神、科学方法和科学态度的深刻阐述。

如何发挥自学的精神

这封信是早经草成的。"算了，不必再讲了"的心绪，叫我不要把它发表，但"事虽过而情却未能遂了"的心绪，却又不时敦促我给它发表。今天因为同时收到几封从石牌来的信，情不自禁，所以，就半是兴奋、半是内疚的把它寄给《每日论坛》的编者先生，请他为我公开出来，我希望这在同学们做人与做学问上，能有一点好影响。

1946 年 11 月 5 日于厦门大学海畔"野马轩"

全体同学们：

我要去了，在几点钟之内，我就要远走高飞了。临着这夜未央的时际，总觉得这样悄然别去，好像有许多话需要对你们全体说，而不仅是对那些已经见到了我,已经陆续同我接谈,殷切盼望我留下的一部分同学说。

我已无须再分说我为什么要离开中大的理由了,那完全是基于我对厦大方面的责任感的问题。而在我自己,并还希望今后不再到中大。因为,我认为老是久呆在一个地方,就我个人学习方面讲,就社会文化交流传播讲,都是不必要的。

但我在中大,前后快七年了,如我在《中国经济原论》那部书的序言中所讲的,中大,特别是中大同学同事所给予我研究上的益助,我是再也不会忘却的。我到中大以前,虽然也出版了一些有关经济学方面的东西,但用我自己的思想、自己的文句、自己的写作方法,建立起我自己的经济理论体系,并依据这个体系,把它伸展延拓到一切社会科学的领域,特别是展拓到社会史领域——这个企图和尝试不论达到了什么程度,却显然是到了中大以后开始的。而我自己分明记得,是在发表《政治经济学在中国》那篇文章开始的。因此,我念念不忘中大和中大经济系,在我自己一方面,并非因为我在那里留下了什么,而纯是因为我从那里获得了一些我此前不曾获得的东西。

中大和中大经济学系为什么能这样"造就"我,我自己一时也不易把它的全部原因指数出来。不错,战争是一个骇人深省的有力因素,战时的许多社会现象,会帮助我们认识那些隐伏在表象后面的有关社会本质的东西。但假使我留在其他地方,或者留在其他大学,恐怕会是另一结果吧!这使我联想到大家动辄自夸的"中大传统"。但"中大传统"究是怎样一种"精神的东西"呢?是怎样一种起着"升华作用"的"烟土披里淳"(编者按:英文 in-spiration 的音译,有"灵感"或"激励"之意。)呢?你们以及其他的人,往往把这解作是"自由研究"。中大在研究上所获得的自由,并不比其他大学多,甚至可以说,在许多方面,比其他若干大学还少;我认为,假使说中大有一种使它与其他大学相区别的特征的地方,那与其说是"自由研究",毋宁说是"自己研究""自己学习"。这种特征的存在,在许多原因之中,我得把中大由中山先生所创造,并为纪念中山先生而继续予以发展的事实指明出来。

王亚南

"向世界迎头赶上去,把民族从根救出来"的中山先生的伟大抱负,不知不觉会使学习在这种学校的青年学生,油然而富有"时代感"与"现实感"。而学校所提供他们的学习条件,实在说来有许多是大不满足他们的需求了。结果,他们中间那些不肯过于落在时代后面,同时不肯过于对现实采取旁观态度的人,就设法自己学习,自己去找门路,自己不吃不喝地积钱购买书籍,自己把勤奋钻研的结果,去同现实发生联系,自己从现实体验中,使所学的得到证验和充实。这样的人,在一百人中有三五个,在一千人中有三十五十个,就很容易造成一种领导的风气,使得生活在这种环境下的学者及教者,要么就是自甘落后,满不在乎的去享受"不研究"的自由,否则,他就得经常把自己放在进步状态中,去同其他"自己学习"者竞赛,并准备去接受"自己学习"者的质疑与论难。这样的自己学习或自己研究,显然会自己表现出一种自由研究的外观,而在实际上,自己研究比较从讲堂上被动的"习得",是更需要自由的。而且,也只有肯认真自己学习的人,才能体验到"自由"的可贵。

像这样的自学或自己研究,显然并非不需要指导者。反之,指导者的责任和负担,是更加艰巨的。我自负起中大经济学系的指导责任以后,我就痛感到,把一本美国或英国大学的经济学教本,在课堂上敷衍一下,无疑是非常轻快的偷懒方法,但无奈那一类刻板的常识性的书籍是专为它们自己社会需要而写出的书籍。含糊笼统的,"以其昏昏,使人昭昭"的,叫那些被动性强的同学勉强学着应付考试,固然是轻而易举,但要用此对付那些认真学习,要求使学理同现实联系来理解的同学,那就太嫌不足了。所以,在解答继续不断的质疑问难过程中,我前后刊行了《经济科学论丛》《中国经济论丛》及《中国经济原论》几部书。就连中途暂时离开而在去年印行的《社会科学论纲》,其中的许多命题,也还是在中大教读当中,为大家所分别提起,因而引起我进一步研究的结果。我现在无须预言这几部书在今后中国经济学界的影响,但至少,在我个人方面,是借此确立了我今后继续学习研究的基础。

上面的说明，就表示我所负于中大及中大经济学系者，是如何的多且大了。

现在，我要向你们"临别赠言"的，只有一句话，就是希望你们发挥自己学习的精神，自己去找门径，自己去探索，也许有时觉得太迂回了，有时觉得太苦了，但这却最靠得住。真正的大学教育，并不是要大家到学校里来，张着口，让老师像"填鸭"般的灌进一些在他认为"营养"的东西。而是要大家在就学期间，利用学校的人的、物的环境，利用一切可能的机会，自己去寻觅"食物"，自己去消化。自己找来的东西，自己消化了的东西，往往是最有益于自己身体的。

可是，要怎样才能发挥自学的精神呢？那却非一言两语所能尽，我此刻在仓促中能想到的，约有以次几点，写出来供大家参考：

第一，自学应随时不要忽视了共学的重要性。独自一个人学习，易使人流于孤僻，流于孤陋。一个人在自学过程中，不但自学的物质条件（如购买书籍等），需要不时补充，就是长期支持自习的毅力，也得不断有人从旁"打气"。相与切磋，相与共患难，特别是相与共书籍这种财产的朋友，十个八个也好，三五个也好，甚至一个也好，那是自己学习所最不可少的。但这样的朋友、这样的同学的发现和获得，是要自己在努力学习进程中，才有可能，而且也定要自己已在那种进程中，才能感知其必要。

第二，自己学习与自由研究是有关联的。但自由的研究空气，虽则是自己学习的一个非常重要的条件，可是所谓"自由"，并不单是指着从外面"给予"的那一面，还有从自身"创发"的那另一面。学校即使做到了学习第一，完全由"科学之神"所主宰，但我们自己如过于狭隘，自己已先陷于象牙之塔中，不肯给予相反意见、相反理论以充分考虑的余地，那样，即使完全取得了政治性的自由，也难免要丧失学术性的自由。坚定个人的研究立场，和给人以充分表达意见机会，或尊重人家意见，也不是不可并行的两件事。反之，任何光辉而正确的学说，只有在诸多相反学说并存中才显现出来，也只有通过诸多相反学说的论难、质疑，甚至攻击，才能使它从每一视野、每一角度，都迸发出真理的光芒来。在研究的论坛与讲坛上"从反对者获取自由，予反对者以自由"，这是我个人以往提倡过的。在自学、在自己研究还不够自由的今日，我认为，开明的研究态度与坚定的研究立场，有同等的重要。

第三，自学在学习的当中，每个人迟早总可发现他自己认为有效的研究方法。而在我，依据二三十年的自学经验，觉得知识累积不够、修养不够的人，读理论的书也好，读历史的书也好，如其尽可能的设法采行比较法，例如在经济学上，读到某家价值理论，同时把一切其他各家价值理论拿来参阅，最后会发现一切价值理论中，只有劳动价值理论最合理、最能科学地说明了一切有关现象，然后进一步把各家的劳动价值理论再拿来比较。又例如在经济史上，读到英国产业组织或农业现代化历程，同时把其他国家的同类经济史实，拿来较量其特质，分辨其致此的原因。再进一步，看其他各经济史家有关此种原因的不同说明——照此研究下去，虽然在一般的表象论者，很有流于形式主义的危险，但我们如果对于社会科学基本法则和方法论，有了相当认识，则这种研究方法的采取，就最能展拓我们的视野，增进我们的学力。

第四，我前面已讲到中大同学的自学精神的引起，主要是由于我们这个大学的历史所赋予大家的现实感和时代感。但我们在自学过程中，也可能因个人的及其他学校生活的种种原因，使自己的研究，慢慢倾向与时代和现实脱节的路上去。就我们学经济科学的人说，注重理论的研究，固然怕发生这种毛病，就是从事技术性的研究，也怕发生这种毛病，或者尤怕发生这种毛病。试想，在经济学系学习会计、统计、赋税一类学科，如再也像一般商业速成所的学生一样，只是懂得它们的技术面，而不懂得它们致用的社会面，那就用不着在大学来学习这类学科。我们今日的会计制度、赋税制度以及专卖制度等等，都是学习注重技术、忽略了社会条件的结果。

至若从事理论研究者，容易犯那种与现实脱节的毛病，那是一般人所知道的。我个人研究经济理论，我就随时警惕着，怕我自己的研究带有讲坛式的、书院式的倾向。例如，最近上海论坛上，有位作者评述拙著《社会科学论纲》，他指出全书贯彻有三个基本重点，即"实践的，批判的，中国的"。我读到他的评论，感到非常兴奋，并不是因为他讲了许多恭维我的话，而是因为我由是得知我们的研究尚未太脱离现实；而且这三点，也确是我的全部经济理论企图实现的目标，我是乐于以这种事实来勉励大家的。

最后盼望你们当作我还在学校里一样，有什么问题和疑难，随时写信告知我。因为我不但有这种道义上的义务，并且还从内心有这种要求！质疑和论难，并不仅在你们学习上是必要的，在我的学习上也是必要的。当作一个永远的学习者，我始终在精神上同大家聚在一块。

愿大家向着学习的光明前途迈进！

（原载于《每日论坛》1946年11月，原标题是《留给中大经济学系同学一封公开信》）

和同志们谈谈几点比较原则性的科学研究经验

首先，我要谈一谈科学研究工作所需要的社会的政治的条件。人们进行思想工作，不管他在主观上表示了怎样遗世而独立的气概，但科学的任何一点点研究成果，都是客观环境或现实社会要求的产物。作为一个科学工作者，他不能也不愿做没有社会意义的事。国家的要求、社会的重视、时代的召唤，是时刻鼓舞他、督促他孜孜不懈地进行研究工作的大动力。从这里，同志们就会体会到：我们科学工作者是处在怎样一个伟大的时代；为了不辜负这个时代，我们应该如何使我们的研究，和党所指示的总路线、和国家提出的总任务相结合。

正确的研究方向，是一切研究工作的出发点。

其次，如果说，理论联系我们国家的建设实践，是我们进行研究工作的正确方向，马克思主义的辩证唯物主义，就是指示我们牢固地把握那个正确方面的指导原则。教条主义式地在观念上乱逞思辨，从概念，通过概念，到达概念的抽象研究，根本是脱离实际的；经验主义式地在零碎枝节的现象上，作格物致知的工夫，见不到事物的普遍联系，也就无从很好的理解实际的全貌；这都是反马克思主义的，也都不能对于我们国家的建设实践，有什么帮助的。从这里，同志们就能体认到：我们科学研究工作者的幸运，不仅是因为我们处在这个伟大的社会主义建设时代，使我们的研究工作，时刻受到激励和敦促，同时还因为我们有了作为这个时代的指导原理的马克思列宁主义，使我们的研究工作，时刻受到测验和考验。

正确的马克思列宁主义，是一切科学研究工作的指南。

又其次，科学研究工作是一个较长期的极艰巨的思想工作过程。每一个科学工作者，由特定专属部门的严格基本训练，到独立思想研究，再达到创造性地发挥和发现，是需要坚持的毅力和顽强的战斗精神的。但应当明了：这样的坚持毅力和战斗精神，并不是天生的，而是在学习研究过程中逐渐养成的。有效的学习研究方法和有秩序有规律的工作习惯，对于需要较长时期才能获得结果或有所成就的科学研究工作，是非常重要的；把所有有效的研究方法变成研究生活中习以为常的工作习惯，更是非常必要的。问题在于什么是有效的研究方法。各种不同的科学，都由其不同的性质决定了研究方法的特点，但同是科学，同是反映客观存在及其规律的学问，学习钻研起来，毕竟有它共同一致的途径。事实上，我们在前面谈到的正确研究方向和马克思主义的指导原理，就已经为我们的研究途径和方法，设定了一个范围；那也就是说，我们进行研究工作，并不是要等待在书本上学习好了、研究好了，再把研究所得的结果，拿去应用，而是要在研究过程中，把科学上已经作了结论、已经获得了应用效果的原理和规律，不断回到实际中去，加以验证，加以比照，加以应用，加以创造性的发挥。不通过实验，不通过调查研究，不通过实际生活经验的体验，我们是不能很好弄清科学上的原理概念，也是不能希望获致任何有助于生活实践和社会斗争实践的结果的。我体会，我们的研究过程，就是一方面把各种概念、范畴、原理、规律回到它们所由产生的实际中去，同时并把它们分别应用到我们实际中来的反复的思想工作过程。当然，随着各种科学的性质不同，各个人的研究条件不同，从实际到实际的具体做法是不能一样的。但我们必须体会这种精神，养成结合实际的研究工作习惯，这样，就能不断地赋予我们以研究生命和活力，并能经常使我们的研究更好地符合于马克思主义的原理和国家的建设实践。

（原载于《新厦大》1956 年第 120 期）

林慧清编撰

吴自强

【题解】

吴自强（1901—1996），字健行，号勉斋，晚年自称童翁，江西临川连城县黄铁湾村人，现代教育家。他从教七十年，教育活动在江西、福建两地，首任江西南昌一中校长，华侨大学、福建师范大学教授。吴自强深耕教育事业，多年来站在教育第一线，对教育充满爱，为社会输送了大批人才，其中有驻外大使、省市领导、大学校长等。

《劳动教育之一般原理》是吴自强1932年在《江西教育行政旬刊》上发表的一篇文章。当时我国教育家多吸纳国外教育思想，在劳动教育方面学习裴斯泰洛齐的思想，吴自强也不例外。本文引用裴斯泰洛齐提出的"人们要用劳动去发现学问"作为开篇，说明裴氏对作者影响之深。吴自强认为，在主知主义的教育下，人格的发展受到了限制，教育内容枯燥无味，脱离现实。劳动教育与之相反，它是就现实情况施以有用的教育。就此他提出九点劳动教育的一般原理，并据此总结道："所谓真的劳动者，是身心交涉的时候，所起的具体的活动，这实是有目的的，有生产的，有创造的活动。"所以，他认为今后的教育者都要认识到心灵与肉体、精神和身体是统一的，不可分别看待。吴自强的劳动教育观点，对今日之劳动教育改革也有借鉴意义。

《实施义务教育应如何下手》是吴自强1935年在《江西地方教育》上发表的文章。当时我国民智未开，国家虽颁布义务教育法令，但实施困难。就此，他提出了实施义务教育的要点。

《中学师范师资训练问题的商榷》是吴自强1935年在《江西教育》上发表的一篇针对中学师资问题的文章。师资是教育的基础，教师既被认定为一种专业，那就应像医生、律师那样经过严格的训练、考核。师资训练的关键在于训练机关是否有完善的制度，文中提到："师资的检定试验，其实还是治标的方法，最要紧的，莫过于训练机关的改善，若是没有根本的治本办法，以谋补救，那中学师范教育前途，还是黑暗很多。"他在文中所提中学师资训练的方式，不少也适用于当今教师选择与培养工作。

《怎样教我们中学时期的青年》是吴自强1937年在《教育杂志》上发表的文章，同时也被收录进他的自传《七十年教育生涯》一书中。该文是作者在拜读黄炎培《怎样教我中学时期的儿女》这篇文章后，有感而发，结合自身多年的教育经验而写。他提到：作为教师，要了解学生的个性；要有爱的精神；要注重人格感化、提升自身素养、以身作则、树立榜样。最后，他认为中学时期所需要的教师要具备四种精神。理想的中学教师才能教育出好的中国青年，国家才会进步。

《论中国教育的改革》是吴自强1943年在《真知学报》上发表的一篇文章。此文是对于当时胡先骕对中国教育之批评的内容所表达自己的看法。纵观本文，能够感受到作者对教育普及的迫切，并提出"小学教育之不能推广，和显出效果，不是经济力量做不到，也不是课程太凌乱，其实是我们全国上下，没有下大决心，做到这种基本工作"，以此说明教育想要有所突破需要全国上下统一决心去做。无论对于当时的中国还是现在，教育始终是国家的基本工作，也是最不易做好的工作。

劳动教育之一般原理

一、序言

"人们的主要教训,要借自己之劳动以求之,空虚的脑中之学问,不能看做比自己之手工作还重要,人们应该用自己之力量,由劳动里面去发现自己之学问。决不可在学问里面离开劳动。现今之世界为浅薄人所充居,以为少年时代,应由劳动分离,而亲近于书籍,这都是愚蠢之所赐。"这一段话,是裴斯塔洛齐(I. H. Testaloggi,1746—1827)[①]写到友人依塞林的信札里面的,观乎此,可知劳动教育,在好早以前,就为人所注意,但是到了最近以来,这种思潮,更为澎湃。这也是因为向来之主知主义的教育,有阻害人格之发展;划一主义的教育,有妨碍个人之自由,因此,把人类活动之最可贵的生产的、创作的方面,全然没视,而不能发挥人们内在的艺术的情感,把人们的生活,就会流于干燥无味。至于劳动主义之教育,则根本与之相反,始终是就现实的情状,施以有用的教育,以补救过去的主知的、划一的、抽象的教育之所不及,现今之主要的教育思潮,和这劳动教育之关系,究有多少,固不得不待诸其他机会,再加检讨。然而这劳动教育之原理和现今教育思潮,都有密切的关系,这是大胆可以说出来的。换而言之,也可说劳动教育思潮,是现代教育运动之主要思潮,是一切教育运动所不可缺的主要要素。

二、劳动教育之原理

1. 自发活动之原理

劳动教育,是和静止的、受动的、注入的、暗记的、旧式教育相反的,要使儿童自身发动的,纯动的去努力学习。由教育史上观之,自卢梭以来,

---

① 现通译为裴斯泰洛齐。——编者注

裴斯塔洛齐、福禄培尔①、裴希特（I. G. Fichte，1762—1814）②等，虽都力说过自己活动，在教育上是属必要的。但在劳动教育上，这自发活动，比诸其他一切教育思想，都要高尚，以这种自发活动为根本原理，而作为最高原理。不过所谓活动者，是自己动作，不拘何事，都不是受动的态度，不是站在被动的地位，不是人家要去学习始去学习，不是以手放在膝上像木偶似的专听教师讲解，是由自己去调查学习。若是破坏玩具，那自己一定要想什么方法去构成之，组织之，在理论上把学习的东西，要变为实际化。向未受了学校教育的人，所以没有什么用度者，结果都是由于过去之教育，把死知识死材料片断的注入，而不能使之成为儿童自身的东西所致。至于儿童自己活动所学习的，那一定是有生气而有用的，换而言之，所谓活动者，无论对于何事，都不许取受动的态度。活动性无论在什么时候，无论在什么地位，都是向积极出发的，取主动的态度。且儿童之本性，向来是极活动的，没有一刻会停止活动。这种活动冲动之刺激，是不绝的使他们取活动的态度；这种活动冲动，即刻又会随着其他精神作用之发达，成为向事业之冲动，这种事业之冲动——作业冲动——就是劳动教育之根底。

自发活动，因为是劳动教育之根本原理，所以若有不适应儿童身心发达的事情，亦委诸其自发活动那就不可能的。若使之从事和实力不相当的活动，那徒然耗费其活动力，并没有一点什么效果，并且会变为负担过重，而不得不定活动之适用范围。其次就是活动又要适当的转换，儿童不绝的活动，但是依着使之转换活动方面，而为局部的转换，更应计算其局部的活动之休息。又若活动为多方的，亦应使之变为统一的，且活动专限于狭范围的时候，那不但不能得到一般陶冶的实在，并且人们都被教育成为偏局的；又若单是多方的活动时，那往往其活动又会支离灭裂，而失却统一，所以儿童之自发活

---

① 现通译为福禄贝尔。——编者注
② 现通译为费希特，此处应为 J. G. Fichte，德国哲学家，1762 年出生，1814 年去世。——编者注

动,应该不绝的使之纵横一贯才好!否则单是使之活动时,那譬如坐在桌前计算,或出外弄什么棒棍,也没有什么完成和结果,故这种没有统一的活动,就是没有生命的,换言之,即空虚的活动。由此观之,儿童无论从事于精神的学习,或从事于技术的作业,或在学内外动作,都不可无一贯精神。不过活动之统一,也有两样的意味:一种是集中的统一,又一是关系的统一。集中的统一,在个个活动之场合,那心身之全势力,要集中到活动之目的为止,靠着自我以指挥全身,把各动作集中于一点;又关系的统一,其活动之方向及种类,虽有怎样之不同,其各个之间,都有互相连络、综合统一的东西存在。

2. 创造之原理

劳动若没有什么生产,那不啻空虚之劳动,生产物件,即制作新的东西,所以即为创造。但是生产也有两种,即精神的生产和物质的生产,若由物理学上之法则观之,凡宇宙间之物质,其自身也像物质保存说所表示似的,不可生灭增减,人类之力量只是生产物质之一分子,都不能够。不过在经济学上的生产,不是造出新物质的,是把既存之外物的位置,移动于更适切和有用之场所。又依分解结合,变更其形式,乃至变更其性质,这才叫做发现或创造;然而精神的生产,又是什么呢?大凡知识技能,有两种的:一种是既存的东西,由他所传授来的知识技能,是叫做传承的知识,机械的技能;又一则依自己之经验,研究、考察等而来的知识技能,这就叫经验的知识,生得的技能。

创造力之养成,是劳动教育之唯一标准,从来教育上都重视模仿,作为教育之原理。但是新教育则不然,要以创造之原理,去代替模仿。儿童之活动,骤然观之,好像是模仿的,但是详细检查起来,决不单是模仿,还发现了很好的创造,模仿若作为儿童的天性,那创造也是儿童之天性,这是无庸疑义的。

3. 现实性之原理

学校之□劳动，一切都要由儿童之生活中产生出来，只有接近于儿童自身之生活者，才有完全之意味，而得作为劳动之条件。凡不适应于儿童身心发达及要求者，名虽为劳动，其实不过空虚之活动，故由此而生产的东西，并不是儿童衷心所要求出来的，也不能使之满足其内部的活动冲动。只有接近于儿童之实际生活者，方才是刺激其本质的活动性，刺激其兴味及引起其努力之感情。儿童之日常生活，其要求比诸在远处者更为切要，又具体的东西，不消说比诸抽象的，是更能唤起儿童之兴味。儿童要求现实的东西，比要求古典的、复古的，其心更切，故劳动教育就是以诉诸筋肉活动的现实性为其原理。若是离开筋肉活动，那势必为抽象的和概念的；筋肉活动，就是由空想到现实，由理论到实际的东西。故旧教育之所以养成注入的、主知的、理论的、抽象的、概念的、空想的、非实际的人物者，就是没有将这现实性之原理，充分导入的缘故。那末，现实性之原理，实在是创造活的事物，而且能够充分的发挥其生产的意义的东西。

4. 目的之原理

活动必要有一定之目的，何况创造的活动，更属不可缺的，无目的之活动，是空虚之活动，徒劳心身而没有一点什么价值，故这不能看做教育之方法原理。儿童无论对于什么东西，若是想动作，那一定是有意识的和有什么目标的，这种有目的的活动，才算是劳动教育根本原理的活动。但是儿童之活动，骤见之，不易认为是有目的的，故由大人之见地，不能即加以否定。在大人观察的时候，虽觉得好像没有什么意味的活动，但在儿童方面，是有相当考察来的作业，凡是这种事情，在两亲方面，比诸教师是更可看得出来的。儿童之作业，一见像是无意味的，没有一点什么理由，但在儿童方面，一定是想做什么，方才如此动作，儿童有儿童之目的，所以要站在儿童之立场，其行动充分的变为有目的的，方才幸甚！

5. 生产之原理

教育之根本目的，是在造成国家有用的人物，但是既为国家有用的人物，那在国家组织之一员上，一定要有什么工作，而造出生产的东西来。要从事什么工作，就要靠着劳动，果如是，才堪称进入国民生活里面去。何况个人无论在精神方面和物质方面，都享受了国家之恩惠，故个人不得不用劳动精神，以贡献于国家。而在国家方面，对于个人，无论直接间接各方面，都要他们从事于自己之劳动，俾有达到国家之目的的能力。因此，公民教育之第一前提，就是要儿童之能力充分发展，而使之劳动化，并陶冶其劳动为职业化。若徒然劳动而不生产者，则为空虚的，单是消耗活动力，没有一点什么意义。所以生产要和职业相结合，生产之原理是职业陶冶之发挥，而表示其效果的。将儿童之能力使之劳动化，把劳动陶冶为职业的，同时劳动在职业上因为使之发挥陶冶的价值，所以更有道德化之必要了。

在现时社会状态之下，随着普通教育之彻底，为儿童将来职业的准备陶冶起见，特别是手工的劳作，更属必要的。目下国民之大部分，都是从事于手工的劳动而生活的，而且手工之劳动是人类一切活动之基础，所以手工的劳动，不问什么时代，不但是一般国民之陶冶所极必要的，而且一般的人们，其适应于手工的劳动，比适应于精神的劳动，还要有加无已。精神的劳动，因为是由手工的劳动而发展进化的，故手工的劳动，是文明之基础、科学之根底，谋手工的能力之发达，是教育上极重要之任务。何况儿童期之发达，对于这种手工劳动的活动，是极旺盛的，故不得不从事陶冶之设备，然而职业的陶冶，不能看做像木匠、石匠、缝职师等之教徒一般，一切之教育教授，都是由更生产之原理生出来的，以唤起职业的意识，而涵养劳动的习惯。

又生产之原理，不能专解作职业的功利的，要视为职业的陶冶之伦理化道德化才好。大凡人之行为，不专是为着外形的利益，是为着自己之内部的人格价值之高扬的。所以，因为道德的人格的价值之应该重视，而后行为始能变为道德化。若是无论做什么事业，只计较报酬一项，而离开其本务之观念，那对于自己之人格尊严，就不能保持这种行为；因着自己之良心的满足，方才为道德的那种行为，到了贡献国家公共团体之发达，方才表现最高之道德的价值。故在教育上，不得不谋这种职业之道德化的意识和那活动能力之发达。

6. 社会生活之原理

教育是要养应儿童能参加其所属的社会生活，故指导他们的时候，那教育之不同，就是指着社会生活不同的原理而言。若是变化的社会，则藉变化的原理以改良之；有传统习惯的社会，就要用全然不同的教育之标准和方法以改进之。

人们之所以用种种方法者，都是为着种种之目的所团结的，各个人有和很多不同之团体相关系的，一团体之人员，和其他团体完全不同的时候，也未始无有。原来"社会"或"团体"等语句之内容，是极漠然的。一方面是理想化而有规范的意味；他方面单是看做现状，为记述的解释，有理想和事实两样之不同。在社会哲学上，则解释为理想的意义，社会在本质上只看做单一的统一体，伴着这种统一的种种性质，都是重要的。但是事实上之社会，不是那么样的统一，是善恶混淆的杂多的社会之一集合体。这种社会因为和理想的意义之社会不一致，若不看做社会，那社会之概念，就和什么事实都没有关系，不啻是无用之理想。又现在之各种团体，虽有相互的冲突，仍不能逃出具备社会的本质之一点。一切社会所给与的教育，就是要把其内部之人们，都为社会化。但其社会化之性质及价值，完全是视社会之习惯和目的如何而异，因之，社会生活样式的价值设定之标准，就为很要紧的。把学校和学级看做一个社会的意思，并不是现存社会之缩影，应该看做同情社会和理想化的社会。所谓同情社会者，其成员对于生活和事情，一切都感觉要结合，而且都是经验来的。成员一人之痛苦，就是全员之痛苦，一人之喜就是全员之喜。若是对于社会的事情，有未成功的人，都感觉有共同责任和连带责任，谓劳动教育者，就是置重于这种意味之社会生活的。

7. 共同劳动团体之原理

近世之国家生活和社会生活，是一个劳动的存在，以劳动和科学为基础而成的东西。因此学校和学级就是以一个劳动存在体而组织的，用以实现国家作业共存体之社会。由学级组织以至学习，一切都是藉劳动以从事于学校生活，而适用于团体组织之原则，在儿童都应该作为劳动团体之一员而活动。那末，在劳动共存体上，各个人都应从事于个性的活动，和他人共同工作的时候，又不得不使之了解如何活动。关于共同劳动团体的各个人，要循其个性为着共同团体去奋斗，同时个人和其他之个人乃至团体，也要共同协动。至于劳动之成果，及目的之成否，不得不以感觉共同之连带责任为其根本之态度。这种协动，就是从事于社会共同团体的劳动之唯一的原理。若是把协动之原理，作为其他事情，那共同团体，就成为支离灭裂，发挥劳动教育之意义，就全然不可能的。

8. 劳动体验之原理

若要决定劳动和陶冶之相关性，那实是这劳动体验的原理。凯而欣斯泰耐①是由文化哲学的思想，以论劳动之一人，但他说："各种之文化范围，都有其特有之客观的精神构造，在教育上是将这客观的文化的构造，关联于主观的精神的构造的。依着这种关联，那文化财就成为陶冶财，换而言之，由文化财就以取得教育的传达之价值，以及教育的体验的价值。"由这种事实观之，那文化财就可说为陶冶财了。

但是体验又是什么东西呢？约有下列之三意义：第一，时间的，如在某某时期以内，或生长到几十岁为止。第二，无论就什么事，都要晓得其存在性。至于第三之意味，则就是现今之哲学和教育上所用的体验。体验者是实地经验的意思，但是经验和体验，又有什么分别呢？也有考虑的必要。关于哲学史上的经验，其理性之动作，是与偏于抽象的作用相对的，经验立脚于现实，把现成的世界，依样的从根原描写出来，若依据这样的经验论，就是把经验之根原性作为受动的态度，将经验的本质，看做从事这种动作的感觉。但是体验则和上述的经验不同，经验是吾人生活一方面的动作，而体验则属

---

① 现称凯兴斯泰纳。——编者注

全人的。对于偏乎知识一方面，以抽象的从来之哲学，看做表示的、感觉的、意志的具体的人类之世界人生，那末，真理才是由全人而体验出来的。

文化财之构造里面，有某种势力潜在，这势力是决定文化财之内含的陶冶价值，这样一来，那主观和客观就成为对立的，方才成为内含的陶冶价值之发挥。文化财有一定之客观的精神构造，文化财里面，包含有两个要素，一个是所谓有客观物的性质；又一个是包含有一定之伦理的关系，被这所支配的，就是决定文化财之陶冶价值所收得之方法。主观之具体者的个人，为着收得陶冶价值的，将其个性移置于文化财之构造，这种构造，自然是劳动体验。

9. 指导之原理

杜威关于指导之教育，发表了下面的言论："若就教育职分上之指导、制御、辅导等观之，辅导是把个个儿童之自然能力，共同的扶助之；制御则靠外界势力，虽被导者加以反抗，还要制裁之；指导则位于辅导与制御之中间，将被指导的儿童之活动的倾向，保持其无目的的、不散乱的、一定之连续的近路，而加以指导。指导的观念，是向导的扶助乃至调节，统御的教育之根本的职分。凡无论什么刺激，都是指导行为的，而且不但是促进行为、唤起行为，还是要向着某种对象，加以指导。"故若就受了刺激方面说来，那反应不仅是反动，并是反抗的意思。那就是对于刺激，互相的反应，这样一来，刺激和反应之间，是相互的行适应作用的，但是一般的说法，有二点要限定其意味的。一在某少数之本能的反应以外未成熟的儿童，所受的刺激，自最初以来，不见得适切于唤起其特定之反应，时常都是使其精力过分兴奋，这种精力，反而妨碍某种行为之遂行。但是指导为着使之真的反应起见，应向着行为之中心点，而除却那无益和乱杂的动作。其次感受刺激的人，在某范围以内，没有不得共动的行为，但其人之反应，不适应于行为之进行者，则往往有之。在这种场合，把继续所生出的行为，要借一定之顺序，以排列整顿之，即个个之行为，不但是反应其当前之刺激，更不得不助成其继续之行为，要而言之，指导是同时的、顺次的。所谓同时者，是由部分的唤起的一切之倾向里面,在某一定之时间和必要的场所,使之集中精力;顺次的者,在行为之秩序弄好的时候,使个个之行动和相继而起的行动,保持均衡。故指导之二方面,就是做成中心点和弄好秩序而已。由此观之,纯外的指导,是不可能的,环境单是给与刺激的,和这相对应者,则要依个个人所有之倾向。成人所有的习惯和规则,可说是指导幼少者之行为,和给以应唤起的刺激;年少者参加其刺激,以决定自己之行为。极而言之,无论什么事,若要强使儿童行动,那是不可能的。那末,利用儿童之本能和习性,善加指导,才是很好和很经济的方法。由这意味观之,所谓指导者,就是劳动教育上之一种转换方向的最好的方法。

三、结论

由上观之,劳动教育之一般原理,当可明了,然为唤起我教育界注意起见,不得不将上述各端总括一下,俾大家更可一目了然。即所谓真的劳动者,是身心交涉的时候,所起的具体的活动,这实是有目的的、有生产的、有创造的活动,故在教育上若能采用这种劳动主义,才算合乎教育的真谛。从前之教育,大都是以养成指导社会的人才为主要目的,而对于劳动工作,则以为属于下等人的,不加注意,到了近代,才渐次知道实际劳动之价值。然在教育上之制度和实际状况,仍然是不改旧规模,所谓劳动主义的教育,却还少见。近来所有设立的乡村师范,虽均采用劳动教育,又以规模很小,故影响亦不大,如此而欲养成坚实人员以为国用,亦如缘木求鱼,其难易如何,不言自明。故今后教育学者和教育实际家,都要明白心灵和肉体,不是二元的,精神和身体,心和物,也不可分别看待,如是,然后始可发现真实的教育之根源。这种教育,自然是全一的原理,而不是属于一部分的,换言之,就是合乎自然的劳动教育。裴斯塔洛齐为说明这种教育真意起见,说了下面一段话,用特照写出来,以作本文之结论,即:"用手和全身的劳动教育,比诸用眼耳目的教育,是更属于教育的。劳动是道德之基本和先导。劳动教育不仅是智育,并是一切教育所必要的。人生只有依劳动教育,始可得内心之满起。劳动教育比诸知识教育，是更重要的。若无劳动，那调和的陶冶，是不可能的，人的陶冶，是无希望的。"

（原载于《江西教育行政旬刊》1932年第一卷第三期）

实施义务教育应如何下手

我国民智未开，急应施行义务教育，早为一般人所注意，即孙总理亦曾云："凡在自治区域之少年男女，皆有受教育的权利，学费书籍以及学童的衣食，当由公家供给。"他又说："社会主义学者主张教育平等，凡是社会上的人无论贫贱，皆可入公共学校，不特不取学膳等费，即衣履书籍费用，亦由公家担负，尽人民之聪明才力，分习各科……"更可知我国义务教育有应从速实施的必要；惟以范围太广，经费浩大，迄未能普遍实行。民九虽有举办义教之法令，推行期限为一年；国民政府成立后，第二次全国教育会议，改订推行期限为二十年，其目标皆在厉行四年义务教育制，当以人力财力缺乏，均未能着手进行，空言而终。此次教育部乃改变途径，除遵照第四届中央执行委员会第五次全体会议议决实施义务教育标本兼治等案，颁布第一期实施义务教育办法大纲暨短期义务教育暂行办法大纲，令饬各省市主管教育机关遵照施行外；本年复制定实施义务教育暂行办法大纲及民国二十四年度中央义务教育经费支配办法大纲，颁发各省市主管教育机关遵照办理，并提出经费二百二十万元，分配各省市，以资补助。各省市以中央既有经费补助，均已先后开始实施，本省实施义务教育委员会亦已成立，各项实施计划，均经拟订呈准教部施行，即经费方面除中央补助外，亦有相当着落，将按步施行，必有成绩可观，多数失学国民，亦必感戴无既矣。

吾人对于中央此次实施义教计划，深觉与往昔不同，经费既有具体办法，而且实施步骤，分期推广，由一年递增至四年，亦较合理；惟中国三十一省市，学龄儿童计有 4900 万人，现受义务教育者，不过 1080 万人，失学儿童竟达三千万人之多，即单就江西而言，全省学龄儿童，依估计在 178 万以上，就学儿童仅 49 万余人，失学儿童占百分之七十二，再加上失学的成年国民计算，经费与人数之比例，委实太少，杯水车薪，无济于事。若在未举办之先，茫无计划，或有计划而未必切合于社会实情，则势必失败无疑。吾人对于推广义教，素甚重视，处今日之世，若不速即设法扫除多数文盲，则无论政府从事任何建设，不但无利用之人，即如何享受，亦不知也。其国之危，有非言语所能形容者，但应如何下手、用如何方法推行方始有效，此实不能不深切研究，兹就管见所及，略述如次：

第一，经费应分配得宜。此次中央于财政穷乏之际，毅然决然筹定一百余万元之经费，分配各省市，实属难得，虽为数不多，然聊胜于无，应就经费范围以内，设法为有效的推行。我国过去教育事业，往往事业费与行政费不分，或只有行政费，很少有事业费，以致事业毫无进展。最近浙江省规定第一期实施义务教育计划，载有"每一短期小学之经费，以薪俸占百分之八十，儿童书籍用品等，占百分之十二，办公费占百分之八为原则"的规定，办法甚是；惟尤有进者，即此项经费，应完全用之于教学方面，不可任意支配于省县实施义务教育委员会或其他行政费之用，以蹈以前的覆辙，而误义务教育本身的进行。

第二，师资宜慎选录用。推行义教，关于师资问题，亦极重要。照目前状况以观，师资缺少若干，尚待确查。吾人以为师资一项，除训练短期师资外，更应尽量录用原有师范出身者。中国人最大毛病，就是喜新厌旧，过去教育界亦有此种毛病，无论新办何事，就要新训练一批人才，而将原有政府所培植的人材，一概摒诸门外，此不特教育事业无推进的希望，抑亦社会的损失。此次推行义务教育，应通盘筹算，仅旧有师范生先行录用，不足之数再分别训练，既可节省经费，又可免人才四散，一举两得，善莫大焉。

第三，教科书宜适合实际需要。义务教育之内容，究应如何规定，始可使一般失学国民,能于最短期间获得最低限度的知识,此不能不研究着。义务教育的基本知识,自以识字为第一义,字既认识,则将来当可自修,但欲于一二年内授以应识之字,使其能运用自如,当非易事,故关于教科书之编纂,必须尽量适合实际生活,尤应简易,不致浪费光阴。若仍蹈袭现行之初小高小之教科书则失败无疑矣。吾人认为此种教科书之编纂内容,第一要使受教育者认识自己为中华民族一份子,第二宜使受教育者了解自己应有的义务,第三宜使受教育者生活上之补助,必三者齐全,始可称为理想之教科书。

此外,对于受教育者的时间,亦不能不顾及。我国失学国民,十九贫苦不堪,终日帮助父兄工作,犹恐时间无多,若因实施义务教育,强迫其入学,则其父兄必不愿意,而且影响其生计,亦非办教育的目的。我们必须设法补救,多办半日制或夜校,每日授以四小时之教育,于上下午或夜间开始教授,在事实上恐较易推行,即其家庭亦必乐意接受。总之,此种问题,为民族兴衰存亡之所系,极为重要,我们应上下一致,努力实行,以巩固国家之基础。今教育部既有见及此,对于义务教育的设施,一反历年的办法,努力于此种根本建设,吾人深表赞助之外,愿献一得之愚,以贡主持义务教育者之参考。

(原载于《江西地方教育》1935年第二十三期)

中学师范师资训练问题的商榷

最近教育部通令各省市组织中学师范教育研究会,提出各种教育实际问题,令各地从事教育人员,切实研究,以作改进之参考,其关于师资问题者,计分:(一)对于中学及师范教员检定暂行规程之意见,(二)关于改进中等学校师资训练机关之建设,(三)中学师范教员应如何进修等项。兹就管见所及,略献数言,一则回答教育当局,一则唤起教育界同仁之注意焉。

一、引言

中国现在的师资训练制度,共分两种,即:(一)属于正统的有中学师范的师资，由师范专门、师范大学等机关训练，小学的师资由普通师范学校训练之规定；（二）属于附属的，另有大学的教育科或教育系，以训练中学师范之师资，有高中之师范科或特殊的师范专修科以训练小学的师资，所以中国对于各级学校的师资训练，在表面上是极清晰的。换句话说，就见小学有小学的师资训练机关，中学有中学的师资训练机关，这两重制度的师资训练是不是合理，不是本文的主要目的，不能多事讨论。不过我们认定师资是一种专业，和律师、医生一样，要有专业的训练，才能对症下药、克奏功效，东西各国对于这一点，没有不重视的。例如法日由高等师范之设立，美国有师范学院（Teachers College）之创设，英国则在八年之中等教育上面，施以二年之大学程度，另设师资训练所（Traing College）专门从事新教员之养成，德国则于九年中等教育上面，施以二年或三年之大学程度之师范教育，再设一年乃至二年之试用期，或由各邦考试选取，其制虽异，其注重中等师资之训练则一。反观我国在十余年前，亦曾有高等师范之创设，若北京高师、南京高师、武昌高师……都是为培养中学师资而设，迨后学制变更，高等师范大都先后取消，改设普通大学，只有北平师范大学一校，尚有继续办理。现在各大学虽多有教育学院之设立，然分系分科，多不是以中学课程为标准，学生在校时，既缺少教育上之素养，所以毕业出校后，既无教学上实习之训练，又无教育上之兴趣，多以教育界为暂时栖身之所，一旦别有机缘，则见异思迁，变更无常；我国中学师范教育之失败，缺少良好师资，未始非重要原因之一。近来教育部有见及此，秉承中央意旨及斟酌社会实际需要，颁布了中学及师范教员检定规程，及中等学校师资训练种种计划，虽尚未完全见诸实行，而此种改革精神不能不为之深表同情，我觉得此问题的解决，不外两种，即：（一）消极方面，取缔不良师资，此所以有教师资格检定的必要；（二）积极方面，应改善并扩充师资训练机关，以充实国家教育上之常备军，而免教师饥荒之虞。此两者均为我国中学师资训练上所应注意之问题，特略述管见如下。

二、对于教师资格检定之意见

中央有见及此，特于二十一年三中全会时，议决改革教育方案，分关于国民教育者、关于生产教育者、关于师资教育者、关于人才教育者等四项，其中关于师资教育者，又分为以下等之规定：

1. 中等师范教育机关，分为简易师范学校、师范学校等，均由政府办理。

2. 师范学校应脱离中学而单独设立。

3. 现有之师范大学，应力求整理与改善，使其组织、课程、训育各项，均合于训练中等学校师资之目的，别于普通大学，且与师范学校等力谋联络。

4. 大学设师资训练班，凡大学毕业生愿任教师者，应入该班加修教育功课一年，以备中等学校教师之选；凡进师资训练班者，其待遇与师范大学同。

5. 师范学校及师范大学，概不收学费，师范学校应以由政府供给膳宿、制服为原则。

6. 师范学校及师范大学学生修业完毕后，由教育部或省教育厅、市教育局指定地点，派往服务，期满始发给毕业证书，始得自由应聘，或升学，其有规避服务或服务不尽力者，取消资格，并追缴费用。

教育部根据这种方案，除于去年五月二十一日公布小学教员检定暂行以外，同时并订定中学及师范教员检定暂行规程，对于师资问题，有严密的规定，在中国各级学校师资尚未归国家委用以前，有这种严密的检定，未始非统一师资程度之一良好办法。自教部颁布此种规程以后，已经一年，而各省实行者尚少，现在除关于小学教员检定规程，后有机会再来讨论外，先将对于中师教员检定规程之意见，略述于后，以供参考。

此种规程，共计十二条，内分无试验检定两种，受无试验检定者之资格，在高中为：①教部认可之国外大学本科毕业者，②国内师范大学、大学本科高等师范学校毕业后有一年以上之教学经验者，③国内外专科学校或专门学校本科毕业后有二年以上之教学经验者，④曾任高级中学教员五年以上，经督学视察认为成绩优良者，⑤具有价值之专门著述发表者；在初中为：①具有高中教员无试验检定规定资格之一者，②国内外大学本科、高等师范本科或专修科毕业者，③国内外专科学校或专门学校本科毕业后，具有一年以上之教学经验者，④与高级中学程度相当学校毕业后，有三年以上之教学经验，于所任教科，确有研究成绩者，⑤曾任初级中学教员五年以上，经督学视察认为成绩优良者，⑥具有精练技术者（专适用于劳作科教员），至师范方面，大都与高中相同（见同规程第四条）。此种检定资格之规定，似有：①不承认教师专业化的精神，②偏重外国大学，尤其是不承认师范大学与高等师范，有充当教员之优先权，③将高初中教员资格划分过严等等毛病。我们觉得教育者之养成，特别要注意人格陶冶，教育方法之了解，决不是只要有学问，就可胜任的，原规程以师范大学、大学本科、高等师范相持并论，似有未妥，尤其是以教部认可之国外大学，列为无试验检定第一项，更为反对。我是赞成师范大学和高等师范本科应该列为第一项的，至国内外大学毕业生须有一年以上之教学经验，才可受无试验检定，这不是看不起国内外大学毕业生，实因为它们对于教育之素养、教育的方法，的确比不上出身师范的人。其次就是高初中教师受检定资格标准不一致，其实照教育原理上讲，中小学教师所受的训练，其标准都应该一致的，何况同是中学阶级，更不应有资格高低之分。我们认为初中教师的工作，和高中教师的工作，都是一样的繁难，一样的重要，所以高初中教师程度及其所受训练，决不容有什么分别。凡是做过教师的人，大家都知道教初中学生，乃是比较教高中学生，更加困难，如果一个教师修养不足，应付不周，叫他去教初中，十九是失败的。所以无论从理论上及事实上讲，初中一年级教师所受的训练与所需要的经验，并不比高中三年级教师所受的训练与经验来得低少，虽则他们教学的对象和教学的课程各有不同，但是他们的能力与预备，决不可有高低之分别。现在教部规定中学师资资格检定初中和高中不同，使学生由初中到高中也要经过一种有阶级的教学能力，不能说不是此种无试验检定资格之失败。

至于试验检定方面，我也是反对初中与高中（师范在内）受验者资格之不同，再则对于试验科目当然要分共同应试科目和专科应试科目。关于共同应试科目方面，在可能范围内，似应加入哲学、心理学二门；其专科应试科目，在数理化方面，亦有增加之必要。事实上现在从事于数理方面之教员，不是出身于师范大学或高等师范者，恐为数不少（现在中国教育学会正在着手调查），以如此多数非师范出身之数理教师，若不加以严格检定以资甄别，则每年数理科会考成绩，将必日见下落，影响于中学师范教育前途，真不知伊于胡底了！

三、改进师资训练机关之建设

师资的检定试验，其实还是治标的方法，最要紧的，莫过于训练机关的改善，若是没有根本的治本办法，以谋补救，那中学师范教育前途，还是黑暗很多。我们既明白现在中国师资的训练制度极不合理，那专举行检定试验，终必无济于事，但是这个中等学校师资训练问题究竟根据什么标准以作改革方案的依据，那实不能不从长讨论，兹就管见所及，提出几个标准和具体办法如下：

1. 标准

关于师资训练标准，程其保先生主张：师资的训练应该统一，师资训练的标准应该提高及师资训练的标准应该一致（见江西教育旬刊第一卷第九期教师的训练问题）。我对于这三点，除完全赞同外，还要加充实国家教育的准备军的一点，兹逐一说明如下：

（1）师资训练之统一：在三中全会关于师资问题，已明白的规定了师资训练应归政府办理，这就是统一师资训练的先声。我们觉得教育是政治的一部，应该由国家管理，而师资又属教育中最紧要的东西，决不可粗制滥造，更不可无计划的自由发展，这是世界各国都有先例，我们怎能例外。

（2）师资训练之标准提高：就是说初中教师最低限度，要专门以上的毕业生，再加二年之教育训练，等到教育发达的时候，当然要和高中甚至和大学教师无所分别的。在这种穷困的中国，虽然一时不易做到，但我们之目标，是要向这方面走，决不可使初中教师和高中教师所受的训练程度，相差太远，这是应该深切注意的。

（3）师资训练的标准应一致：我们觉得整个的中学阶段，其教育目标是一致的，这在中学规程里面，已经规定很详细。若是从事于实际教育的教师，其所受的训练若不同，那影响学生前途甚大。我们既认为教师是一种专业，那和律师、医生自然是相同的，做医生的责任，同是诊病，决不容有高级初级的分别，教师只有对于教学上之兴趣之不同、管理儿童的特殊之不同，其本身所受的训练，是应该一致的。

（四）充实国家教育的常备军：中国近十余年来，因高等师范之先后被取消，所于各中等学校的教师，多系普通大学出身，或其他专门学校毕业，鲜有出身师范者，对于教学训育诸问题，均无甚心得；对于国家教育之政策，更漠不关心。优良师资非常缺乏，此为上下鲜明之事实，故增设师范大学或改造教育学院，实为充实国家教育常备军的中心机关及必不可缓的要途也。

2. 训练方法

关于中等学校师资训练办法，三中全会对于这点，已有师范大学应力求整理与改善，使其组织、课程、训育各项，均合于训练目标，使别于普通大学之规定，兹略述鄙见如下：

第一，应增设师范大学，或将各大学之教育学院，切实改进，恢复过去高等师范所采取中学学科分系制，例如国文系、外国语文系、史地系、数学系、理化系、博物系等，严格考查学生程度，以其成绩优异学科为主系，其余为辅系，专心于少数学科之研究，则进步必大，并授以教育、论理、心理等普通功课，及至少一学年之教育实习，以养成其专业精神。

第二，为救济目前教师饥荒起见，照三中全会之决议案，择有名大学设教师训练班，招收普通大学毕业生，施以一年之教师训练，在理论上本极妥善，惟前年中央大学业已本此意旨，招考师资训练科学生，结局报名者只十三人，里面尚有两人是冒充的大学毕业生，最后只取二人；口试的时候，对于专业志愿这一点，可以说没有一个人有很确定很明白的表示（见张士一：改进中学英语科教学根本办法——中华教育界二十一卷七期）。可见这种办法，还不适用于现在的中国，推厥原因，就是因为中国教育界，向来不遵照法令，只要有人力，便什么人都可做中学教师，否则，就是大学生受了训练，也不一定就有工作。因此，为顺应时代要求起见，倒不如依张先生所云，变更办法，如：（1）专就既有教育学院或教育的国立大学，设同等的各科独立单元；（2）新生资格专收高中毕业生，使其专习擅长之学科；（3）毕业年限和普通大学一样；（4）课程内容要依中学各科教学的需要来支配。这样一来，就可以集合以教育为生命、尽其毕生之精神以从事于教育的青年，加以多年之锻炼，使之于名利之外，而乐其天职，养成其教育家之精神，负担改进中等教育之使命了。

四、现任教师之进修问题

上面所说的师资训练办法，是属于新进师资的训练，还有在职教师的进修问题也很重要。原来教学相长，古有明训，无如现今之中等师资，大多是墨守成法，天天挪着一本教科书，翻来翻去，甚至有倚老卖老，不求进步者，亦属很多。外国各级学校，教师愈老愈好，而中国教育界，却呈一种相反的现象，所以对于在职教师的进修办法，也不得不注意及之。

关于教师的进修办法，普通不外两种：一种是督学的分科指导，可是现在各省市因为经费的困难，督学最多不过三四人至五六人，而且他们自己的各科成绩，恐怕不见能有指导教师的本领，只要看他们视察报告之官样文章，便可知道，所以这一种办法，恐难行通；第二种就是利用寒暑假开办各科讲习会，令各省市通令各校派员参加听讲，今年仍须继续举行。虽因组织不严密，各大学教授不肯十分负责，未得若何成绩，然于此举，未可厚非，我鉴于去年之结果，对于各大学办理讲习班之改进意见为：

第一，公私立大学对于暑期讲习班举办科目及担任教师，应先由教部就各该大学特长、指定科目及担任教授，先将教授内容，通令各省市选派人员参加，以免各大学借口人数太少，不愿开班，而有名教授，又利用暑假多往各处避暑之种种弊端。

第二，各省市所派参加人员，应由教厅局指定各该科专任教员，轮流前往参加为原则，以咨统一而收实效。

如此做法，各方面共同协助，那于中学师范师资之进修上，获益必多。此外对于服务五年或十年以上的教师，应规定其再入训练机关研究若干年，或用公费派其出国考察一二年，于教师进修上，也有很大的补助。不过此种定期进修的费用，应该完全由公家负担，及保留其原职原薪，期满仍须回原机关服务，那才不失进修之真正目的了。

综上所述的检定教员办法，是属于检验教师之过去，在职教师之进修，是改进其现在，长期间教师之训练是预备其将来。有了检定教员之规定，就可免除教师资格之混杂，有了教师进修之机会，就可使之依时代前进，有了很好的师资训练机关，就可充实将来之师资，这三者虽有的关于治标的，有的属于治本的，我们觉得都不可少，只要善于运用，那于中等教育前途，定有很大的益处。最后还有两点要注意的，就是：第一，像张士一先生所说的中学师资的师资根本问题，做中学师资的师资者，至少对于专科的内容方面、专科的教学法方面、专科的教学经验方面、教育学和心理学方面都要有相当之造诣，而且要有专业之精神，那才可以改进中学教育，否则像现在大学教授之不愿受政府指挥，对于训练师资问题，多假手于无学识无经验的助教，叫中等教育怎样去改进？其次第二就是教师的待遇问题，教师的待遇最好以所受的训练和所有的经验为标准，换言之，一个教师所受的训练与经验是相同的，不论在初中或高中，师范教书（甚至小学教书亦然）都应得相同的报酬，这样一来，各人可就自己的兴趣和特长，从事于高初中的教学，于中等教育改进上，亦有很大的帮助，不可不注意焉。

（原载于《江西教育》1935年第九期）

怎样教我们中学时期的青年（节选）

黄炎培先生在《中学生》第68期里面，写了一篇"怎样教我中学时期的儿女"的文字，我们拜读以后，觉得他真是一位教育家。假设每个中学生的家长，都能像黄先生那样的懂得教育儿女的方法，那我国中学教育，早就有相当成功，决不会像国联教育考察团所说似的："中国国家教育的缺点，即在中等教育了。"黄先生并说："我感觉到难处置，就是中学这个关头，到了大学，人生观渐渐确定了，中学正在交叉路口，欲东便东，欲西便西，出入很大。"这几句话，的确是至理名言，很可以唤起我们办理中学教育者之注意。我办中学教育前后将近10年，对于这个问题，始终不敢放松，很愿意把个人对于教中学生的一些小小体会，提出来和大家讨论，以作改进中学教育的商榷。

我们觉得教小学生，只要感之以情，或绳之以法；教大学生只要明之以理，便可满足其需要，而相安无事；惟有教中学生，既要感之以情，绳之以法，还要明之以理，三者不可缺一。换言之，就是当中学教师的人，非有人格高尚、学问渊博、教法优良的人才，决不能胜任愉快。现在的中学教师，很难有这种理想的人物。上焉者，教师和学生不过是一种上课时讲的和听的关系，上课时，便留声机似的一遍遍的开，下课后，便把皮包一夹，离开了学生，师生之间，仅保留着点头的关系；至于下焉者，还是时常请假，学生不上课也在点名册上画"到"，平时用不着交练习，考试任凭学生抄书、传递，以买学生之欢心，像这样的马虎了事，怎样可说尽了中学教师的职责呢？

这种现象，推其原因，就是因为一般中学教师，对于教育事业没有深刻的认识，对于中学生的个性没有详细的分析，所以无论如何不能适合中学生的需要。我们要明白，中学生是介于小学生和大学生之间的学生，他们的思想比小学生复杂,而又够不上大学生的成熟,是从幼年时期到青年时期的一个阶段,是身体脑力最发达的时期,非常好动,理想很高,富于想象力;一般的弊病,是有些浅薄的学识就要显示于人,而且自大,同时又富于竞争心,求知欲和向上心都较强等等,因此有的是好读书的稳健派,有的是爱出风头的活动派,更有的是不满现状的消极派,这都是他们的生活方式。我们为教师者,应取其长而舍其短,使他们各个人都有成就,那才不白费教育的功劳了。但是要如何才能达到这个目的,那就不能不靠教师们的努力,兹据管见所及,分述如下。

一、教师要有教育爱的精神

教育事业是精神事业,物质报酬虽薄,但精神愉快,则胜过任何职业。过去教育者朝秦暮楚,与学生感情不融洽,虽有其他原因,但教育者本身缺乏教育爱的精神,未始非重大原因之一。自己本身对于教育事业既不发生信仰,以教育界为暂时栖身之所,不肯忠于教育,那当然是没有好的影响了。我有一次应学生们之请求,对他们讲话,就提出"教育即爱"的问题,和他们讨论,其中有一段,很可表示我们应有的教育精神的,就是:"真的教育之爱是什么呢?美国大教育家杜威说'教育即生活',但是我们要知道,生活是离不了爱,没有爱就不成其为生活。学校一切活动,无论教师与学生,都是互相爱的关系;反是,如果教育非爱,那末教师与学生之间,就不相往来,成为路人一般,那还成什么教育?'教育即生活',其发生的关系,都是由爱而来。瑞士的大教育家裴斯泰洛齐(Pestalozzi)谓教育不但借爱而发生,并要由爱之纯化,无论在教学、训导或养护上,都要贯彻慈爱的精神。他自己描写他在斯坦兹(Stonz)孤儿学院的生活说:'我与儿童们饭食与共,起卧与俱,生活上几乎没须臾的相离……他们健康,是我的欢愉,他们疾病,是我的愁苦。我在他们中伏卧着,朝起必较早,夜寝必较迟,在他们熟睡以前,我给他们度心祈祷……'他在这种环境之中,做了孤儿的父亲,做了孤儿的母亲,做了孤儿的师,做了孤儿的友,更做了孤儿的医生和仆人,他们那种教育爱的精神，造成了他伟大的成就。又如德国的教育家斯普兰格（Spranger）也说：'结合人心以从事于社会生活，有两个原动力，即力和爱：力为社会上下支配关系，爱为社会左右协助关系。政治的活动，属于前者，教育的活动，属于后者。'我国孟子亦曰：'得天下英才而教育之，三乐也。'这都是教育爱的表示，舍此则不能谈教育。"

这就是我们从事教育者应有的精神，我这几年训练我们的学生，都是本着这种精神向前迈进，自问尚无忝所职，若能有更伟大的教育者切实推行，我想一定有更大的收获了。

二、教师要注重人格感化

教中学生，这个基本条件，是万不可少的。例如，嫖赌是学校所严切禁绝的，但现在有少数中学校长及教职员在外赌博，像这种的行为，怎样能做人师表？任凭你在讲堂上说得如何天花乱坠，亦属枉然。何况多数教师，事实上只知教死书，校中一切训育事宜，向来是不闻问的。近年来部令虽规定教训合一，无论什么教师，都应该负训育责任，但实际仍属少数人负此种责任。其坏焉者，不但自己不负责，甚或向学生作错误宣传，岂有青年人不愿意随便，而愿意乐受行为上之限制吗？于是他的错误宣传，比之学校训育更为有效，叫中学教育怎样会有改进的希望呢？这完全是由于教师们不能以身作则，彻底的明了自身职责所致。我于民国二十二年测验过学生心理一次，其中有一条："你信仰哪一位先生，为什么信仰他？"他们所答的是：（1）平日教学法优良者，得学生信仰；（2）人格高尚，能以身作则者，得学生信仰；（3）管理认真者，得学生信仰；（4）平日肯与学生接近引导其为善者，得学生信仰。去年六月又举行学生心理测验一次，其中有一条征求学生对于管理的意见，分高年级用感化政策、初年级用制裁方法、人格感化、压迫手段、情法并用、赏罚分明、爱学生如自己子弟等。要每个学生各就己见，赞成哪一项，即在下面画一横。当时受测验者不到 400 人，统计结果：赞成人格感化者 269 人，赏罚分明者 271 人，爱学生如自己子弟者 258 人，情法并用者

209 人，高年级用感化政策者 124 人，初年级用制裁方法者 92 人，压迫手段者 37 人。这也很可表示中学生心理之趋向，而作我们训练学生的参考。

三、教师要努力自身修养，研究如何指导学生学习

语云："教学相长"，可是现在我国的中学教师，大多数是墨守成法，天天挪着一本教科书，翻来翻去，甚至倚老卖老，不求进步，倒是初从学校毕业出来的教师，对于教学却还肯热心去研究，希望学生对他们发问，可惜又因教学经验缺乏，也有很多欠妥当的地方。这种现象，都是因为做教师的人，不肯进修自己的学问所致。我认为要做一个理想的现代教师，一方面要自己拼命的去学习，一方面还要研究如何使学生去学习。舒新城先生在东大附中"青年修养"班上，曾举行一种中学生问题调查，调查的人数共有 160 左右，关于学业方面，学生所感受到的，归纳起来，约有下面几个问题：①读书不能专一，②时间不敷，③顾此失彼，④觉得求学太苦，⑤自觉知识浅薄，不知从何下手，⑥进步很慢，⑦看书看不懂意思，就不愿看，⑧对于不信仰的教员，他所教学科兴味就减少（见廖世承《中学教育》第七章）。我们看了这些问题，就晓得过去的学校，对于学生学业缺乏适当的指导，与一般中学生需要指导的迫切了。我们为教师者，应如何了解学生心理，除注意其一般指导外，为养成其自动学习能力及学习习惯起见，还要于学校上课及自修时间以外，规定一定时间，实施特殊训练。我们决不能像以前私塾先生那样的板起面孔来对待学生，以为这是分外的事，使学生感觉到畏怕，不愿亲近。教师对学生绝对应持朋友一样的情谊，在个别的来往中指导他们去进修，这种办法，我觉得比诸讲堂上课，胜得多多。

总之，教中学时期的青年，的确是比较困难，他们所需要的教师是：（1）和他们中间没有一点隔膜，像严父一样的不苟，且像慈母一样的关切，像兄弟一样的融洽，使学生见之生爱；（2）有丰富的学识和良好的教学法，以不惮烦的精神教导学生，尤其是程度低下的，更应小心；（3）尽量指示教导其课外的知识，使学生能得到活的学问，并可启发学生研究学问的兴趣；

（4）能有高尚的人格，能使学生受他的感化。有了这四种精神，才是一个理想的中学教师，才能尽教中学生的责任。目前国难是一天严重一天，中学生的思想行为，正待贤明的教育者去指导和矫正，我们急迫的要求整个民族的解放，要求生活的改革，我们再不能像以前那样的敷衍了事。误人子弟的事小，贻误国家的责大，愿今日之中学教师共三思之。

（原载于《教育杂志》第二十七卷第六号）

论中国教育的改革

　　国闻周报第十四卷第九期载有胡先骕先生之大作——"改革中国教育之意见"一文，痛述今日教育上之毛病。我读完之后，深觉胡先生对于现在中国教育之批评，确有见地，但其中亦间嫌言过其实，愿本所见，提出一二，以与胡先生共商榷之。

　　一、课程的过于繁重。胡先生说，"我国的教育向来就是主张严格，只图博极萃书，不问学子之身体与智慧，能否接受，从不知疲劳与学习有何关系。"这的确是我们旧教育的毛病。但自实施新教育以来，我们的各级学校课程都是采自欧美，我们的小学中学乃至于大学的功课，决不会比他们还高深，不过因为我们的教育，在过去太无根底，太过分自由，所以政府要使其赶快发生效果起见，就增加教学时数，使学生负担加重。尤其中学里面，在过去几年中，这种弊病更为显著，国联教育考察团会有下面的批评："在许多中等学校中，尤其在初级中学中，上课的时间太长。我等现有初中学生之课程表，据此表所载，第一年级之学生每周须上课三十四小时，第二年级三十七小时，第三年级三十四小时……在第一年级每日上课七小时者，每周有二日；上课六小时者，亦有二日；在第二年级上课六小时者共有五日。而且以上所述，尚未包含预备之时间在内。此种时间支配方法，极似故意以教育为工具，使儿童成为蠢材。"

此专指初中而言,至于高中方面,尚不止此。年来国内教育界亦多非议及此,教育当局顺着舆论之请求,亦已减轻学校课程,除每周授课钟点略为减轻外,且规定高中自二年级起文理分组,并规定课外强迫运动;而大学入学考试之程度,也通令不许过于提高,一若课程繁重的问题,便可解决。殊不知我国教育界向来是以服从上峰为可耻,而上级机关事实上也只是下命令,不管成效如何。因此虽通令各大学降低入学考试程度,而各大学仍是好高骛远,不愿接受命令;虽是通令各中学不得增加授课时数,各中学因为会考的关系,所授功课总是超过部定标准。加之近来政府提倡劳动服务,注意青年训练,总是把几个在学之青年儿童,忙个不了,不是出外担任小先生,就是出外宣传,或接官送官,差不多社会上无论什么集会,总离不了几个学生。老实说,现在的学生,既要做学生,又要做先生,还要做接进送出的军乐队或宣传队,再苦也没有!所以我觉得胡先生所谓学生的功课繁重,恐怕还不光是教学时数的减少,最要紧的,就是我们的当局不要使一般青年儿童耗费时间,做一些无益的工作,让他们保留些时间,做做本分以内的工作,为国家培养点元气,倒要切实一点!

二、重视数学虽是中小学普遍的趋势,但我们要知道数学一科,实是一切科学的基础,中国人短于数学,并不是中国人不能学数学,其实是中国人对数学,太没有用功。尝见许多学生,除了读几本教科书以外,练习也不做,把计算式的数学,看作消闲式的文学;教师方面,也只是依着教科书的讲解,批改练习本及指示参考书者,真是凤毛麟角;至于一般书肆里面,更没有几本可供中学生参考的数学书籍。以这种原因繁多的关系,就说中国青年多数不能学数学,岂不冤哉枉也!中国读书人之最大毛病,就是缺乏数学的训练,所以遇事马虎,不与人计较,自今以后,我觉得中学生对于基本数学的训练,还是不可缺少。至云:"中国因为过于注重数学之结果,遂至重要工具如国文及外国语之程度,乃甚低浅,此二种工具之重要,远在数学之上。"这更是莫名其妙。其实中学生之大部分光阴都是花费在英文一科。我有一次测验学生对于各科所费的时间如何，十分之九都说英语花费时间太多，每天早晨没有哪一个学生不读英文。在外国中学里面，外国语的时间是很少的。我觉得英语是少数人应该去学的，多数人不应花费时间在这方面，与其说算学没用，倒不如讲英语对于多数学生的确是用处太少。至国文一科，现在中学生，真是太不成话，我亦有同感；现在教育部有见及此，将数学一科，自高中二年级实行分组教授，入理科者多授数学，入文科者多学英文国文，我想这个问题或可勉强解决，而用不着我们过分忧虑了！

三、课程繁杂与留级问题。胡先生所指示者，差不多全属中等教育问题。我国中学课程的繁重，无论时间数、科目数或教科内容，都比世界各国中学有过无不及。例如法国教育部在一九三一年所颁布之男子中学教学时数，一二年级为每周二十一小时，三年级二十三小时，四年级二十二小时半，五年级二十二小时，六年级二十三小时半，七年级的哲学班二十四小时，算学班二十五小时，其中最多的上课时间，少于我国初中五小时（根据最近三十一小时计算），又无在校自修时间的规定。德国的古文中学、文实科中学、新制文实中学、实科中学、德文中学，每周授课时间最多为二十八小时，少则二十五小时，平均在二十六小时。意大利的普通中学，授课时间最多的级，也只是二十六小时。日本的中学授课时间表，约与我国现在所公布者相等。可是事实上因近来会考的关系，我国学校施行起来比规定的还多。至于课程内容方面，有的依规定时间教授不完，教师不得不在上课时拼命求速，所有练习工作都期之于课外，于是学生对于一科的练习和复习，往往须倍于上课时间，一小时的课内听讲，就要二小时的课外工作，学生自朝起至夜眠，几乎没有一个时间不是在工作中。现在部定课程时数，虽略减少，而课程分量并未减少。加之高中自实施集中军事训练以来，实际只有二年半在校求学。以三年之功课，要两年半讲完，其忙可知。至于留级问题，这也是我们中学课程太硬化了。十八年暂行课程标准，采取学分制，其中有一部分选科，可以自由伸缩，还稍可顾及个性，但因分科太早，未免流于幼稚专门，毛病也很大。自二十一年正式标准颁布后，虽经三年的修改，但都是实行学年制，课程归于整齐划一，丝毫无通融余地，从前的留级以各科总平均分数不及格者为限，所以留级的人数不多。可是现在则不同：三科以上不及格者留级；初中的国、英、算、劳作四科中之任何二科的附读功课，经补考而不及格者留级；体育或初中童子军、高中军训不及格者留级。这完全是采划一程度、统一训练的办法，虽不能说不牺牲一些特出人才，但在留级办法没有得到最完善的时候，也是一个不得已的办法。

四、初等教育在胡先生之意见，应将初小四年之课程以二年半修毕，整个小学之课程则以四年修毕。我却以为不然。夫欧洲各国，大半有七八年之小学教育，英国则有九年之小学教育，苏俄现仅施行四年之小学教育，间亦行七年者，但亦拟于最近期内改为七年制，遇有特殊情形，且可扩充至九年。中国所定之年限，与苏俄虽相同，但我方所准备四年教育之计划，尚不完全可靠。以这样短少的义务教育年限，怎样能充分教儿童以生活知识及生活技能？若再缩为二年半，未免不合国情。就是现在所施行的短期义务小学，也只可作为补助小学教育之不及，若以代替义教则不可。胡适之先生说："欲要救济教育的失败，根本的办法，只有用全力扩大那个下层的基础，就是要下决心，在最短年限内，做到初等义务教育的普及。国家与社会在今日必须拼命扩充初等义务教育，然后可以用奖学金和免费的制度从绝大多数的青年学生里，选拔那些真有求高等知识的天才的人去升学。受教育的人多了，单有文凭上的资格，就不够用了，多数的人自然会要求真正的知识与技能了……这当然是绝大的财政负担，其经费数目的庞大，可以骇死今日中央和地方天天叫穷的财政家，但这不是绝不可能的事。在七八年前，谁敢相信中国政府每年能负担四万万元的军费，然而这个巨大的军费数目，在今日已是我们看惯、毫不惊讶的事实了。所以今日最可虑的，还不是没有钱，只是我们全国人对于教育没有信心。我们今日必须坚决信仰五千万失学儿童的救济，比五千架飞机的功效,至少要大五万倍!"观乎此,我们更知道教育普及的必要,同时可以知道小学教育之不能推广和显出效果,不是经济力量做不到,也不是课程太凌乱,其实是我们全国上下没有下大决心,做到这种基本工作。若我们认为这种基本工作,只是二年半可以完成,未免看得太易,天下决无此理的!

(原载于《真知学报》第三卷第一期)

闫妍编撰

金澍荣

【题解】

金澍荣（1907—1975），别名树荣，广东番禺人，主要研究教育学、中等教育、高中课本、学校师资问题、欧美师范教育；1931—1933 年，美国哥伦比亚大学师范学院中等教育专业研究生毕业，获博士学位；1934—1948 年历任北平师范大学、西北联合大学、北平师范学院教授、系主任；1948—1951年任福建师范学院教育系教授、系主任；主要论著有《试论教育革命的规律性》、《〈实践论〉对教学的指导意义——兼论实用主义教学理论的反动性》等。

《教育的研究》一文写于 1936 年，并发表在《中国学生》第二卷一至四期上。作者主要从教育研究的意义、教育研究的今昔、教育研究的方法和教育研究的重要四个方面，论述了"教育的研究"这个问题。作者阐明我们要用科学的研究方法，来解决教育的问题，这就是教育的研究；他提出了三个问题：为什么要有教育、用什么来教育儿童、怎样教育儿童才能获得最好的结果，并由此得出要解决教育的问题，必须要依靠教育哲学、教育社会学、教育心理学、教育行政这几个方面的帮助。文中还介绍了五个研究教育问题时常用的方法，分别为哲学的方法、历史的方法、调查法、实验法和个案法。

《如何使高级师范教育计划化》一文写于 1947 年，发表在《河北教育》（月刊）第 2 期上，主要论述了作者对于当时各种中等学校各科师资的供应问题，提出两点建议：一是短期内各科所需教师数量之估定，二是较久远之师资训练计划。在第一条建议中，作者提出了各科不合格教师与教非所学教师人数、各学校所感延聘教师之困难两项事实，并建议各区高级师范教育机关在招收新生时考虑这两项事实，将有助于师资供应的协调。在第二条建议中，作者分别从师范学校、职业学校、普通中学这三个方面进行论述，并阐明了具体的推算步骤，这为当时中等学校各科师资供应问题提出了有效且具实操性的计划。

《新宪法与教育机会均等》一文写于1947年，发表在《河北教育》（月刊）第2期上，主要论述了"国民受教育之机会，一律平等"这个问题。教育机会均等就是要使各个人都有同等的机会，受到对自己的资质最合宜的教育。作者认为关键是在受中等以上教育的机会。而教育机会均等的另一障碍是各地方富力和文化水准的悬殊。同时，各个人的天赋能力和后天习得的兴趣和志向不同，他们所需要的教育也不能一样，因此除了使全国青年都有同等的机会踏进中等学校的门墙以外，中等教育的内容还应具有充分的多样性。负教育责任者必须知道每个青年的资质，然后才能够有效地引导，这也产生了教育与职业指导的需要，文中列举了美国、英国、法国的具体措施，为我国提供借鉴思考。

《"实践论"对于教学的指导意义——兼论实用主义教学理论的反动性》一文写于1957年，发表在《福建师范大学学报》（哲学社会科学版）第2期，因篇幅较长，本书选取了原文的前两章节，主要论述了学生在教学过程中领会和理解教材，掌握知识的活动，就其本质来说是一种认识活动。这种认识活动是人类认识客观世界的一种特殊形式，因此正确的教学理论必须以正确的认识论作为方法论的基础，而正确的认识论，当然又与正确的世界观分不开。马克思主义以前的哲学不能正确地解答人类认识的问题，因而在前马克思主义的教育学说中，关于教学过程的本质及其规律性的问题也不可能得到科学的解决。

教育的研究

1. 教育研究的意义

在学术上所谓研究，无非是有计划的观察事实，来解决一切疑难。思想是人类应付环境的工具，人们在日常生活中，往往会遇到新奇的情境，从前的经验不能应付，便感觉到疑难，怎样搜集和观察事实，探求它们的关系，获得可靠的结论来解决我们的疑难，都应该有严密的方式。积若干年的经验，人们对于疑难的解决，获得了一种较精密、较实用的方法，这种方法，对解决关于自然现象和关于社会现象的困难都可以应用，为一切自然科学与社会科学所共同，通常叫做科学的研究方法，应用这种方法来解决教育的问题，就是教育的研究。

2. 教育研究的今昔

从历史上看，教育本来是哲学的附庸，古代的哲学家，多数各有自己的宇宙观和人生观，要实现他们的人生理想，教育是一种不可少的工具，所以他们各有自己的教育理论。这类教育理论，无非是从各人的人生观演脱出来，构成各人的人生哲学的一部分，孔子和孟子是这样，苏格拉底和柏拉图也是这样，因为这种传统观念的影响，到现在，欧洲有很多大学还将教育和哲学放在一起。

近几十年来教育渐渐从附属国变为独立国，应用科学的方法，从各种科学取得它的基本材料而变成一种独立的学科，现时的教育研究，概括起来，可以说是集中在三个问题上：为什么要有教育？将些什么来教育儿童？怎样教育儿童才能获得最好的结果？

对于第一个问题的答案——教育目的的肯定——大部分还要取决于教育哲学，要解答第二个问题——肯定课程的内容——一大部分要靠教育社会学，第三个问题可以分成两部分：第一，怎样教儿童收效最高？第二，怎样可以做成一种美满的环境使教学能够获得最高的效率？第一部分是教育心理学的范围，第二部分要靠教育行政、学校管理等研究。这样看起来教育的研究不是一件单纯的东西，所谓教育的科学，无非是应用近代哲学、社会学、心理学和社会经济组织管理的原则，来解决教育的问题。

3. 教育研究的方法

教育科学的基本材料既然是多方面的，所以教育研究的方法也不止一种，解决教育哲学的问题时用的是哲学的方法，解决教育社会学的问题时用的是社会学的方法，解决教育心理学的问题时用的是心理学的方法，假如我们要知道前人的教育思想或前时的教育组织，我们还要用历史的方法。

我们现在将研究教育问题常用的方法，很简单的介绍一下：

（1）哲学的方法——哲学的方法在教育研究中的主要用途，是教育目标的肯定。要肯定教育的目标，我们必须先从人生经验的全体中，采定一种人生的和社会的哲学：什么是良好的生活？理想的社会应该怎样？个人和社会的关系应该怎样？这些问题的解答，大部分是凭个人的见解，所以这种方法有时被认为主观的方法，但我们可以集合多数人的见解，假如各人的见解都一致，所得的结论就主观之中又带有客观性了。

虽然近来一般人对于哲学方法在教育研究中的地位意见极不一致，这种方法近年对教育的贡献还是不少。一九二六年美国全国教育研究会特别约请一班教育专家组织一个课程委员会，议定五十四条原则作课程编制的南针。巴比脱在一九二二年间为 Los Angeles 市编制课程时，所用为根据的教育目标，是先由几百个芝加哥大学的研究生建议，再由该市一千二百位教员决定的，这都是很明显的例。

（2）历史的方法——历史研究的目标，是要肯定已往发生的事实，和找出各种事实间的因果关系。这种方法的步骤，可以略述如下：

①寻找历史的遗留品——根据这种遗留品来肯定已往发生的事情，过去

遗留下来的一切事物——如□片，器械，文件，风俗等——却可以做历史家的证据。

②对于材料的来源，加以严格的批评，断定以下各点：材料是真的还是假做的；假如材料是文字的记载，到底是谁手写的，作者是何等样人，写的年月和地点，作者是否有成见，作者是否有机会亲身观察所记事实，记载是在当时或在事后；各种材料的来源是否相同。

③成立事实——各种材料的来源经过批评之后，作史者就可以设法肯定过去事情的真相，假如各种来源不同的材料都一齐证明某种事实曾经发生，那么那事实大概是真的，不过我们还得要注意，也许所有的材料都是错误的。

④根据论理的计划，将事实分类报告。

（3）调查法——对某种社会现象加以有系统的和严密的考察，叫作调查，将这种方法应用到教育研究上，叫作教育调查或学务调查。教育调查近几十年来在欧美各国很通行，在美国尤为发达，在我国自民国八年以来，先后有济南教育调查（民国八年）、昆山教育调查（民国十三年）、广东台山教育调查（民国十八年），和天津市小学调查（民国二十一年）。

教育调查的范围，最大可以包括全国或全省教育各方面的现象，最小可以仅限于某种科目教学的成绩，或教育的某一方面。教育调查的目标，无非是用有系统的严密的方法来考察及批评一切学校或一个教育系统的某一方面的实际效能，并根据所得结果来拟定改进的方式。

调查法用来搜集材料的工具，最普通的有两种：一种是调查表，另一种是测量表。所谓调查表就是将研究者要知道的项目，列成表格，叫被试者填写；测量表本来是调查表的一种，它和调查表不同的地方是：较调查表精确，记载多少数量的，客观性较大。

调查所得结果，应该用很有条理、很有系统的方法表现出来，能够应用统计和图表方法表示出来的地方，应当尽力利用；如不能利用统计和表示方法，应该用经济明显的叙述方法。

（4）实验法——将要观察的事实隔离起来，对于其他一切因素，都加以控制，遇必要时，可以使要观察的事实在同样情境中重演起来，以便于详细观察，这就是通常所谓实验法。实验法的程序，可以分作五步：

①感遇问题。例：要找出一种效率较高的教学法。

②拟定假设。例：假定设计教学法的效率比普通问答法高。

③制成实验计划。例：将学习能力和程度都相等的一班学生，分为甲乙两组，甲组用设计法教学，乙组用普通问答法，除方法不同外，两组的一切情形——如教师的教学能力、教学的期间等，都要相等，经过一学期之后，再用一种标准测验来测量两组的进步，看哪一组的进步较多。

④着手进行实验——将第三步中所定计划，见诸实行。在进行实验时最要紧的是环境的控制，我们一定要造成一种情境，使除了教学方法不同外，两组的一切环境完全一样，才能肯定成绩的差异是方法不同的影响。

⑤证实假设。假如一切环境都相同，而用设计教学法学生的进步比用普通问答法的进步较多，那么我们就可以证实设计教学法的效率，要比普通问答法的效率较高。有时一次试验不够，必须经过再三试验而结果都一样，假设才成为真理。

（5）个案法——个案分析法的应用，以法律和医学为最先，后来渐为社会工作人员及心理学家所采用，近来在教育问题的研究也渐渐采用这种方法。个案法所根据的材料，不是抽象的理论和书本的知识而是实在的情形。个案法所研究的对象不是普通一般趋势而是个别的状况，这种方法是专门用来研究一个人或一个情境的内容和原因的，其目的在找出缺陷或特别的地方，施以诊断，寻求改善的方法，因此研究的对象多数是失常的人或情境。譬如一个儿童的功课特别差，我们要知道其中的原因，仅靠表面的猜测是不行的，他的功课之所以差，或由于智力太低，或由于缺乏趣味，或由于自己太懒，或由于家庭的环境不宜于自修，我们必须研究他的能力、已往的成绩、现实的各种环境，方能得到真正的原因。

在教育上的问题，特别需要用个案分析法的是：成绩不好的儿童，时常引起训育问题的儿童，情绪方面变态的儿童，智力特别高或特别低的儿童，具有各种特殊能力或特殊缺陷的儿童。要对儿童施行教育或职业的指导，我们必须对儿童的个人加以详细分析，个案法是不可少的。

4. 教育研究的重要

社会是时时刻刻发展着的，教育要满足社会的需求，他的目标、内容和方式，都得时时刻刻改变，要不断随着社会的发展来肯定新的教育目标、课程内容和教学方法，我们永远不能停止教育研究。现在欧美各国，在教育行政系统中多没有专门担任研究教育问题的部门，教育研究的工作，不仅通常所谓专家可以做，有许多教学和训育的问题，教师们很可以利用现有的学生来解答。有些教育研究非赖教师们的合作不易成功，要给研究人以有效的援助，教师们自己非了解那个研究的意见不可，故普通教育研究法的了解和运用可算是教师专业训练中的一个重要部分。

（原载于《中国学生》第二卷一至四期）

如何使高级师范教育计划化

民国初年之高等师范学校，与民国廿八年建立之师范学院制度，均以分区设置为原则。高级师范教育机关分区设置之优点甚多，其较要者为可以调节各区域中等学校教师之数量，使供求得以相应，惜此种优点，始终未被充分利用耳。今后欲谋高级师范教育与教育建设之配合，势非重新确定分区办法，对于各种中等学校各科师资之供应，妥为计划不可，兹将计划要点建议如下。

一、短期间内各科所需教师数量之估定

就目前之需要而估定各科教师所应增加之人数，比较简单，应由各区高级师范教育机关会同有关省市教育行政当局举办师资调查，以发现下列事实：

1. 各科不合格教师与教非所学教师人数——如某科不合格或虽合格而教非所学之教师过多，即表示目前该科教师缺乏，应作适当之补充。

2. 各学校所感延聘教师之困难——如一般学校当局多感到某科教师难于致聘，即表示该科教师缺乏，须增加其供应量。反之若一般学校多感某科教师应征者过多，或原习某科之合格教师多教非其所学，即表示该科教师有供过于求之趋势，亦亟应作相当之调节。

苟各区高级师范教育机关在招收新生时能根据上述事实，将大有助于师资供求之调协。惟此不过临时办法，为配合全国各地中等教育未来之发展，尚须有更周详之计划也。

二、较久远之师资训练计划

未来高级师范教育之计划，须视中等教育之发展而定。决定中等教育发展之可能及必要之因素甚多，欲根据现有资料推断将来教师人数之需要，殊非易事，兹仅就材料许可之范围，加以估计，聊作估定教师需求数量之示例。

（一）师范学校

在三种中等学校中，师范学校教师数量之推断，比较容易。师范学校之师资，依师范生之多寡而定，师范生之多寡，则以学龄儿童之数量而定，且义务教育原带有强迫性质，纵各省市经费有限，亦应由国库专款补助，以竟推行国民教育之全功也。故关于师范学校将来所需教师之数量，可依下列步骤推算。

1. 求得小学师生应有之比较，若以现行法规作依据，则可参考小学规程中之规定：

（1）小学规程第二十一条：小学学级编制依小学法第七条之规定，其学额每学级以四十人为原则，至少二十多人。

（2）小学规程第五十八条：小学设校长一人，每学级设级任教员一人，并得酌量情形添设专科教员，但平均每两学级之教员人数应以三人为度。

（1）项之规定以每学级学生四十人为原则，（2）项之规定以每两学级教师三人为原则，是则三位教师应负担教管八十人，每位教师负担教管二十七人，亦即小学师生之比较为一比二十七。

2. 求得学龄儿童数。所谓学龄儿童，即指学制规定小学适龄之儿童，简言之即六至十二岁之儿童是也。

3. 求得学龄儿童全体就学后所需之小学教师数，可以算出。

4. 求得应行增加之师范生数，即由所需小学教师数中减去现有小学教师与现有师范生数。

5. 求得应行补充之师校教师数，由 4 项中已得应行增加之师范生数，师校师生之比若照一比二十五计算（根据现行修正师范学校规程），则应行补充之师校教师数目，即可求得。但在失学民众强迫补习教育计划完成以前，尚须顾及民教部之需要。

（二）职业学校

一个区域所需职业学校师资数量，取决于该区域物质建设上之需要。在全国各地建设计划确定以前，职业学校所需教师之数量不易确定；但从教育部不久以前所宣布之中等教育发展计划中，可得两种标准，作为暂时之参考：

第一种，各省市设置职业教育科目，除遵照"中国之命运"中指示需要者外，并大量设置有关生活补习教育之各种职业班（如缝纫、理发、木工等），最低限度达到训练已受毕国民教育数量之百分之十。

第二种，全国职业学校设校增班之程序，为配合师资培养及经济情况，于五年内拟增加职业学校班级一万班，每班以五十人计，共约训练受职业教育学生五十万名。

第二种标准，系以全国为单位，至于每一高级师范教育区究应增加职业学生若干人，仍须视该区之情形而定，故此标准未足作为估定一区所需职业教育师资之依据。若用第一种标准，则估计之步骤如下：（1）求得最近将来受毕国民教育之人数，其十分之一即为应有受职业教育之人数；（2）求得职业学校师生之比例，修正职业学校规程中有关之规定，与现行职校师生之比例均可作为参考；（3）求得应行增加之职业教育师资数。

（三）普通中学

按各级教育实施方案（民廿七颁布）之规定，中学之任务为"继被小学施行国民基础教育，以造就社会一般事业之中级中间分子，及准备进修专门学术为二大目的……"初中之特殊任务为"初级中学教育之一切设施，应以一县之所需为其计划之根据，以养成地方自治及从事农村事业之初级干部人才……"高中之特殊任务为，高级中学应以一省中数县之所需为其计划之根据……以养成地方自治及建设事业之中级干部人才，并预备一部分学生升入专科学校及大学继续训练。最近教育部之中等教育发展计划，复重申各省市应即切实划分中学区，每区至少应有省立完全中学一所、每县至少应有县立中学一所之办法，故初中以县为单位、高中以数县为单位似已成确定之原则，是则吾人可以探用下列步骤，以估定未来所需普通中学教师之数量：

1. 从本区域内现有校数与此原则之距离，决定最近将来所增设之校数。

2. 根据目前每校平均所有学生数字，估定未来可能增加之学生数。

3. 根据中学师生应有之比例，估计所需增加中学教师之数量。

以上各点，仅就中等学校教师之总人数而言，至各科教师之分配，在职业科目方面，应参酌各地区之资源与建设上之需要；在普通科目方面，应根据各学科在课程中所占教学时数，详为筹划，方能奏设计之全功也。此外，男女性教师在数量上之分配，亦宜顾及，盖从教学上言，教师性别似无关重要，但为使教师充分发挥其训导上之效能起见，女生导师仍以女性为宜，故母性导师与女生之比率，应与男性教师对男生之比率大致相同。

他如不合格教师之逐渐淘汰，与高级师范教育机关毕业生之统筹分发任用等，均为计划中之必备条件，暂不赘述。

（原载于《河北教育》（月刊）第 2 期）

新宪法与教育机会均等

新宪法第十三章第五节第一五九条的原文是:"国民受教育之机会,一律平等。"这寥寥的几个字,代表着现代国家教育制度上一种显著的潮流,并且对于我国今后教育的措施,有深远的涵义。

溯自本世纪开始以还,由于民主的理想逐渐从政府的形式扩张到生活的全面,更由于各国人士对于个人的发展与国家的安全和进步的关系,有了一种新的认识,在教育上同时也发生一种新的要求,这新要求就是教育机会的均等。

过去有人认为只要每个儿童都能受到基本国民教育,便算平等;更有人误以为必须使人人受到同样的教育,才算平等。从现代的观点看来,国民教育的普及,仅是教育机会均等的先决条件;而要使各个人都受同样的教育,根本上忽略了人与人间的天赋差异,结果只能造成民权主义中所谓"平头式的平等",更与教育机会均等的意义相悖。现代对于教育机会均等的解释,简单的说来,就是要使各个人都有同等的机会,受到对自己的资质最合宜的教育。换言之,就是要使每一个人所受到的教育的分量和种类,完全取决于本人的资质或才能,而不应使家庭经济状况或其他环境的条件影响到个人受教育的机会。这与我国固有"人尽其才"的理想,以及民权主义中"平脚式的平等"的涵义,可谓如出一辙。照这样的看法,主要的关键当然不在初等教育,而在受中等以上教育的机会。

中等教育的经济的选择性,当然是教育机会均等的最大障碍。在中等教育是经济条件优越者的专利、贫寒青年无法问津的状态下,根本谈不上教育机会均等。因此要实现这一条文所代表的理想,首先必须将中等以上教育的经济的选择性,降低至最小的限度。新宪法第一六一条规定"各级政府,应广设奖学金额,以扶助学行俱优,无力升学之学生",可以算是促进教育机会均等的措施。可是用公费额来增加贫寒青年求学的机会,仅代表走向机会均等的途中之第一步。英国在过去便是借公费额的设置来促进教育机会均等的一个国家,可是他们早已感到这种办法的不彻底,结果在一九四四年的新教育法中,不但规定公立中等学校全部免费,并且对于家境特别清寒的学生,公家还要补助衣服和供给膳宿。

教育机会均等的另一障碍是各地方富力和文化水准的悬殊。生长在富庶而文化水准高的地方的青年,受教育的机会显然要较生长在贫瘠而文化落后地方的青年优越,这种情形,在我国尤为显著。我国现制中等教育以省与直辖市为设置单位(随县立中学的发展,更加上县),地方富力和文化程度的不齐,足以造成各地青年教育机会的很大差别。宪法第一六五条规定"国家应注重各地区教育之均衡发展……边远及贫瘠地区之教育文化经费,由国家补助之,其重要之教育文化事业,得由中央办理或补助之",为的就是矫正这种缺陷,可视作促进教育机会均等的另一种措施。

其次,"人尽其才"的基本条件是"因才施教",各个人的天赋能力和后天习得的兴趣和志向不同,他们所需要的教育当然也不能一样,因此除了使全国青年都有同等的机会踏进中等学校的门墙以外,中等教育的内容还应具有充分的多样性来适应各种能力和志向不同的青年。强使一群资质根本上不宜于升学深造的青年受升学准备的教育,结果徒令资质宜于深造者学业的进展,都受到他们的牵制而终至两方面的特长都不能发挥。这种情形,实与教育机会均等的原则背道而驰。要谋机会的均等,不但中等教育的门户要公开,中等教育的内容也须彻底的分化。

中等教育的内容分化以后,每个青年在进入中等学校时,便面对着许多条不同的途径要他来选择。根据"人尽其才"的要求,每个人所选择的应该是最能代表他的特长的途径,可是一个儿童或青年的特长,究竟在哪里、应该受哪一种的教育,非经有系统的长期间的观察和科学的诊断是不易确定的。

负教育责任者必须知道每个青年的资质近于哪一方面，然后才能够有效的引导他到最值当的途径上去，这便造成了教育与职业指导的需要。在美国，随着中等教育的日趋普及，教育与职业指导成了中等学校的主要工作之一。英国自从一九四四年的新教育法通过以来，如何根据各个青年的资质和志向，将他们分配到中等教育的各部门去，便成了许多教育家讨论的中心问题。在同样的需要的催促之下，法国最近将中学的第一学年作为指导年，一年级组成指导班，准备以一年的时间来发现学生的个性，然后再将学生作适当的分配。

由此可知教育机会均等的理想，不但要求中等教育的门户向全体青年公开，并且对于中等教育的内容与教导设施，都有具体的涵义。要彻底的达到教育机会均等的理想，不是我国现在和最近的将来国家的财力所许可的，不过，宪法的第一五九条，已经指给我们这样的一条路线了。

（原载于《河北教育》（月刊）第 2 期）

"实践论"对于教学的指导意义（节选）

——兼论实用主义教学理论的反动性

一

学生在教学过程中领会和理解教材、掌握知识的活动，就其本质来说是一种认识活动，这种认识活动是人类认识客观世界的一种特殊形式。因此正确的教学理论必须以正确的认识论作为方法论的基础，而正确的认识论，当然又与正确的世界观分不开。马克思主义以前的哲学不能正确地解答人类认识的问题，因而在前马克思主义的教育学说中，关于教学过程的本质及其规律性的问题也不可能得到科学的解决。十九世纪后期以来反动的资产阶级教育学对于教学过程的恶意的曲解，也是以其对于人类认识问题的歪曲为出发点。

在教育学的历史中，教育家们往往通过教育的实践，自发地、片断地接触到教学过程的规律，但又总是受到他们的认识论和世界观的限制，对于这些规律无法作出真正科学的、全面的阐明。他们所受到的这种限制，最后当然又可以归结为历史的和阶级的局限性。凡是能够在教学论方面提出或多或少正确见解的教育思想家，在他们对于客观世界和对于人类认识的观点中，都可以相应地找出或多或少唯物主义的成分，而他们的世界观和认识论上的言论，也莫不相应地反映在他们的教学理论中。夸美纽斯接受了十六、十七世纪创新的自然哲学的影响，特别是后来吸收了英国唯物主义的始祖培根的思想中的某些方面，肯定"认识的开端无条件的永远是从感觉出发的"，主张以现实世界的认识作为教学的基础，因而在教学理论方面就提出了直观性、积极性、巩固性、量力性等具有正确意义的原则。但他的唯心主义的、带有浓厚宗教色彩的世界观，又使得他不能在片断地提出了这些原则之后再前进一步，甚至在某些问题上不能坚持自己的原则。如对于"教义回答"的学习，他就认为即使儿童不能理解，也要背下来。裴斯泰洛齐在教学法上的成就，也是与他承认知识开始于感觉分不开的。在另一方面，他从康德承袭来的先验主义的因素，又成为他的"要素论"中的形式主义的根源。十九世纪后期资产阶级反动的教育学说，不是从唯理论出发而达到形式教育的结论，就是从经验论出发而导向实体教育。俄罗斯伟大的教育家乌辛斯基，在十九世纪后半期俄国社会经济的发展以及广泛的农民革命运动和革命民主主义思想的影响下，逐步从哲学上的唯心主义走向唯物主义。尤其是对于教学法上的问题，他肯定地认为一切成就都"要归功于现时占优势的唯物主义的研究方向"。因而在他留下的教育学遗作中，教学法上的贡献占着重要的地位。但由于他还没有完成这一哲学思想上的转变就去世，他的"世界观中的不一致和矛盾，显著地降低了他的教学理论的根据"。他最后也不能提出一套完整的科学的教学理论。

马克思主义第一次在人类思想史上揭露了认识的本质以及人类认识客观世界过程的发生和发展的规律性。从物质是第一性的、意识是第二性的根本原理出发，马克思主义肯定外部世界是不依赖于人们的意识而存在的客观实在，人类的认识正是客观世界在人们的意识中的反映。但这种反映并不是消极的、死板的、和照相一样的映像，而是一种极其复杂的、能动的、辩证的，随着客观世界的发展而不断向前推移的历史过程。人类借助于语言这一为人类所独有的认识工具，不仅可以通过感觉和知觉来认识客观事物的表面或现实世界中各种现象及其外部联系，并且还可以通过抽象的思维，从大量个别现象中抛弃其偶然的因素和非本质的特性，掌握其必然的因素和本质的特性而形成概念。借助于概念，人类又可以运用推理判断来继续深入揭露事物的内部联系或内在的规律性。这些客观规律一旦被人们所发现，人们便可以依靠它们，利用它们来改造客观世界，来为人类自己谋福利。人们对于这些规律的认识是否正确，也只有在改造客观世界的实践中得到检验。列宁曾将这种反映（即辩证唯物主义的认识论）的基本原理作成如下的概括："从生动的直观到抽象的思维，从思维到实践——这就是认识真理、认识客观实在的辩证法道路。"列宁的这一指示，就成为苏维埃教育学发展它的教学理论的指导思想。

毛主席的"实践论"用中国革命的丰富经验来充实和发展了马克思列宁主义的认识论，将人类认识客观世界这一复杂的哲学问题作了极其深刻，同时又极其生动的说明。"实践论"依循着马克思列宁主义从人的社会性和人的历史发展来考察认识问题的途径，着重阐明了认识对于社会实践（首先是生产斗争和阶级斗争的实践）的依存关系，形象化地分析了人的认识如何从实践中发生，而又服务于实践并在实践中得到检验，从而发展了辩证唯物主义的理论与实践的统一观。它发展了列宁的"从生动的直观到抽象的思维，从思维到实践"的公式和"一切科学的（正确的，郑重的，非胡说的）抽象，都更深刻、更正确、更完全地反映了自然"的原理，进一步地揭示了认识的感性阶段与理性阶段间的辩证的关系，并指出直接经验与间接经验在感性认识中的地位。它最后阐明了人类认识作为一个历史过程的无限性和在各个一定的发展阶段上人的认识所受到的限制，以及人类的认识随着客观过程的运动发展而不断向前推移的原理，从而发展了恩格斯和列宁关于绝对真理与相对真理的学说。这一著作虽然是为反对革命工作中的教条主义与经验主义，把中国革命的实践引向正确的轨道而写的，但由于它是对马克思列宁主义关于人类的认识这样一个根本问题的发展，它的指导意义是非常广泛的。"通过实践而发现真理，又通过实践而证实真理与发展真理。从感性认识而能动地发展到理性认识，从理性认识而能动地指导革命实践，改造主观世界与客观世界。实践、认识、再实践、再认识，这种形式，循环往复以至无穷，而实践与认识之每一循环的内容，都比较地进到了高一级的程度。"这一简短而有高度概括性的结论，揭示了人类认识客观世界过程的一般规律，同时也为我们研究教学过程提供了进一步的、更加具体的方法论基础。

二

人类认识活动的形式是多种多样的。生产活动、阶级斗争和政治活动、科学研究、艺术创作以至于教学活动，都是人类社会实践的不同形式，因而也都是人类认识客观世界的不同途径。每一种途径都有它的特殊形式和专门特点。因此，认识过程的一般规律，在每一种形式的认识活动中总是以其自身所特有的方式表现出来的。教学作为一种认识活动，既不同于科学家进行研究发明时的活动，也不是社会生产和阶级斗争、政治生活等实践活动的复制。当我们将马克思列宁主义认识论的原理应用到教学过程上时，必须根据教学过程本身的特点来理解。在这一方面，我们可以从"实践论"中得到丰富的启示。

首先，根据"实践论"的启示，我们必须把教学这种社会现象放在人类的社会历史实践中来考察。"实践论"告诉我们，人类对客观世界的认识是一种社会的、历史的过程。因为构成人类认识的泉源的实践主要是生产斗争和阶级斗争的实践，所以通过实践而得来的认识实际上是世世代代亿万人的经验和智慧的结晶。恩格斯在斥驳杜林所谓"思维至上"的糊涂论点，讲到人类究竟能否认识绝对真理的问题时，曾经这样说过："究竟什么是人的思维？这是不是指单个人的思维呢？不是。这仅仅是无数万万过去、现在、将来的人的个人思维。"这一段话，正好用来说明认识的社会的、历史的性质。但是，这种亿万人的实践经验和智慧，总是要通过某些具体的个人——革命导师和科学家——的理论研究和科学实验来加以概括和总结，才能上升到科学理论的高度。而这些个别的人的理论研究和科学实验的成果，又必须回到群众中去指导群众的实践，更必须通过一定的手段来传递给新生的一代，使新生一代在正式参与社会生产斗争和阶级斗争的实践之前，就能够掌握前辈在实践中累积和概括起来的经验。教学就是这样的一种手段。每新生一代的人开始生活时，就已遇到现成的生产方式，因而也遇到在这种生产方式中按照其一定的阶级地位来参加生产活动与阶级斗争所必需掌握的现成的知识。如果没有教学，从群众中来的实践经验的结晶就不可能回到群众中去，更不可能一代一代地传递下去。这样每个人就不得不一切都从头做起，认识便受到个人能力和生活范围的限制而失去其社会的、历史的意义。从这一意义来看，教学过程中的认识活动不仅是人类认识客观世界的一种特殊形式，并且是人类认识客观世界这一社会历史过程中的一个不可分割的阶段。这一阶段的特点就是新生的一代人接受前人实践经验的总结（这种经验总结是以关于自然，关于社会和关于生产本身的系统科学知识的形式保存下来的），作为参加社会实践的准备。这就是教学作为一种认识活动的最根本的特点。正是这一特点，决定了教学与科学家的研究活动和成人社会的生产活动、政治活动的区别。

在普通学校的教学中，学生的认识活动与科学家的研究工作的区别，首先在于学生们只是学习人类已经认识了的、概括了的系统化的有关客观世界的知识，而不是去开辟人类知识的新领域，只是接受已经过科学验证的真理，而不是要发现新的真理。换言之，在普通学校的教学中，我们所要求于学生的创造性，只是从他们主观上说来是创造的，在客观上并不是什么新的发现与发明。即使让他们自己进行观察，自己作实验，通过自己的独立思考和独立工作来得出结论，也只是重复着前人所已经历过的阶段，认识前人所已认识的事物。因此，他们所获得的知识，主要的来自间接的经验。"实践论"曾经指出："但人不能事事直接经验，事实上多数的知识都是间接经验的东西，这就是古代的和外域的知识。……一个人的知识，不外直接经验的和间接经验的两个部分。而且在我为间接经验，在人则仍为直接经验。"在教学中学生们所得到的绝大部分正是这样间接经验的知识。其次，教学的任务是为学生们未来的社会实践作准备，因此，在教学中不只要求他们掌握必要的知识，并且还要养成他们把这些知识应用于实际的技能和技巧。特别重要的是，学生们还必须把在教学中所获得的知识、技能和技巧巩固下来，巩固构成了在教学中的认识活动的一个独有的、不可缺少的阶段。固然，在成人社会的生产活动、阶级斗争和科学研究中，人们在把自己对客观事物的认识向前推进的同时，也改善着实践的技能和技巧，也不断巩固着自己已有的知识，但这是自然而然的，用不着作为一个任务来提出的。而在教学中，为着保证学生所获得的知识能够应用于实践，就必须有意识地培养技能和技巧，并有意识地把这些知识、技能和技巧加以巩固。

在教学中虽然不要求学生们发现新的真理，开辟新的知识领域，但正如"实践论"所告诉我们，人类认识客观世界的过程是永无终止的。这首先是因为客观现实世界的变化运动永远没有完结。"任何过程，不论是属于自然界的与属于社会的，由于内部的矛盾与斗争，都是向前推移，向前发展的，人们认识运动也应跟着推移与发展。"同时更因为人类的知识在社会发展的每一个一定的阶段上都受到当时的历史条件的限制。只有在一定的生产力发展的要求下，才可能有近代的自然科学的发生与发展；马克思主义的产生与发展是与无产阶级解放自己，解放全人类的历史任务分不开的。新的历史条件不断向人们提出新的实践任务，新的实践任务要求新的理论知识来解决。人类实践的范围继续扩大着，人类对客观世界的认识也在不断地扩展与加深。这就使得每新的一代人不能仅仅从前一代中接受现成的知识，并且还要以新的实践经验来继续充实人类知识的宝库；不只限于用现成的知识来改造世界，并且必然要在改造客观世界的过程中改造着自己的主观世界。这就规定了教学过程除了使学生认识世界之外，还要发展学生的认识能力与创造能力。必须使新生一代的认识能力与创造能力得到充分的发展，才能保证他们把学习时所掌握的知识灵活地、创造性地应用到未来的实践中，并能够随着客观过程的推移和新的实践任务的要求而不断地修正和扩充自己的知识。本来人类在改造客观世界的过程中就必然要改造着自己主观世界和认识能力，但作为一种有意识、有目的地培养新生一代的活动，教学必须自觉地在这一方面为新生一代准备更有利的条件。

学生在教学中的认识活动与社会生活、阶级斗争、政治生活等社会实践活动的区别在于教学是准备新生一代去参加社会实践的手段，而不是成人的社会实践。教学的首要任务在于使学生掌握他们的前人从生产斗争与阶级斗争的经验中概括出来的有关自然、社会和生产本身的科学知识，而不是让学生去创造物质价值或去进行改造社会的工作。在教学中学生的实践活动，必须服从于教学的目的。这种实践活动的作用，主要在于最大限度地克服书本知识的片面性，帮助学生巩固、扩大和加深科学知识，养成学生的技能和熟练技巧以及发展学生的认识能力。

"实践论"给予我们的另一重要启示是认识的阶级性。人类在认识客观世界的过程中，必然同时要对客观世界采取一定的态度。实际上人们对于客观世界，总是在一定的意识倾向的支配下来认识的。而这种意识倾向，又是被人们的物质生活条件，特别是人们在生产关系中所处的地位所决定的。因此，"实践论"着重指出："尤以各种形式的阶级斗争，给予人的认识发展以深刻的影响。在阶级社会中，每一个人都在一定的阶级地位中生活，各种思想无不打上阶级的烙印。"人们所处的阶级地位制约着自己对客观世界的认识，每一个阶级都要求新生一代根据本阶级的利益，按照本阶级对世界的看法来认识世界。在教学过程中学生们除了接受前人对于世界的认识之外，不可避免地同时也接受了对世界的一定的观点和信念。只有担负着消减阶级的历史任务的工人阶级，才能够不受狭隘的阶级利益所限制而正确地认识世界和根据对世界的科学认识来改造世界。共产主义教育体系中的教学是工人阶级改造世界的伟大事业的一个组成部分，就必然要在用科学知识来武装新生一代的同时，形成他们的共产主义的世界观和思想品质，使他们朝着对世界的科学认识所指出的方向，来自觉地、积极地参加改造自然与改造人类社会的斗争。形成这种意识倾向与思想品质以及上面曾经论述的发展认识能力和创造能力的任务，就决定了教学过程中的教育性。这就是说，教学不只是一个传授知识、技能和技巧的过程，并且也是一个发展认识能力、形成世界观和道德品质的过程。

最后，马克思列宁主义的经典作家们曾再三地指出，脑是思维的器官，思维是脑的机能。"实践论"中也明确指出，"任何知识的来源，在于肉体感官对客观外界的感觉。"这种认为人类认识活动要通过感官和大脑的唯物主义的看法，在生理学上更得到巴甫诺夫的高级神经活动学说的验证。巴甫洛夫曾经以无可置辩的科学实验，证明了一切心理活动（包括认识活动），只能是客观实在作用于人的感觉器官和大脑的结果。为认识客观世界所必需的感受器和大脑皮质的分析综合活动是随着人的大脑和所有神经单位的发展而发展起来的。在教学过程中，认识的主体是在一定的社会条件下和一定的教育作用下成长中的各种不同年龄的儿童和青少年。在每一年龄阶段上，学生们的认识能力是要受到他们的神经系统发展的特点所制约的。这就规定了在教学过程中学生的认识活动，必须按照年龄特点来组织和进行。

从以上的分析中，我们又可以看到教学与其他认识活动形式的另一区别，这就是在教学中学生的认识活动，必须在教师的主导作用之下来进行。人类的知识本身是一个汪洋大海，并且获得这些知识的过程并不是直线的、一帆风顺的，而是迂回的、曲折的。而教学的任务是要使新生一代在一个规定的时间之内，掌握为参加社会实践所必不可少的基本知识，因此就必须有受过专门训练的教师来领导，才可能避免走弯路。其次，教学是有方向性的。我们不仅要使新生一代正确地认识客观世界，并且要引导他们朝着一定的方向来改造世界，这一方向必须由教师来掌握。最后，要根据学生的年龄特点来组织他们的认识活动，也必须由教师来负责。

只看到教学过程与人类认识活动的其他形式的差别的一面，而看不到学生掌握科学知识的过程，按其本质是人类认识客观世界的整个过程的一个不可分割的阶段，因而也是人类社会实践的一个不可缺少的阶段，或看不到教学作为一种认识活动，必然要依循着人类认识活动的一般规律来进行，就会忽视理论与实践的联系和忽视学生在学习中的自觉性与积极性，从而导致教学上的教条主义与形式主义。看不到教学工作作为一种特殊形式的认识活动与人类认识活动的其它形式的根本差别，忽视教学的专门特点，就很容易陷入实用主义的"从做中学"的泥坑。

（原载于《福建师范大学学报》（哲学社会科学版）1957年第2期）

杨来恩编撰

檀仁梅

【题解】

檀仁梅（1908—1993），福建永泰人，中国现代著名学者、教育家、翻译家。檀仁梅早年留学美国，获宾夕法尼亚大学教育科学专业的哲学博士学位、"孔鲁耳大学"东方专修科文凭，回国后先后担任福建协和大学教育系教授兼教育系主任、福州大学教务长及文学院院长兼教育系主任、上海中华基督教教育协会中等教育干事、中国教育学会常务理事、福建省教育学研究会理事长、福建师范大学外语系主任等。檀仁梅的研究领域涉猎甚广，主要在师范教育、职业教育、教育管理、青年发展、教会教育等方面。檀仁梅的文章往往从当时的现实问题和社会需要出发，以深入的调查资料和严密的论证为保障，目光深远，眼界宏阔，希冀我国教育事业蓬勃发展的拳拳之心与殷殷期望不仅可以从其著作中体悟，在其实际行动中更是一目了然。

《世界师范教育改革动向》是檀仁梅与庄明水在应邀参加完1984年国际师范教育协会于泰国曼谷召开的第三十一届世界大会后写下的文章。"师范教育是国家'生死攸关'的事业"，当时世界各国都在针对师范教育出现的重学术、轻实践等问题进行各自的改革，檀仁梅认为我国也应当了解世界各国师范教育的相关改革经验，以帮助我国师范教育顺利改革。檀仁梅从八个方面来介绍世界各国的师范教育改革情况，即：确定优秀教师的目标，把好师范生的入学、毕业和使用关，调整教学计划、确定课程范围，强调理论联系实际，教育工艺学在师范教育改革中的应用，重视教师的在职教育，调高教师的物质待遇和社会地位，加强师范教育的国际协作活动。

《大学试行学分制的初步调查研究》是檀仁梅在 1981 年为推广学分制在大学中的运用而写下的一篇文章。我国自决定向苏联学习以后，逐渐废除了学分制在学校中的使用，直到 1978 年方毅同志在《全国科学大会上的报告》中指出，要在高等学校试行学分制之后，国内少部分高校才开始试行学分制这一教育管理方法。为了更好地推广学分制在高校当中的使用，打消人们对于学分制的固有恐惧，檀仁梅在实地走访了几所试行学分制的大学后写下这一专文来为国内教育工作者介绍目前学分制在我国实行的基本情况。该文章不仅阐明了学分制是一种以承认学生个别差异为基本精神的教学制度这一实质，介绍了国际上关于学分制实行的大体趋势，更是客观地介绍了学分制的优点与缺点以及大学实行学分制要注意的问题，以便国内学者对学分制有一个正确客观的认知，取其精华、去其糟粕，从而更好地改良这一教学制度以帮助我国实现教育的科学化发展。

《巴甫洛夫高级神经活动学说与教学原则》是檀仁梅的专著《巴甫洛夫高级神经活动学说与教学》的其中一个章节。在这一章节中，檀仁梅主要介绍了苏联教育学中经过科学论证和实践检验的五大教学原则，即直观性原则、自觉性积极性原则、系统性原则、巩固性原则以及可接受性原则。在详细介绍每一具体教学原则时，檀仁梅都会通过巴甫洛夫高级神经活动学说来对这一原则的原理进行通俗易懂的解释，并提出贯彻该教学原则的优势之处与实行时的若干注意事项。这样一来，教育工作者不仅了解了巴甫洛夫高级神经活动学说的内容，还掌握了该学说背后的原理，教育工作者加深对学生和教学的科学化认知，有助于教育教学的民主化、高效化发展。

世界师范教育改革动向[①]

一九八四年七月下旬，我们应国际师范教育协会的邀请，出席该协会在泰国曼谷召开的第三十一届世界大会。此次大会集中讨论了世界师范教育的改革问题。与会的各国代表从理论和实际两方面阐述了师范教育改革的重要性、必要性和紧迫性，交流了各国师范教育改革的经验。现在根据大会交流的材料和在会内外了解的情况，着重介绍近年来各国师范教育改革的动向，以供我国师范教育改革参考。

师范教育为什么要改革？从各国反映的情况来看，主要是师范教育存在许多问题，直接影响了普通教育和其他教育的发展，影响了各种人才的培养。师范教育存在的主要问题是：（1）相当一部分师范院校学制短，师范生的知识面偏窄，不能适应新技术革命对教师的要求；（2）不少师范院校"只重视理论，而忽略了实际"，"只注重学术，不重视课程中的职业成份"，脱离中小学教学的实际；（3）许多新教师的教育和教学能力差，教学方法呆板僵化，不能适应中小学教学改革的需要；（4）尽管在职训练近来有所加强，"但职前训练很少与不断发展的在职训练联系"，"在职训练普遍被看成是应急的措施，而不是教职员系统的训练过程"；（5）教师社会地位低、物质待遇差，造成师范院校的生源差，质量低，教学质量也因之提不高，毕业生改行不当教师的很多。由于上述问题的存在，使师范教育出现了危机感。因此，世界各国改革师范教育的呼声很高。正如美国德克萨斯农业机械大学教育学院院长迪安·科里甘所指出的："如果不把聪明的、精神高尚的、具有领导能力并乐于为人类服务的男女吸引到师范教育和中小学中来，教育就不会有什么希望。""如果我们不培养优秀的教师，我们就不会有优秀的医生和律师，也不会有优秀

[①] 与庄明水合署文章。——编者注

檀仁梅

的工程师和音乐家。"所以，师范教育是国家"生死攸关的事业"，改革师范教育是各国教育的一个最紧迫的任务之一。

世界各国怎样改革师范教育？

一、确定优秀教师的目标

各级师范院校是培养教师的，而且要着力于培养优秀教师。优秀教师必须具备哪些条件，应达到什么目标呢？英国布里斯托尔师范大学认为，优秀教师必须勇于承担教育和教学任务，精力充沛，干劲十足，热情而富有想象力，能信任同事和学生。他们不仅能很好地传授知识，而且能把自己的优秀品质从学校扩展到社会。美国堪萨斯大学教育学院认为，优秀教师要有当好教师的积极性；要了解课程计划，熟悉教材内容，并擅长于选择和采用不同的教育策略和教学方法；要具有人的生长、发展和如何学习的知识，并能用以去教育儿童和青少年，要有效地安排学习环境，并善于评价学生的学习。新加坡教育学院认为，优秀教师必须做到学习和研究相结合，理论和实践相结合，职前教育和在职继续教育相结合。一个好教师要能不断进步，从学士而硕士而博士，从试用教师到正式教师，而且能发展成为部门负责人和校领导。美国肯特州立大学教育学院提出，一个好教师必须是学者、教学者、交往者和决策者。他们不但是专业学科的学者，而且是教育专业的学者；他们必须灵活掌握各种教学方法，成为一位好的教学者；他们必须善于和社会各界，同师生建立良好的交往关系，成为学生的好教育者；他们必须具有分析、判断问题和解决问题的能力，善于评价自己和学生，从而能成为教育、教学工作的好决策者。

尽管各个国家关于优秀教师的标准不一，但有两点是共同的，即作为一个优秀教师必须熟练掌握所从事的学科和教育专业的知识，懂得"教什么"；同时，必须掌握进行教育和教学的各种方法，了解受教育者的生理、心理和年龄特征，懂得"如何教"。明确优秀教师应达到的目标，是师范教育改革的前提条件。师范教育的一切改革，都是围绕着培养优秀教师而展开的。

二、把好师范生的入学、毕业和使用关

世界上许多国家,特别是教育发达国家都十分重视师范院校的招生工作。他们制定了严格而灵活的入学条件,规定进入师范院校的学生必须是学习成绩好,能力强,并且要有志于教师工作。师范生还要具有从事教师工作所应有的基本素质,在德、智、体、美、性格、爱好等各方面都符合教师工作的要求。美国的师范院校制定了新生的考察制度:学生入学后,学校安排一定时间,对新生进行专业定向指导,并通过一定的程序和方法进行考查,凡不愿意或不适合在师范院校学习的,一律劝其转学、转专业,以保证师范生的质量。

师范生在完成教学计划所规定的任务之后,还必须通过毕业关。一些国家的师范院校对毕业生采取了多方面的评价工作,如通过平时观察、口试、笔试、录象、录音等方式进行考查,确实证明具有一位优秀教师的应有潜力以后,才准予毕业,否则就得劝其改行从事其他职业。美国有些师范院校成立了毕业生的"质量控制"制度,规定只有保证毕业生具备"对顾客安全负责"所必需的知识和技能,才能够毕业。毕业生走上工作岗位后,学校还经常和他们保持联系,研究他们在教育教学工作中的表现,以指导他们接受在职教育,并作为修订师范培养计划的参考。

教育发达国家和许多发展中国家都明确规定教师的规格标准,并定期进行严格的考核。师范院校毕业生经毕业考试合格的,发给教师合格证书,只有获得合格证书的才能任教。此后,每隔数年就举行一次新学科的学习和考核,每次考核合格的才能继续当教师。对于非师范院校的毕业生,则规定了严格的检定制度。他们必须参加检定许可证学习班,或到师范院校补学半年至一年,当获得教育课程的应有学分后,才发给教师许可证或教学证书,始得当教师。有的发达国家,正在逐步提高教师的标准。在原规定所有中小学教师都必须具有学士学位的基础上,提出逐步增加重点中小学具有教育硕士、教学硕士以及教育博士学位教师的比例。

三、调整教学计划，确定课程范围

师范院校教学计划的首要任务是规定培养目标。多数国家认为，把师范院校的培养目标极限在培养师资是不够的，是不合时宜的。师范院校应同时培养教育科研人员和教育管理人员。有条件的师范院校和综合大学，要增设教育研究生院，培养具有硕士、博士学位的各级教师、教育研究人员、视导员和教育行政人员。

其次是学制。美国有的学者认为，培养一名兽医需要八年时间，而培养一名教师仅安排四年，这显然是太少了。教师是塑造青少年和儿童灵魂的人，其培养期限应为五至六年。教育领导人接受五至六年师范教育后，还应接受二年领导艺术教育。实际上，已经有许多国家把师范院校的学制延长为五年。有的是在四年正式学制之外，再加一至二年见习期。见习生边工作边学习，考核合格的才发给教师证书。

第三是确定合理的课程教学计划。有的国家学者认为，师范院校课程应包括七个方面：普通学科、专业学科、人文学科、教育理论课、普通教学法课、专门学科教材教法课、教育见习和实习。有的学者认为可归结为三个部分，即普通课程、学科专业课程、教育课和教育实践。这三大类课程在教学计划中应各占多少比例为宜，各个国家，甚至一个国家的各个学校都不尽一致。有的师范院校三部分课程各占三分之一左右，有的学校普通课程占三分之一，教育课程及教育实习占15％至30％不等，其余为专业课程时数。美国有的学者批评中小学师资质量低，其原因之一是教育课程占去太多时间，影响了其他课程的学习。但也有不少学者认为，所有的教师都应是学者，而所有的学者并不一定能当教师。当前师范教育的问题在于教育课程和专业课程脱节，而不在于学时数的多或少。中小学教师的问题在于教材和教法结合不紧，在职继续教育没有得到应有的重视，在职教师没有及时武装新知识，而不在于教育课程学得太多了。有的学者认为，师范院校不但不宜砍教育课程，而且还应增设职业教育课，以加强对教师的职业训练。对此，英国就增设了

《道德教育》、《就业教育》、《职业培训》等课程，东南亚国家则新开了《教育与发展》、《与社会共同工作》等课程。

四、强调理论联系实际

许多国家认为师范教育改革的重点之一是加强理论联系实际，特别是联系中小学实际。必须制定师范院校和中小学同步改革的措施，使师范生与将要工作的环境保持直接的联系，使师范生的训练尽可能在同将来工作的相似环境中进行。

美国肯特州立大学规定教育学院的所有教授都必须有三年以上的中小学教育和其他校外教育经历。任何教授在任职期间都必须兼任中小学或其他校外教育机构的一项工作，以保持师范院校教师与中小学和社会教育活动的直接联系。新加坡教育学院规定，教师都要下中小学兼课或作调查研究。该学院为了使教育理论课能紧密联系中小学实际，特地组织力量重新编写了教育课教材，按"教师和教学"、"课程和内容"、"学生和学习"、"学校和社会"等主题来阐述教育理论，并结合教育实际。为使学院教师熟悉中小学教材，并了解中小学教材改革动向，该学院与课程研究学院建立"共生"关系。教育学院派出各科教师参加课程研究学院编写和研究、审定中小学教材。

世界各国的师范院校都比较重视教育实践活动，教育见习和实习的时间少则 14 周，多则一学期、一学年。美国伊利诺斯威斯利安大学把教育理论的学习和教育实践结合起来，安排在三学期内完成。第一学期开学后先安排学生下小学四周，每个学生由一位小学教师指导，并负责去观察、指导一名小学生。师范生在四周实践的基础上，回校上教育心理学课。要求学生将教育心理学理论应用于在小学观察到的事物上，用理论去说明被指导的小学生的情况。第二学期在上教育理论课的同时，安排学生下中学，每周二次，每次二小时，主要是参加中学生的活动，了解中学生的体质、智力、思想感情的发展过程，指导中学生学习，熟悉中学教材，并试讲一堂课。第三学期全部用于教学实习，但每周必须举行一次讨论会，用理论去说明教与学中出现的问题。按如上安排，可使理论和实践紧密地联系起来，达到"实践有助于解释和发展理论，理论则可用于说明实践"的目的。

五、教育工艺学在师范教育改革中的应用

随着新技术革命潮流的到来，电子计算机等新技术冲击着教育部门。充分利用新技术来提高教育活动的效率和质量，是每一位教育工作者的当务之急。作为培养师资的师范院校，使未来的教师们认识和掌握教育工艺学的理论和实践方法，是其新的重要任务。

近年来，日本有35所国立大学建立与教育工艺学有关的研究中心，其中大多数设在师范学院或教育系。研究中心的研究重点放在实践活动上，如有关教育实习问题的研究，中学课堂教学调查研究，师资培训方面的信息处理等。东京学艺大学的教育工艺学研究中心，建立为教师和学生服务的系统。如为学生教学实习服务，实行微型教学的教学法模式，进行计算机语言的培训，磁带录像机和闭路电视机相结合的图书资料查询，以及电子计算机的使用，出借各种教育仪器等。该研究中心还建立了微型计算机电视系统，努力改进课堂教学方法，并发展有关教师教学技能模式的课程。学校教育系1981年增设了教育信息科学课，并开设教育系统工程学、教育信息分析论、教育信息分类处理、教育与电子计算机等选修课。

教育工艺学的理论和实践还被用来改进教师的教学方法，主要是从教师、学生和教材等各方面收集材料，然后通过数理方法和电脑的处理，研究改进教学方法。此外，还研究教学过程的方法论，包括教学计划和决策、教具的选择和使用、课堂教学的评价、各类实用教材的编写，以及教学实例的分析等。日本和美国在计算机辅助教学和计算机管理教学方面已有相当的发展，微型电子计算机已非常普及。如美国在1983年已有80％的中小学校配备了微型电脑，于是中小学教师如果继续采用传统的教学方法，就不能适应新技术革命的要求了。因此，教育工艺学的理论研究和在教学工作中的实际应用，就成为师范院校改革的重要课题了。

六、重视教师的在职教育

师范教育包括未来教师的职前教育和教师的在职教育。教师在职教育的改革已经引起世界各国的极大重视。教师的在职教育是终身教育的具体实践，是科学技术迅速发展和提高教学质量的需要。不管是教育发达国家或发展中国家，都采取许多有力措施，改革并大力加强教师的在职教育。

首先是成立各种教师培训机构。各种类型的国家都根据本国的实际，分别指定或成立教师培训学院、教师进修学院、教育学院、师范学院、大学教育系或师资训练中心，负责教师的在职教育工作。此外，还成立教学法研究中心、师资培训研究中心、教学资料中心、课程设计中心，以及师资培训大学中心等等，以研究和指导教师培训工作。

其次是制订师资培训计划和教学大纲。许多国家都组织专家认真研究提出合格师资的标准，根据标准制订师资培训计划和培训教学大纲。通过培训，使不合格的教师达到学士学位水平，使合格教师进一步提高到硕士和博士学位水平。在职教师的培训规格是和教师许可证的制度相呼应的。有的国家规定了教师许可证的有效期限，在职教师拿到教师许可证，并不是一辈子都可以当教师，而是要在一定期限内更换一次新的许可证。在换证前必须按培训计划修完有关课程，经考核合格始能发给新证。所以在职教师培训计划，实际上就是鼓励教师不断学习和提高的计划，是教师接受终身教育的计划。

再次，采用多种方法开展教师在职培训。世界各国在教师培训方面采取了许多有效的培训方法，如脱产到大学或研究院进修，出国访问或留学，举办暑期学校、夜校或周末班，定期举行讨论会或学习班等。但近几年来，更多的是采用新技术，通过电视广播和电脑技术来进行远距离培训。英国、泰国的开放大学，日本的空中大学，加拿大的电视大学，都在教师远距离培训中创造了很好的经验。这些学校通过电视、无线电广播、函授、录音带、录像带和巡回辅导等手段，进行远距离教学。广大教师边工作边学习，照样可以获得毕业证书和各种学位。这是应用新科学技术进行教师培训的好办法，

檀仁梅

很受教师的欢迎。

高师院校教师也要接受培训。欧美一些国家针对大学教授"厌恶去学习教育理论和进行教育实践,并把这种学习视为是侮辱性的任务"的情况,明确提出高师院校教师也要接受培训。高师院校教师不但是教学者、研究员,同时也是教育者。他们不但要在学科专业上进修提高,而且要有计划地学习教育理论和教学法,还要经常下中小学,了解中小学的教育实际,指导师范生教育实习,并定期去中小学兼课。

七、提高教师的物质待遇和社会地位

近年来,欧美教育界普遍认识到"不解决教师物质待遇差和社会地位下降问题,教育改革就只能是空谈"。这是因为教师工资不高,社会地位低下,影响了教师从事教学工作的决心。有才华的教师纷纷离开学校,学习好的中学生不报考师范院校,师范院校的优秀毕业生不愿意到中小学任教,结果造成普通教育质量下降,从而影响高等教育质量和各行各业人才的培养。无怪乎美国教育质量委员会惊呼:"国家在危险中。"社会有识之士也因此断言:提高教师的工资待遇和社会地位是师范教育改革成败的关键问题。

西方各国在提高教师的物质待遇和社会地位方面,已经采取和即将采取如下措施。

1. 对于志愿在毕业后当教师的大学生发给奖学金,并予享受低息贷款。美国有些州甚至规定,对于毕业后愿意在中学当四年数学和科学课教师的师范院校学生,可以不必偿还学校借给的贷款。

2. 提高在职教师工资。近年来美国许多州都通过决议,提高教师工资20%至30%,使教师的工资接近于其他行业一般人员工资水平。而日本十几年来则始终保持教师工资比同期毕业的其他行业工作人员高15%左右,从而出现了优秀人才涌向教育界的良好现象。

3. 设立优秀教师奖。美国有十五个州设立优秀教师奖。凡经由教师、家长、校长组成的评选小组评选出来的优秀教师,将可得到二千至四千美元的奖励。

4. 评定中小学教师职称。有些学者提出中小学教师也应评定和晋升职称。美国有的州已试行评定优秀教师职称，被评上优秀教师职称的教师，可立即提升工资。

5. 免除教师所得税。美国教育界呼吁政府要免除教师所得税，通过免税，使教师增加收入30％左右。这个倡议尚在讨论中。

6. 让中小学教师参加各种学会。欧美一些国家的中小学教师，过去一般不能参加各种专业学会。这种现象在近年来已经改变，现在允许中小学教师和科学家、工程师、教育家一起参加各种专业学术组织和学术会议。

7. 大力加强中小学教师的在职培训工作，使更多的中小学教师获得硕士、博士学位，以提高中小学教师的学术地位。

八、加强师范教育的国际协作活动

在国际师范教育协会第三十一届世界年会上，阿拉伯海湾国家教育局董事长穆罕默德·A·拉西斯特博士引用前联合国秘书长的话说："全世界各民族都希望，所有国家的教师都将指导人类寻求国际间更好的理解，寻求生活中更深的意义和目的，以及指导各国人民的生活走向更加富裕的道路。毫无疑问，没有一个人能像教师那样触及人类的生活如此之多，又如此的深广。"前联合国秘书长的这席话告诉我们，教师的工作对国际文化的交流和人类之间的互相理解，起着特殊的作用。特别是随着科学技术的迅速发展，"知识爆炸"的出现，人类信息的交流急剧增加，要求师范教育和其他教育领域都要有"全球战略"眼光，更加积极地开展国际协作活动。对于学生，则强调让他们接触不同的意识形态，学会批判地看问题的方法，养成从国际范围看问题的习惯，开拓国际视野。这对学生跟上世界科学技术发展和社会发展的要求，增长国际交往能力，具有重要的作用。

国际教育组织对于开展师范教育的国际协作活动起了很大的作用。有七个成员国参加的阿拉伯海湾国家教育局，积极开展了各成员国在教育、文化和科学技术诸领域，特别是教师培训方面的广泛合作。有七十余个国家、地区和教育组织参加的国际师范教育协会，是世界性的师范教育学术组织。该协会具有联合国教科文组织咨询者的地位，同联合国教科文组织保持着密切的关系。协会自 1953 年成立以来，在各会员国轮流召开了三十三次世界学术讨论会，出版许多师范教育学术材料，并组织会员之间互相访问。国际师范教育协会在交流各国师范教育经验和科研成果，促进师范教育质量的提高，使其适应科技和社会发展的需要方面，起着不可替代的重大作用。

注：本文的材料主要来源于国际师范教育协会第三十一届年会的论文。在编写过程中，除参阅过论文的英文原文外，也参阅过本校郑庭椿、戴树英、陈让升、杨韩生、潘为湘、王宇光等同志的译文，还参考过北京师大杨之岑、林冰同志《美国肯特州立大学师范教育改革的启示》一文，特一并在此表示感谢。

（原载于《外国教育参考资料》1987 年第 4 期）

大学试行学分制的初步调查研究

我从 1934 年起至 1966 年止，先后共担任了二十四年的大学教务行政工作。解放前十一年是用学分制，解放后十三年是用学时制，所以对学分制与学时制的各自优缺点有一定的亲身体验。1978 年，方毅同志在《全国科学大会上的报告》中指出，要在高等学校试行学分制。去年四月，我顺道访问了武汉大学、南京大学、华东师范大学、交通大学以及福州大学几个试行学分制的大学。承这几所大学的教务行政负责人惠予接谈，并赠送各校有关学分制的材料，深为感激。现特根据调查访问的材料和过去采用学分制的体验写成此文。

（一）学分制的实质

学分制的实质，应从两方面来考察。一方面，从学分制的发源地——美国——实行学分制的经过以及国外有些国家（如日本）实行学分制的情况来考察。另一方面，从当前我国试行学分制的大学的有关规定来考察。

美国大学实行学分制是从十九世纪九十年代开始的。先在高中实行学分制，以后在大学也发展起来。在十九世纪下半叶，美国垄断资本主义的发展，农业机械化的成功，大工业的发达，需要加速发展现代科学技术，需要尽快培养科学技术人材，训练各种专业人员，必须在高等学校采取灵活的措施。学分制与选科制就根据这种需要而产生了。最先试行学分制的是哈佛大学，以后其他大学相继采用。当前美国大学采用学分制的一般计算方法是：每学年分两个学期，通常是十月至一月下旬、二月至五月下旬，每个学期共15周左右，每周课内外学习约45小时左右。每门课每周上课一小时，自学、实习两小时，大约满15周可得一学分。每学期学习五门每周3小时的课程，每学年学十门得30学分。本科生四年学完40门每周3小时的课程，共计120学分，才能得学士学位。①

日本高等学校自1947年起全面实行学分制。根据日本的规定，"学分制"是一种教学制度。它的出发点是认为所开设的各种学科在其重要性、价值和效用上几乎是相同的。因此，把一定的学习量作为计算学分的基础，以取得必要数量以上的学分作为考核毕业的标准。学分的计算原则是以学科为单位，把各种教学形式，如讲授、课堂讨论、实验和实习等，在课内和课外所需的时间合并计算，以达到一定的学时作为一个学分。计算学分的具体方法是，课堂讲授一学时，一般以课外两学时的学习准备为前提。②

"在日本，大学学生在校学习四年时间，必须取得124学分以上，经过考试合格方准毕业并授予学士学位称号。这124学分的分配是共同必修基础课

---

① 《美国的学分制和课程》，《外国教育动态》，北京师范大学外国教育研究室编，1978年1月（13），23—24页。

② 《日本的大学是怎样实行学分制的》，《日本教育情况》，东北师范大学日本教育研究室编，1978年6月，6—7页。

为48学分以上，专业课为75学分以上。"①

解放前，我国很多大学实行过学分制。例如原福建协和大学规定，凡本校学生修完下列种种规定者，得由本校教授会推荐于校董会请给学位：须修完130分，得88绩点者。每学分须含有三小时之工作（听讲一小时，实验或准备二小时）即答问听讲（或实验）及准备等。凡每学分成绩得三等以上者为一绩点。每人每学期应修学分：一、二年级各17学分，三、四年级各16学分。②

目前，我国一些大学试行学分制，武汉大学最早实行，该校规定，所谓学分制就是按照专业培养目标的要求，规定各门课程的学分和学生必须学得的总学分，以取满总学分作为学生毕业的业务标准。以该校数学系的数学专业为例，该专业试行学分制教学方案规定，学生至少要获得122学分，才能毕业。换句话说，每个数学专业学生每学期大约要修读15学分，这样在四年学习时间内才能学到120以上学分，得到毕业。

福州大学规定：学分制是按照培养目标的要求，根据课程的地位和课内外的学时的比例，分设必修课、指定选修课，规定各门课程的学分和学生必须获得的总分，以取满总分为学生毕业的业务标准。③

南京大学规定：为了适应新时期总任务和实现四个现代化对教育工作的要求，多出人材，快出人材，提高教育质量，决定自78年级起实行学分制。课程的学分主要根据该门课程在整个教学计划中的地位来确定，一般以一学期每周课堂讲授一学时为一学分，但可根据该门课程的重要程度适当增减。如上课不足一学时者，按比例折算。学生要修满120—140学分左右才能毕业，每学期每个学生一般修读16—20学分为宜，具体标准由各专业自行

---

① 《东京大学概况》，《日本教育情况》，东北师范大学日本教育研究室编，1978年5期，第5页。
② 《福建协和大学章程》（1926—1927），第24页。
③ 1979年3月9日《福建日报》。

规定。①

以上是过去和现在国内外的几所大学关于学分制的规定。从这些不同的具体规定中，可以概括出几点体会说明学分制的实质这个问题。

1. 学分制是一种教学制度，这种制度的基本精神是承认学生的个别差异，包括才能、特长、爱好、学习基础与勤奋程度等等。对学生应当因材施教，这样能更好地调动学生学习的积极性，有利于达到预期的培养目标。为此，学分制一定要同选修制结合起来。

2. 学分制有时与绩点制结合，可以进一步提高学分制的教学质量。

学分制的课程，大约分为三类，就是公共必修课、专业必修课或指定必修课和任选课。公共必修课包括体育若干学程、多少学分，政治课若干学程、多少学分。这些课程是每个学生都必须修读的，所以叫做公共必修课。专业必修课或指定必修课，一般分为专业基础课和专业高级课。这两种为每一个专业的学生所必须修读的，所以叫专业必修课。这种课目占学生所修课程的主要部分。任选课一般分为二种，一种是本系或本专业的学程，另一种是外系的学程，前者主要是根据科学发展的水平与师资的力量开设的，由学生选修；后者主要根据学生专业的要求与个人兴趣，作有指导的选修，这种选修课可以跨专业、跨学校、甚至在其他学校选修。

3. 一个学生根据课程的规定与教师的指导，每学期选修若干学程与若干学分。一般地说，低年级选修的是公共必修课与专业基础课。年级越高，专业高级课与任选课才逐步增加。假如课程规定一个学生每个学期选修15个学分，修业年限为四年，就要学满120个学分，符合规格才能毕业。至于每学期选修的学分数根据学生的能力、勤奋的程度与教师的指导、考试的成绩，可以多选若干学分，也可以少选若干学分。如能多修，早达到规定的总学分数可以提前毕业；也可以不提前毕业而多修课程，以扩大知识面与加深专业

---

① 南京大学文件：《关于78级学生学分制试行办法》。

知识；如要少修，就要适当拉长学习年限，修满规定学分，才能毕业。

4. 每个学程的学分数的规定，一般以每周上课一小时，自学二小时，上满一学期（不论是 15 周或更多的周数）为一学分。实验课与讨论课以每周上课二小时为一学分。但各校可根据具体情况规定这种课的学分数。每个学生修多少分，只做一般的规定。成绩好的学生可以多修，学习有困难的学生可以少修。

5. 学习是否规定年限与学分数，由各校按专业的需要来确定。

6. 有的学校把学分制与学时制结合称为学年学分制。也有的学校把绩点制同学分制结合称为绩点学分制。

（二）学分制的优缺点

根据过去和现在中外学校实行学分制的经验，综合起来有以下优点：

1. 便于因材施教。学分制承认学生的聪明才智、理解能力、接受能力、知识基础都有差异，所以分析问题、解决问题的能力也有差异。对具有这些差异的学生，若用"一刀切"的课程来培养，就会出现一部分学生认为课程太容易，不利于调动他们的学习积极性，发挥他们的潜力，向科学高峰迈进。而另一些学生则认为课程太难，跟不上去，也不利于调动他们的学习积极性。学分制强调因材施教，使成绩好的学生，通过勤奋学习，攀登科学知识高峰；同时也使成绩差的学生，通过勤奋学习，争取迎头赶上。这是学分制的主要精神和主要优点。

2. 有利于使高等学校早出人才，快出人才，出好人才。根据学分制的规定，假如一个学生在一个学期能选修 15 个学分，那么在四年制的大学中，四年修完 120 学分，完全及格就可以毕业。学习好的学生一学期可选修 20 个学分，他在三年中可以修完 120 分，就可以提前一年毕业。这样就可以早出人才，快出人才。还有，把学分制同设主修与辅修制结合起来。一个学生除了读完主修专业的课程，还可以读辅修课程。特别在高等师范院校，这种修完主修和辅修课程的毕业生，毕业后既能教主修学科，也能教辅修学科，这就使一个教师可以顶两个教师用。这是学分制能够多出人才的一种方式。此外，根据学分制，凡学习好的学生可以多选修一些别的课程。例如，一个成绩好的化学系的学生可以比一般的学生多选修一些化学系高级的选修课或物理系、生物系的有关课程，这样的学生基础更厚，学识更广。这是培养人才的一种办法。

3. 在学习期间，如发现有突出的学生，可以进行重点培养。一个杰出的人才，除了自身具有较高的才能和勤奋学习外，更需要的是在培养方面给予条件，使他有更好的学习机会，有更大的成就。我国大学和研究院如果采用学分制，可以灵活地让有才干的学生免修某些已经掌握的课程，把空出来的时间去学习较高级的课程，提高他们的学术水平。

4. 有利于提高教师的科研水平与教学水平。采用学分制，教师除了担任固定的课程外，可以多开设高级选修课程，鼓励教师多做科学研究，并且把研究的成果在选修课中提出来，还可以听取学生对研究成果的意见，达到教学相长，既有利于培养高质量、高水平的学生，也有利于提高教师的科研水平与教学水平。

5. 有利于建立和研究边缘学科和其他新学科。现在全世界的学术，一方面是学科的分支越来越多，另一方面是要求把各学科综合起来的愿望越来越迫切。这种高度专业化科目与高度统一化或综合化的学科，在我国的高等学校和学术领域中正在出现。高等学校采用学分制，有利于设立高度专业化或巨大统一化的课程，使学生选修，以扩大眼界，使科学家和教授们有雄心壮志在这两方面作出贡献。

学分制也存在许多缺点。根据美国实行学分制的结果，学分制有以下几个主要缺点：

1. 主要的缺点是所谓分割主义，就是把每一专业的知识分为若干部分，结果把知识整体按学分数分割成零碎的知识。"这种制度（指学分制）鼓励零碎的学习和迅速的遗忘。我们说的那种学识是零碎的，是因为大学的整个课程被分割成为片断的学程,而不能使学生明了学问的整体和注重彼此的关系;我们说它鼓励迅速遗忘,是因为一科的分数一交到教务处就算是修读完毕,不必再记了。"① 一门专业的知识整体被分割成许多片断零碎的学程和学分后,结果是教师和学生对于知识的整体看不见了,而只看到个别的学程和学分。这种见树不见林的状态,就是学分制造成的。

2. 水平高的教师不愿意教基础课,认为基础课教材内容浅,而学生人数多,作业多,很麻烦,对教师自己的提高作用不大。反之,教高年级的选修课,学生人数少,师生接触多,教材内容多是教师自己的研究成果,所以对教师自己的提高有帮助。结果是把基础课推给业务水平较差的教师去教,因而教学质量不高。"大学课程曾被形容为酸甜合参的学程混合物,这些学程引人获得学位,而不引人获得教育。它是毫无互相关系的学程的杂烩,那些学程也许是个别教授所喜欢开设的。""我们把前几年任何一个设有二十个学系的大学所开的课程加以批判的研究,可以发现每个学系有过半数的学程,除了一个原因以外,都是不值得开设的。那个原因就是供给教授有机会对他所喜欢的狭窄的科目做更多的研究。"② 以上说明美国大学实行学分制,基础课的教学质量降低了,而高年级的课程又是个别教授所喜欢开设的学程杂烩,彼此缺乏适当的联系和平衡,不能使一个专业的课程成为一个有机的整体,给学生以完整的、系统的知识。

3. 学生知识水平低落。整个课程既是杂乱无章,彼此不相联系的学程杂烩,怎么能培养出学生具有统一的、完整的、高水平的知识呢!"在大多数的学生脑海中,大学的四年课程很少有连续性;通常是四个月念这个,六个星期念那个;这一科多少积点,那一科多少积点,一直到四年卒业,都是这样。他积到规定的学分绩点,便可以得学士的学位了。"③ 在这种情况下,过去美

---

① 陈锡恩著,檀仁梅译:《美国大学课程的改造》,商务印书馆 1949 年版,第 3 页。
② 同①,第 7 页。
③ 同①,第 9 页。

国许多大学产生了两种现象，第一种现象是学生进到学校，对学校的课程和教师的教学不满，就不继续学习而离开了大学，这就是大学的流生现象。另一种现象是学生知识低落。"这种高等教育的现象归罪于所谓学分制，就是美国现在各大学所常用的制度。"①

当然，知识的被分割，教师对教的质量和学生对学的质量不重视，是有多种原因的。但学分制是一个重要的原因，也是不可否认的。尽管这样，学分制的优点还是不可否定的，在美国的大学里学分制仍在普遍采用，而且还流行到了西欧和日本。

（三）大学实行学分制的趋势

国内外大学实行学分制，从当前来看，有几种趋势比较明显。

第一，强调理工科教学与文科教学的综合化。这种趋势要求理工科学生不仅要学好自己应修的科目，还要学习人文与社会科学的知识。反之，也要求文科学生扩大自己研习领域，学习理工科方面的基本知识。美国麻省理工学院是一个典型的例子。该院是一所很有威望的工科大学，可是该院近年来也收文科学生，并设置许多文科课程。该院规定：理工科的学生要修读72学分的文科课程，等于学分总数的20%；文科学生必须学习自然科学基础课程96学分，再加上实验课12学分，共108学分，占学分总数的30%。麻省理工学院反对那种把自然科学教育与人文科学教育分隔开来的传统倾向，提出使学生具有广博的知识与宽厚的基础，这是值得我国高等教育界深思的。

第二，重视基础课与技术课的教学。麻省理工学院认为，数理化等基础课程对工科毕业生从事各种工程或研究，非常必要。因此主张工科与理科紧密合作。其他工科大学也都明显地存在这种趋势。

第三，大量开设选修课。学分制一向是与选修制相结合，近年来科学技术的迅速进步更促进大学开设大量选修课。以麻省理工学院为例，该院生命科学理学士的选修课共154学分，占本科学分总数的43%；该院的计算机科

---

① 陈锡恩著，檀仁梅译：《美国大学课程的改造》，商务印书馆1949年版，第2页。

学与工程理学士的选修最少，也有 72 学分，占本科学分总数的 19%。

第四，西欧和日本采用学分制，把学分制与学年制结合，采用学年学分制。日本大学实行二十多年的学年学分制以来，多数系科认为效果良好，对提高教学质量起着积极作用。我国华东师范大学现在也采用学年学分制，这种趋势是值得重视的。

(四) 大学采用学分制要注意的问题

我国武汉大学、交通大学等校正在试行学分制。1979 年 9 月间在济南召开的全国高等师范学校物理教材审选会上还制定了高等师范院校物理专业学分制教学方案，作为广泛讨论的基础，以便在高等师范院校试行学分制。我认为在试行中还要注意以下几个问题。

1. 实行学分制要进一步做好宣传工作，主要解决两个问题：第一，对于学分制本身的认识问题：到底什么是学分制，学分制与学时制有什么区别，学分制有什么优缺点等等。在广大的教育界，或在社会上，绝大多数的人没有接触过学分制，很不熟悉。所以要多做一些宣传工作，引起教育界和关心教育改革的同志对学分制的重视与讨论，以提高对于学分制本身的认识。第二，我们现在采用学分制是否是走回头路呢？学分制是否值得我国高等学校试行呢？我认为试行学分制不是走回头路，而是走革新与创新的道路。从科学的发展来看，学分制在一定程度上反映着教育科学发展的规律性。而学分制在美国和旧中国试行时，发生过毛病，正说明在资本主义社会，因受资产阶级思想的影响，学分制不能发挥它的应有作用。新中国的高等学校实行学分制，有社会主义制度的优越性和马列主义毛泽东思想武装起来的中国共产党的英明领导，我们能够发挥学分制的优点，克服学分制曾发生过的缺点。

2. 采用学分制，在学校的教学行政方面会出现许多新问题。学校的领导机构，特别是教务部门、科研部门和系一级的秘书等，应对学分制进行深入的学习，才能做好排课与选课的指导工作；学校其他方面的干部也要学习学分制，才能胸中有数，做好配合的工作；最后，也是最关键的，要尽早做好教师队伍的调整和准备工作。学分制要开设选修课，教师必须挖掘潜力，必要时增加一些教师，开好选修课。现在教师的工作量负担很不平衡，既不能很好地发挥教师的积极性，也不利于推行学分制。所以，到底应该怎样做好教师的调整和准备工作，是一个大问题，需要尽快地加以全面的研究。

3. 要使学分制的试行取得良好效果，必须进一步加强党对高等学校的领导。这种领导要注意几点：第一，是否尽早实行党委领导下的校长责任制，在系一级则试行党总支领导下的系主任责任制，使校党委和系总支能够摆脱许多行政任务，腾出时间，对实行学分制的方针、政策以及实行过程中所出现的思想问题和具体问题，进行深入的研究，对全校进行有效的领导。第二，校长与系主任应负起试行学分制的具体责任，深入地观察实行学分制所产生的问题和具体困难，在党的领导下，同教师一道寻求解决的办法。第三，凡要试行学分制的学校，应在党委的领导下发动师生对学分制进行认真的学习与讨论，要搞通思想，明确目的，大胆实行，认真总结。第四，要通过党团组织和学生会向校、系领导及时反映在试行中的思想情况与出现的新问题。这样才能师生和领导互通声气，共同为试行学分制取得成功而努力。

4. 大力改进和加强高等学校的政治思想工作。美国实行学分制所发生的许多缺点，可以说大部分是教师和学生的思想问题。在我国如能加强政治思想工作，使教师能真正树立起教书又教人、为四化搞科研的思想，学生能真正树立起为四化学习的思想，这样，美国大学实行学分制所暴露出来的缺点，在我国就可能避免。

5. 试行学分制要抓好教务行政的具体工作。学分制同学时制不同，所以对许多教务行政工作，应根据各校不同情况，加以考虑，通过实践，总结经验，逐步抓好。例如，公共政治课的学分如何算法？政治课在课程表上如何安排？实验教学、生产实习、毕业实习如何算法？又怎样安排？成绩考核制度如何建立？是否计算学分的所有课程都要进行考试？考查课程如何算学分？总学分数多些好，还是少些好？教学计划如何制订？选修课如何增加？记分采用百分制或五级分制?

6. 学分制的试行必须同其他制度结合起来,才能发挥学分制的最大作用。首先,学分制必须与选修制结合运用,这两种制度是不可分的。在选修什么学科时,应给学生正确的指导,避免无计划地随便选修课程,只顾学分够额,而不管各科的内容与联系。教师,特别是系主任必须发挥作用。

其次,学分制应与免修和跳级的制度结合。为了适应每个学生的具体情况,每个学生每学期应修读的学分数可以不同。如果学生通过自学或其他原因对某一学程的内容已经掌握,可以申请免修,经过考试及格给予免修,免修学科多的学生可以跳级。学分制还可以同走读或旁听制结合。一个学生考进大学后,如由于某种原因,不能以全部时间继续学习,可以申请改为走读生,一个学期只选修一二门课,这样把学习的时间拉长,但最后可以学完规定的课程到毕业。同样,一个学生如果由于某种原因只能在大学当旁听生,听完一门课可以申请参加考试,如考试及格也可以得到学分。靠旁听积累的学分达到规定的标准时,同样可以得到学位。此外,学分制还可以同电视大学、函授大学、夜大学、暑期学校学习结合起来。在美国,暑期学校特别普遍,大多数大学都办暑期学校,在暑期学校学习的有大学本科的学生,也有研究生。许多大学毕业生经过三、四年的暑期学习,能够修满硕士研究生的所有课程,经过硕士考试及格,可以得到硕士学位。现在外国还提出所谓终生教育或回归教育,都可以采用学分制,或同学分制结合起来。

(原载于《教育研究》1981年第9期)

巴甫洛夫高级神经活动学说与教学原则

教学原则是一种主要的、作为出发点的原理,教师应该学习这些原理,体会这些原理,从而善于运用这些原理,使教学工作得以顺利进行,教学效果得以提高。

有些教学原则早在三四百年以前，就已由乌克兰兄弟学校的教师提出加以运用，十七世纪伟大的斯拉夫教育家夸美纽斯在他的著作中，也提出了若干教学原则。但是，真正科学的教学原则，只有在苏维埃教育学出现以后才出现。苏维埃教育学所提出的教学原则，是经过实践检验过和科学论证过的，是符合于培养社会主义社会建设者的目的的。

现在，苏维埃教育学所提出的教学原则，主要的有五个：直观性原则、自觉性积极性原则、系统性原则、巩固性原则、可接受性原则。现以巴甫洛夫高级神经活动学说，来分别说明各个原则，指出一些在教学上应予注意的地方。

(一) 直观性原则

这个原则在教学中是极重要的，低年级的教学特别需要直观，而高年级、甚至成人的教学也需要适当运用直观。中国有一句俗语："百闻不如一见。"这是劳动人民的智慧的总结。应用在教学上，就意味着单靠教师讲、学生听是不够的。要使教师所讲的能为学生很好地理会，需要给他们观察的机会，去直观感知。列宁教导我们，认识是从生动的直觉到抽象的思维。这说明认识必须从直观开始。直观也符合于巴甫洛夫的第一信号系统与第二信号系统相互作用的学说。巴甫洛夫说，认识必须从第一信号，也就是从直观开始。没有直观，就没有第一信号系统做基础，也就根本没有第二信号系统可言，更谈不到两种信号系统的相互作用了。

直观原则的生理基础是什么呢？从巴甫洛夫高级神经活动学说来看，感觉与知觉都是知识的最初来源，而感觉与知觉都是客观事物在人的大脑中的反映。这就是说，没有客观事物的存在，没有客观事物作用于我们的分析器，我们的大脑根本就不可能有任何对于客观事物的反映。所谓客观事物作用于我们的分析器，这就是直观的生理基础。

教学上的直观是指感觉与知觉同词的结合，并借着词的抽象与概括的作用，引到思维的路上去。苏联专家杰普利茨卡娅正确地强调说："只有这样而且必须这样来看直观原则，即不把它本身当做目的，而当做导向抽象思维的手段；因此，一切的直观，一切的观察，都必须得出结论，都必须不仅授予知识，尚须发展儿童的思维。"这是对我们在教学中运用直观原则的重要指示。

词与感觉知觉的联系，一方面使感觉知觉上升到抽象思维，另一方面使得人的感觉知觉与动物的感觉知觉区分开来，这也就是巴甫洛夫的第一信号系统与第二信号系统相互作用的实质。因此，我们可以说，两种信号系统相互作用的学说，是直观原则的生理基础。苏联专家崔可夫对于这一点有明确的叙述。他说："巴甫洛夫院士把外部刺激感觉叫做第一信号系统，语言称为第二信号系统。这样看来，直观教学属于第一信号系统的范围；但是直观除以实物（或模型）给学生观察外，教师的生动的语言是属于第二信号系统，因此，教师的语言也是属于直观的。所以，如果教师在课堂教学中能正确地运用语言与直观教具，那么，这种结合也就包含有第一信号系统与第二信号系统的结合；同时也只有在这种结合的基础上，才能正确地、顺利地进行直观教学。因此，我们可以了解，直观的生理学基础就是第一信号系统与第二信号系统的结合。"[①]

直观的作用有四：（1）启发学生的思维，（2）提高学习的兴趣，（3）帮助更牢固地掌握知识，（4）有助于把理论知识与实践联系起来。从巴甫洛夫高级神经活动学说看来，这些作用是怎样实现的呢？

首先，直观所以能启发学生的思维，在于它能使学生获得具体的观念。这是容易理解的。思维的主要形式是概念，也就是词。由于在直观中，儿童把实物与词结合起来，儿童掌握了词、丰富了词，就能用词来思维。儿童对于词的正确理解与直接感知词所代表的事物是分不开的。所以，直观是启发学生思维的主要手段。当然，儿童年龄愈大，由于词的积累愈多，可以比较

[①] 中央教育部办公厅教育科整理：教育科学讲座记录，第五辑，第314页。

少用直观。但词的积累，归根到底还是与直观分不开的。

其次，直观能提高学习的兴趣，是因为直观的刺激在大脑中可以产生强烈的兴奋中心，使暂时联系易于形成。根据相互诱导的规律，由于直观所引起的兴奋，可以产生对于其他刺激的抑制，兴奋的集中，也就产生了更大的注意。这种注意更进一步地促进了暂时联系的形成。暂时联系易于形成，就使学生容易把某一科所学习的东西与其他各科所学习的东西以及与过去所学习的东西联系起来，这样，就能融会贯通。儿童在学习上达到了融会贯通的地步，就可以提高学习的兴趣。

再次，直观有助于更牢固地掌握知识，这也是必然的。第一，通过直观所产生的印象深刻，也就是在大脑中留下的痕迹深刻，易于再生，也易于巩固。第二，直观使儿童在词与实物之间形成了联系，这样为儿童正确地所理解的词就易于记忆。鲍列柯夫正确地阐述了直观对于巩固知识的作用，他说："在教学过程中两种信号系统的相互作用可以保证牢固而深刻的知识。我们学校工作的一个大缺点，就是往往使第二信号系统和第一信号系统脱节，没有保证词同所学对象的联系，把知识形式地传授给学生们。"[①]

最后，通过直观能把理论与实际联系起来。这在综合技术教育方面特别重要，所以很注重生产参观。参观就是直观的一种方式，通过准备性的参观可以使教学更易于进行，通过总结性的参观可以把理论更巩固地掌握住，就可以把理论与实际联系起来。

直观既有这么多的重要作用，很明显地，教师在教学中必须善于运用直观原则来提高教学的效果。在运用直观原则时应该注意下列各点：

第一，直观必须服从于教学目的。在教学过程中需要用直观时，就应当用直观。苏联鲍列柯夫曾举了一个具体的事例。他说："六年级男生瓦年·科洛鲍夫、西辽沙·依万诺夫等在没有亲自在田野上看到使用犁以前，总是分

---

① 鲍列柯夫"巴甫洛夫学说及其在教育理论和实践上的应用"，参见"马列主义教育论文选译"第十辑，正风出版社 1954 年版，第 154 页。

不清大犁和前犁（浅犁），并且也搞不清他们在耕地时的作用。当他们见到前犁把土壤表层翻往沟底，接着大犁耕起下面较深的土壤时，才彻底明了了。"① 但另一方面，在教学中所提到的事物若是儿童日常所习见的，且目的不在于做细致的观察时，就不必为着直观而直观。

第二，教师在直观教学中，要发挥领导的作用。儿童看到直观教具，可能把注意集中在不关重要的现象上，而对于教学上所需要观察的没有看到。直观的一个主要作用是要培养儿童的观察力。要达到这个目的，教师就要指导儿童把注意集中在主要的特点上，渐及于次要的特点。教师应当牢记两种信号系统相互作用的原理，把实物与词正确地结合起来。这就是说，把儿童所看到的事物与恰当的词结合起来，让儿童能够把所看的现象应用正确的词表达出来。只有这样，词才不会脱离现实，或甚至歪曲现实；也只有这样，直观才会导向思维。

第三，注意直观教具的展示时间。直观教具在未用之前，不应展示出来。例如一张图画或一只模型在未用之前，不应先挂起来，或先放在教室的桌子上。如必须先放在那里，最好用东西遮盖好。为什么呢？根据定向反射的规律，当儿童看见新奇的事物时，他们会去注意它，这样，未用的直观教具不只不会为教学服务，反而分散了儿童的注意力，使儿童不能集中注意于听讲。另一方面，儿童如果先看见了直观教具，那么，当实际使用时，易因此削弱了儿童的注意力。及时展示直观教具，可以更有效地吸引儿童的注意，容易在儿童的大脑皮层上产生一个强烈的、优势的兴奋中心，使得大脑皮层处于一种积极的状态，使暂时联系更容易形成，而且形成深刻，这样也就提高了学习的效率。

同样的理由，一种直观教具用过以后，不需要继续展示了，就最好把它收起来。因为不这样，直观教具将会继续吸引儿童的注意，因而分散了儿童

---

① 鲍列柯夫"巴甫洛夫学说及其在教育理论和实践上的应用"，参见"马列主义教育论文选译"第十辑，正风出版社1954年版，第156页。

的注意。必须注意，在一节课内，不宜接连展示好几种直观教具，因为这样将会使儿童来不及详细地观察他们所要观察的东西，也就难于有效地培养儿童的观察力，更重要的缺点是会使儿童脑中所形成的暂时联系没有系统，甚至使大脑细胞转入抑制状态。因为一种直观教具引起儿童注意，在儿童脑中产生许多新联系，另一种直观教具又使儿童脑中产生许多新联系，第三种直观教具又使儿童脑中产生许多新联系。这样，后一批的新联系容易把前一批的新联系打乱，而且大脑细胞的工作能力是有一定的限制的，过多的刺激，会使脑细胞疲倦，产生保护性的抑制。结果是没有一种直观教具所形成的暂时联系能留下深刻的痕迹。因此常有这样的现象，即当儿童接连地看许多直观教具时，似乎很有兴趣，可是过后问他们某种直观教具的特点，他们常常答不出来。因为他们把所看到的各种直观教具上的特点混起来了。很显然，在这种情况下，暂时联系就难于形成，学习效率就降低了。这样的直观教学对提高教学效率是没有好处的。

　　第四，运用直观教具时，要注意儿童的个别特征。前一部分谈到儿童的高级神经活动类型时，已说明了由于儿童的兴奋过程和抑制过程的强度以及平衡性、灵活性的程度不同，第一信号系统与第二信号系统的关系也不同。例如在用图画作演示中，第一信号系统占优势的儿童，也就是巴甫洛夫所谓艺术型的儿童，他们很容易从图画演示中看出其中的联系，因而得到充分的理解。但对于一个思想型的儿童，也就是第二信号系统占优势的儿童，他就不能很快地从图画演示中看出教师所要展示的要点，因而他可能不大理解。有经验的教师不应认为用了直观教具，所有的儿童就都会同样好地理解。他必须个别地对待儿童。他应特别注意思想型的同学是否已从图画演示中理解了，他可以叫一个思想型的同学站起来说明他所看见的东西的要点。假如他说得对，就表示他懂了，不然还要予以帮助。又如对于忧郁型的儿童，也就是对于兴奋与抑制过程都很弱的、形成暂时联系慢的儿童，在教学过程中也要特别注意。对于他们，适当运用直观教具，有助于他们形成暂时联系。教师在运用直观教具时，除了必须注意儿童的个别特征这个因素外，还要注意到儿童的年龄特征。低年级的儿童，形象思维占优势，所以可较多地运用直观教学。

直观教具不只在讲解新课时应注意运用，在复习旧课时也应适当运用。正如苏联专家所说的，复习课是很难进行的。儿童常常以为在复习课没有什么新东西，所以不感兴趣。教师若善于在复习时应用直观教学，这不仅可以引起儿童的兴趣，并且有助于儿童知识的系统化。

（二）自觉性积极性原则

学习的自觉性原则，在学生掌握知识的过程中是极为重要的。杰普莉茨卡娅专家指出，"教学理论的任何一个原则，都不能脱离自觉性来研究……生动的直觉本身不是目的，它应当引向实践的活动。如果没有自觉的知觉，自觉的理解，自觉的练习，从直觉过渡到实践活动则是不可能的。"

什么是自觉的知觉？自觉的理解？这就是说，当我们知觉一个东西，我们同时知道代表这个东西的名称和意义——词和概念，这样，我们不只在大脑中有对于这个具体东西的知觉，并且也把这个知觉与我们知识体系中的其他东西联系起来了。例如，当我们看见李子，我们不只对于这个具体的李子有了知觉，并且知道它是一颗有特殊味道的与其他果子不同的水果。这样，在我们的意识中，就把这一颗李子与我们过去所感知的李子联系起来了，也把它和梨、苹果、桃、枇杷或其他类似的果子区别开来了。这个时候，可以说我们对于这个李子的知觉是自觉的了。再以理解词为例，当小孩初次学习"狗"这个字时，"狗"这个字形作为语言的外衣作用于他的视觉分析器，在他大脑皮层中产生了一个兴奋中心，但他不理解这个字的意义。如果在儿童注视这个字时，教师一方面读出"狗"音，另一方面指着具体的"狗"形，这样，儿童就能够把这一个尚未掌握的字形与已经掌握的字音和字义（狗形）在他的大脑皮层中相互联系起来。这样，儿童对于"狗"这个字，就有自觉的理解了。

以上两个例子说明了一个问题，就是儿童在学习时达到自觉的知觉与自觉的理解，必须把具体事物或其代表与词联系起来。所以麦尔尼科夫副院长说："如果能够让儿童亲眼看见学习的实物或现象，那就最好让他们看这些东西。如果因为时间或地点的限制，一时无法把那种实物或现象演示给同学们看，那就应该利用描绘这些物体的画片，或也可以用学生容易理解的方式，把这些物体描画在黑板上，或用生动具体的语言，加以描述。应当明确了解一点：只有当教师把直观原则和自己的语言密切结合起来的时候，才能够使这一原则真正服务于使学生自觉地掌握教材的目的。"[①] 这一段话不只说明了实物与词的结合对于儿童自觉地掌握教材的重要，同时也说明了直观性原则与自觉性原则的密切关系。可以说，自觉性原则是以直观性原则为基础的，没有直观就不可能达到自觉的掌握知识。自觉地掌握知识是以学生积极的思维活动为前提的。而积极的思维活动，就依靠着直观的实物与词的结合所得来的概念，在这个概念的基础上作出判断与推理。这里，直观的实物与词的结合要根据巴甫洛夫两种信号系统相互作用的规律来理解。

学生学习的积极性与学生学习的自觉性两者之间具有辩证的关系。学生愈能理解，学习就会愈积极；反之，学生若不理解所学的东西，学习就不会积极。根据巴甫洛夫高级神经活动学说，人类先天的定向反射，在个体发展的过程中发展成为定向—探究反射，对于新事物具有浓厚的兴趣。由于这种定向—探究反射，可以导致科学的发明与进步。也由于这种定向—探究反射的存在，儿童具有追求新知识的倾向。当儿童学到一个词，了解了词的意义，得到心理上的满足，就加强了他追求新知识的倾向，这就是我们所说的学习积极性。所以，学生理解了学习的对象，就能促进学习的积极性，而学习的积极性又反过来促进学习的自觉性。这种辩证的发展推动了儿童学习上的进步。

学生学习的自觉性积极性和学生的独立工作能力也是有密切联系的。所

[①] "麦尔尼科夫教育演讲集"，人民教育出版社1954年版，第13—14页。

谓独立工作能力,就是儿童能独立地运用旧经验来解决新问题。例如,当儿童确切地理解了 2+3=5 这个公式,以后就可以把这个公式应用于新的情况来解决新问题。独立工作能力的培养,必须以理解为基础,在这个基础上加以练习。自觉的学习能够促进儿童独立工作能力的养成,反过来,独立工作能力的养成,又能够促使儿童更自觉的学习。

要贯彻自觉性和积极性原则,就要求知识与实践的联系,即要求理论联系实际。在实质上,它就是第一信号系统与第二信号系统的相互作用。由于两种信号系统的相互作用,理论就不再是抽象的、空洞的东西,而变为具有具体内容的东西。这样就容易为学生所理会,也就是说促进了学习的自觉性。而自觉的学习,又促使学生更进一步地联系实际。

(三) 巩固性原则

教学的巩固性原则是非常重要的。学生在每一阶段所学习的知识如能巩固地掌握住,那么,前一阶段的知识就可以作为下一阶段学习的基础;在这个基础上,不断的学习,再不断的巩固,就能获得丰富的知识。牢固而丰富的知识,对建设社会主义社会是非常重要的。因为,巩固的知识在需要时会很快地再现出来。但是,生活的经验告诉我们,把知识长久地保持在记忆中是不容易的,知识是会遗忘的。要牢固地保持知识就要和遗忘作坚决的斗争。教学的巩固性原则也就是与遗忘作斗争的武器。

怎样在教学中实现巩固性原则呢?杰普利茨卡娅专家指出:"知识巩固性的原则,需要用直观性;同时需要:让学生在掌握知识的过程中有自觉性和积极性;让学生在上课及家中进行独立练习,理论联系实际;正确地进行复习(不是为了恢复已忘记了的,而是为了防止遗忘);教师应清楚而明白地讲述知识,以及系统地检查学生的知识。"现在,我们根据巴甫洛夫高级神经活动学说来试着把专家这一段话加以分析。

首先,这段话里所提"应用直观性"、"让学生在掌握知识的过程中有自觉性和积极性"以及"理论联系实际"三点,都可以从形成暂时联系和两种信号系统的相互作用的学说来理解。前面已谈过，正确地应用直观性包括形成实物与词之间的暂时联系；理论联系实际的生理基础是形成暂时联系；自觉性积极性是与直观性分不开的，也就是实物同词之间形成的暂时联系分不开的。实物与词之间形成暂时联系也就是第一信号系统与第二信号系统相互作用。这就是说，要使学生能牢固地掌握知识，就要求教师在教学时善于应用直观性，使学生不是形式主义地理解所学习的词与理论，不是似懂非懂地呆读死记，而是通过词与实物的结合，理论与实际的结合，使我们所学的词与理论有正确的理解。有了这种理解，就有助于牢固的记忆。因为识记应当跟在理解之后。只有自觉地、经过思考地领会的知识，才能牢固地保持在记忆中。

其次，杰普利茨卡娅专家这段话里的"在上课及家中进行独立练习"、"正确地进行复习"、"系统地检查学生的知识"三点，也可以根据巴甫洛夫的消退性抑制的原理来加以理解。消退性抑制的发生是因为形成条件反射之后没有加以强化。例如，光已成为食物反射的信号，假如在光发生之后，不以无条件刺激物——食物强化，那么狗对于光的反应——唾液分泌，就逐渐消退了。这种消退起先是减弱，逐渐发展为消退，而最后达到消逝。所谓减弱就是减少唾液分泌，所谓消退就是唾液暂时不分泌，所谓消逝就是永远不分泌。当消退性抑制开始时，如果立即注意加以强化，暂时联系仍可以很快地恢复。若消退性抑制已经开始了一个时候再加以强化，就较难恢复暂时联系。若到暂时联系完全消逝之后再加以强化，在一般的情况下是不可能恢复的，而必须重新再形成暂时联系。以学习俄文为例，当我学习了十个俄文生字以后，假如我每天早晨复习这十个字，看了俄文字就用中文字来强化，或看了中文字就用俄文字来强化，我就能牢固地掌握这十个字。假如我掌握了这些字后，过了一星期没有强化——复习，那么消退性抑制就开始了。起先可能只是减弱，即当我看到俄文字时，不能立刻想起它们的中文意义。如果在这个时期，立刻连续地加以强化两三次，仍可以很快地完全纯熟地掌握这十个字。假如过了一个月没有去复习，那么消退性抑制已发展到接近消退的程度了，这时可能看见俄文字时已记不起中文的意义。在这个时候，若加以强化，原来的记忆可以恢复，但比在一星期后即复习要慢得多。若经过两个月不加复习，那么消退性的抑制已发展到消逝的程度，就是平时所谓的完全"回生"，在这个时候若要加以强化，已经不可能，而需要再从头学起了。这是我个人学习俄文新字的经验。所以我对于学习俄文新字，在最初的两星期内总是每天复习，以后转入每三天复习，再后转入每周复习，最后转入每月或甚至每两三个月再复习。这种复习就是要在未回生之前强化已建立的暂时联系，使其不发生消退性抑制，也就是不使遗忘。所谓正确地进行复习，就是进行强化；所谓要系统地检查学生的知识，就是要通过检查来强化学生已建立的暂时联系；所谓进行独立练习，目的也在于使已建立的暂时联系完善起来，通过练习实践转化为技能或技巧。但纵使达到完全熟练的地步，以后还需要加以强化，不然还会遗忘。记得我在南洋学习马来话时，已能用马来话讲演，但经过了将近二十年没有用，现在所能记忆的只剩下几个字了。这就说明要使知识长久地保持在大脑里，从巴甫洛夫高级神经活动学说来看，除了理解以外，还要练习与复习。而且这种复习要在消退性抑制未发生或者刚发生时就进行。等到消退性抑制发展到消逝的阶段，再来强化，那就迟了。杰普利茨卡娅专家说，复习不是为了恢复已忘记了的，而是为了防止遗忘。这是完全正确的。

最后，杰普利茨卡娅专家在关于巩固性原则的这段话中所提到的"教师应清楚而明白地讲述知识"，可从巴甫洛夫的分化性抑制的学说来理解。我们知道，神经兴奋过程的扩散就产生泛化的现象，神经兴奋过程的集中就产生分化的现象。分化使兴奋中心更明确，而使其他的区域受抑制。教师讲述的概念明确，就使儿童大脑中的兴奋容易集中，使与教师讲述的内容无关的东西得到抑制，这样就产生分化性抑制。反之，教师讲述的概念若不明确，那么，在学生头脑里所引起的兴奋过程就不容易集中，而向类似的概念泛化。

在这种情况下,所学习的东西,由于兴奋不集中,留下的印象不深,形成的暂时联系不牢固,也就很难加以强化,所以不容易牢固。教师在讲述时,还必须把教材加以应有的加工。否则,堆集材料,很容易使概念不明确,重点不突出,也就难于使知识牢固地为学生掌握。讲述明晰,重点突出,这是巴甫洛夫高级神经活动学说所要求于教学的。

(四) **系统性原则**

学生掌握知识的系统性,巴甫洛夫极为重视。他在1936年逝世前不久写给青年科学家们的一封信中说:"对于我们祖国献身于科学的青年,我希望什么呢?首先是循序性。我从来也不能够不带着感情来提起这个对有成果的科学工作的最重要的条件。循序性,循序性,更大的循序性。从你们一开头工作起,就训练你自己在累积知识时要有严格的系统性。想去攀登科学的高峰以前,先去学习科学的ABC。没有掌握了前一步时,绝不要去跨第二步,绝不要用些甚至很大胆的臆说和假设来填补你知识的空隙。不管这个水泡的色彩可以多么使你悦目,它不可避免地总会爆裂,除了使你惶惑以外,不会有别的什么。"[①] 巴甫洛夫这一段宝贵的名言,指出了学生在掌握知识中所应遵循的规律,和教师在教学过程中所应遵循的原则。

知识的系统性是什么呢?杰普利茨卡娅专家指出:"知识的系统性,它首先是指科学知识的严整逻辑的联系,是指依连贯的次序排列材料,使后者以前者为基础,并与前者相联系;使前者由于逻辑的必然性要向后者发展。"科学的知识既有严整的逻辑联系、按连贯的次序排列的,当然必须按照知识的逻辑性,按照材料的连贯性,循序渐进地学习。否则,丢了某一段的知识不学,就产生了知识中的空白点,因而影响了对于下一段知识的理解。例如一个小孩学习数学中的加减乘除四则,在学了加法紧接下来就学除法,而减法乘法不学,则他在学习上一定有困难,因为掌握减法乘法是学习和理解除法的条件。这个道理是显而易见的。所以巴甫洛夫劝告青年在未掌握第一步时

---

① 巴甫洛夫:"条件反射资料集",人民教育出版社1954年版,第464页。

不要去跨第二步，这是完全正确的。

学习必须遵循着循序性系统性的原则，也是大脑细胞工作的方式所规定的，特别是分析器工作的特点所规定的。马约罗夫和考罗特金研究了巴甫洛夫关于分析器的学说，指出："巴甫洛夫对于分析器活动的实验研究，使他能够确定了一条极其重要的法则——分析器渐进性，这种渐进性乃是精细地分辨周围世界刺激物的一种最正确的并且最经济的方法。例如，就一只狗来说，图形是可以由食物这种刺激物的条件信号来形成的。试让狗分辨（如果不以食物来加强的话）半径比例为8∶9的椭圆形，即分辨一种与圆形差别很小的图形。虽然这个椭圆形被连续应用达到70次之多，但狗无论如何都不能分辨出来。于是转而应用半径比例为4∶5的椭圆形，在很快地获得粗略的分辨能力以后，通过半径比例为5∶6、6∶7、7∶8等的椭圆形，就逐渐养成一种比较精细的分辨能力，而狗就会很快地（总共试验18次）分辨出了半径比例为8∶9的椭圆形了。"[①] 这个实验对于教育学有极大的意义。它说明狗的分辨能力原来是不精细的，不能把半径比例为8∶9的椭圆形与圆形区别出来，但经过循序渐进的训练，终于能够把这种微细的差别区分出来。人的分析器也有同样的渐进性。一个音乐家能分辨出极细微的乐音的区别，一个数学家能够解决极复杂的数学习题，既不是天生就会的，也不是一下子能学会的，而是有系统的学习的结果。

根据巴甫洛夫的暂时联系的形成的学说，我们也可以体会系统教学的重要性。学习像巴甫洛夫所说，是一系列的暂时联系的形成；学习新东西，就是把新的东西与旧的东西联系起来，形成新联系。这种新联系的形成，是靠着有系统地循序渐进地进行的。斯卡特金等指出："教学法所要求的原则和教学的系统性……根据巴甫洛夫学说的启示，可能对之有更深刻的了解。当教师提示新教材时，在儿童的意识中造成新的联系，第一和第二信号系统的新

---

① 马约罗夫、考罗特金："巴甫洛夫关于分析器的学说"，引自"巴甫洛夫底唯物主义学院"，中国科学院出版社1953年版，第266页。

信号和以前形成的条件反射的联系二者结合起来。新的概念，靠着已知的概念，与之相结合，同时改组旧概念并加深加广它们。在形成儿童的新技能和技巧时，也正需要同样最严格的系统性，复杂的条件反射结合运动的系统，惟有根据过去经验所积累的比较容易的联系，才能建立起来。如果教师发现儿童没有这种或那种概念、技能和技巧而需学习新的，教师应当把这些空白填补起来，为造成新的结合作准备。"①

教师在教学工作中，遵循系统性这个原则，需要注意下列各点：

第一，要研究教学大纲和教科书的系统性。教学大纲和教科书具有严整的系统性，但这种系统性教师必须加以详细地研究，才能够深刻地体会，并在教学过程中体现出来。

第二，要注意有系统地讲解知识，教师在研究和体会教学大纲和教科书的系统性的基础上，需要对教材进行加工，组织教材，进行系统的讲解。系统地讲解知识，要求以连贯地扩大和加深知识为前提，以新的东西与以前所研究的东西结合起来为前提，以按着一部分一部分来研究教材为前提，以善于从教材中找出主要的东西为前提，以善于揭开总的观念为前提。讲解所以要连贯地扩大和加深知识，主要就是由于分析器的渐进性所决定的，因为这样做法是精细地分析周围世界刺激物的一种最正确的并且最经济的方法。

第三，要以有目的、有系统的工作来发展学生的思维。

第四，要使学生系统地进行独立工作。

第五，要使学生在课业中对事实、结论、概括作连贯的、无遗漏的、不间断的研究，消除使学生知识缺乏系统的原因，消灭学生知识中的空白点。

第六，要有系统地领导学生进行复习，有系统地经常检查学生的知识。只有这样，才能加强知识的巩固和发现知识的空白点而加以补充。

---

① 包曼、斯卡特金、谢夫金："巴甫洛夫的生理学说对于苏维埃教育科学的意义"，新华月报1952年8月号，第191页。

(五) 可接受性原则

教学的可接受性原则是指所教的教材或知识是学生的力量所能接受的,也就是说,是学生所能理解的一定范围内的知识。这不意味着讲授的新知识是极容易的,不必学生努力和花一定的工夫就可以理解的,不意味着降低对于学生的要求。而是说,所教的新知识与学生的年龄和程度相适应,学生作了应有的努力,能够理解和接受得了的。

可接受性原则与其他四个原则是相互渗透的。其他四个原则的巴甫洛夫高级神经活动原理,也适用于可接受性原则的。这些不再在这里重复。

根据前面讲过的巴甫洛夫高级神经活动学说的观点,教师在教学工作中实现可接受性原则,必须注意下列各点:

第一,在选择教材和教学方法时,要考虑到学生的年龄特征。低年级的儿童易感疲劳,注意力不能长时间的集中在一个事物上,而他们的具体形象思维占优势。对于这种年龄的儿童,如果作长篇的讲述,讲述的内容又要求抽象思维,很显然,这样的教学是违反可接受性原则的。

第二,要照顾到学生的知识水平。同一年级的学生,知识水平可能相差很大。比如,两班一年级的学生,其中一班的学生曾受过幼儿园的教育,而另一班没有受过幼儿园的教育,这两班学生的知识水平就会有很大的不同。教师的教学就要考虑到这种不同,而予以不同的对待。

第三,教学时应考虑到儿童的个别差异。前面讲过学生由于高级神经活动类型的不同,对于接受新知识、学习新技能的效果是有不同的。一个艺术型的学生和一个思想型的学生同样学画一幅图画,接受的能力是不同的。当教师的应了解这种高级神经活动类型的差异性,应充分估计每个学生的接受能力,并设法用种种不同方法来适应或改变这种类型。

第四,教学的可接受性是与教师讲课的质量分不开的。关于讲课的质量问题,下一部分将予以讨论,这里只提出教师应特别注意的地方。教师在讲课时所用的字句与概念必须是学生所能理解的。斯卡特金等人正确地指出:

"当教师利用学生在过去的功课或生活经验上所已完全了解之字句来讲述时,……新的教材才能成为浅近易解。"①

第五,教学的可接受性是与教学的直观性、自觉性、巩固性、系统性分不开的。教师必须善于运用这些原则,才能使他的教学容易为学生所接受。运用直观可以使抽象的词与具体的事物结合,使词成为可以理解的。从活的直觉到抽象的思维要靠学生的自觉性与积极性。学生的自觉性与积极性,是与积极的思维活动密切联系着的,所以,学生有了学习的自觉性与积极性,对于新知识就容易理解了。而学生只有把已学的知识牢固地系统地掌握住,在这个基础上来学习新知识才更容易接受。

教学的可接受性也是与学生的实践分不开的。通过实践,用手帮助脑,可以使脑的效力更高,接受的能力更强。斯卡特金等人指出:"当我们拿手来助脑时,许多复杂而困难的科学概念,对儿童是浅近易解的。例如电机工程的实习,可使电流规律更易领会;在教室的一角和在校园栽培植物的实践工作,能使米丘林所发现生物机体发展的规律比较浅近易解。这说明了手的劳动和脑力劳动,是有密切联系的。"②

以上用巴甫洛夫高级神经活动学说的观点,把教育学上的五个教学原则作了简略的考察。这样,我们可以更进一步地体会苏维埃教学原则的科学性,并在具体实践中加以运用与提高。

(原载于檀仁梅专著《巴甫洛夫高级神经活动学说与教学》,上海新知识出版社1957年版)

施莹编撰

---

① 包曼、斯卡特金、谢夫金:"巴甫洛夫的生理学说对于苏维埃教育科学的意义",新华月报1952年8月号,第191页。

② 同①。

陆维特

【题解】

陆维特（1909—1991），祖籍福建省长汀县，出生于宣统元年（1909），于1928年考入由陶行知先生创办的南京晓庄师范学校文学艺术学院。1929年夏，在陶行知于四川创办的"战时儿童保育院"担任教师，播撒知识的种子。

自1951年至1977年，陆维特历任福建师范学院党委书记兼院长、厦门大学党委书记兼副校长等职，为教育事业倾注心血。1983年至1987年期间，担任第六届全国政协委员，为国家的发展建言献策。在陆维特等人的积极倡导下，福建省陶行知研究会于1984年11月16日正式成立，陆维特被选为会长，积极组织会员学习、宣传陶行知的教育思想，深入福建师大、福州幼师、福州师范等学校进行调研，以陶行知的师范教育思想为镜，剖析当时中国师范教育的不足与改革之路，撰写了《高等师范教育在战略决策中的首要地位与作用》等论文，在全国性会议上交流，引起了广泛关注与重视。他还带领团队编写了《陶行知教育理论及实践》、《陶行知教育教学改革》等系列文章数十篇，通过《陶研简讯》（后更名《福建陶研》）、《福建日报》和《福州晚报》等媒体平台与读者分享，有力地推动了陶行知教育思想的传播与教育改革的进程。此外，陆维特还亲自制定了《九年制学校教改试验方案》，并在福州市鼓楼区教育局的支持下，联合福建省教科所、福州市教科室、福州师专、福州师范等单位在福州王庄学校（九年制）进行了教改试验，取得了显著成效；他还联合社会力量创办了服务性、开放性、多职能的福建省福州中山社会学校，以及福州滨海业余学校和福州滨海职业高中，为成人教育和职业教育开辟了新路径。

1990年，陆维特的专著《论陶行知教育思想》问世，寄托了他对恩师陶行知的深切怀念。1991年11月陆维特因病辞世，享年82岁。斯人已逝，但他的教育思想和贡献将被人们铭记。

《认真贯彻〈中共中央关于教育体制改革的决定〉——要以陶行知的教育理论与实践的财富来为〈决定〉增添光彩》（代发刊词），是陆维特在《陶研通讯》创刊号发表的文章。文章首先从解读《中共中央关于教育体制改革的决定》开始，指出该文件旨在提高民族素质，培养更多优秀人才；教育应服务于社会主义建设，同时社会主义建设也需依赖教育；马克思主义教育学者认为教育应以马克思主义哲学和方法论为基础。文章提出，陶行知的教育理论与实践，如"生活即教育""社会即学校""教学做合一"，与马克思主义教育思想相契合，其创新精神和实践经验对教育体制改革具有重要借鉴意义，建议教育改革者结合陶行知的经验进行实践探索，为教育改革提供参考。

《陶行知先生不朽》一文中，作者回顾了陶行知先生的一生及其对教育事业的不朽贡献。文章指出，陶行知先生不仅集古今中外教育之精华，更在教育实践中展现了深厚的造诣和伟大的创造力，开辟了新教育的道路。他独创性地发展了"生活即教育""社会即学校""教学做合一"等教育理念，将西方教育理论与中国的实际相结合，体现了鲜明的中国实际主义精神。尤为重要的是，陶行知先生始终站在人民的立场，致力于普及教育，其教育主张和教育运动紧密结合政治斗争和人民需求，展现了强烈的政治性和斗争性。文章还揭示了陶行知先生因坚持人民教育立场而遭受反动势力迫害的不幸遭遇，对其抱憾并表示了深切的悲愤。最后，文章表达了要继承陶行知先生遗志、发扬光大其教育创造成果的决心，并呼吁全国教育界同仁共同努力，争取在解放区获得完全胜利。

《试论师范教育的改革》一文深入探讨了师范教育改革的方向和路径。文章首先明确了师范教育的性质和任务，随后分析了当前师范教育存在的问题和挑战。接着文章提出了师范教育改革的具体措施和建议，包括坚持师范教育的师范性、加强理论与实践相结合、建立中心学校制度等。文章最后强调了师范教育在国家发展战略中的重要地位和作用以及对未来教育改革和发展的期望。这篇文章对师范教育改革进行了全面而深入的探讨和分析，具有很强的理论价值和实践意义。文章逻辑严密，论证充分，语言流畅，具有很高的学术水平。

《会长陆维特同志给福建师大第三次党代会的贺信》一文是福建师范大学前任党委书记陆维特给该校第三次党代会的贺信。信中表达了对福建师范大学在教育改革和发展中取得成绩的肯定和鼓励，并对未来的发展方向提出了建议和期望。信中指出福建师范大学应扛起教育改革的大旗，坚持师范教育的师范性，树立"以陶为师"的思想等。这封贺信简短有力，充分表达了作者对福建师范大学教育改革和发展的关心和支持。信中提出的建议和期望具有很强的针对性和指导性，对于福建师范大学的未来发展具有重要意义。同时，信中也体现了作者对陶行知教育思想的深刻理解和尊重，以及对教育事业的热爱和执着追求。这封贺信不仅是对福建师范大学的鼓励和鞭策，也是对所有教育工作者的一种激励和启示。

《走向农村教育燎原之势的未来》一文展望了农村教育的未来发展趋势和目标，提出了实现农村教育燎原之势的具体措施和建议。文章首先强调了农村教育在国家发展战略中的重要地位和作用，随后分析了当前农村教育存在的问题和挑战，最后文章从加强农村师范教育、推动九年制义务教育实施、发展农村中专和幼儿教育等方面提出了具体解决方案和建议。作者通过深入分析和阐述农村教育的重要性和特殊性，以及当前存在的问题和挑战，强调了加强农村教育的重要性和紧迫性。文章提出的措施和建议具有很强的针对性和可操作性，对于推动农村教育的发展和提升农村教育质量具有重要意义。

此外，文章还体现了作者对农村教育问题的深刻思考和人文关怀精神。

《建立社会主义商品经济新秩序与教育改革》一文探讨了建立社会主义商品经济新秩序对教育改革的影响和要求。文章首先分析了建立社会主义商品经济新秩序的必要性和紧迫性，随后阐述了这一新秩序对教育改革带来的挑战和机遇，最后提出了应对这些挑战和机遇的具体措施和建议，包括加强教育改革实验、培养懂商品经济的教育家、推动教育体制创新等。这篇文章紧密结合当前经济社会发展的新形势和新要求，深入分析了建立社会主义商品经济新秩序对教育改革的影响和挑战。作者通过深入剖析新秩序的特点和要求以及教育改革的目标和任务，提出了具有前瞻性和针对性的建议。

《建立家庭和幼儿园密切配合的教育制度（节选）》一文探讨了建立家庭和幼儿园密切配合的教育制度的重要性和必要性。文章首先阐述了幼儿教育在社会主义初级阶段教育中的地位和作用，随后分析了当前家庭教育和幼儿园教育存在的问题和挑战，最后提出了建立家庭和幼儿园密切配合的教育制度的具体措施和建议，包括加强家园沟通、共同制定教育计划、共同参与教育活动等。这篇文章针对当前家庭教育和幼儿园教育脱节的问题提出了切实可行的解决方案和建议。作者通过深入分析和阐述幼儿教育的重要性和特殊性以及家庭教育和幼儿园教育的互补性，强调了建立密切配合的教育制度的重要性。

《生活教育的核心是改革》一文深入探讨了陶行知先生所倡导的生活教育理论与实践的核心——改革。文章从生活教育的基本原理出发，分析了改革思想在生活教育中的重要性，并回顾了陶行知在不同历史时期通过教育改革推动社会进步的实践。文章还结合当前教育改革的需求和挑战，阐述了生活教育理论的现实意义和应用价值。作者通过深入剖析陶行知在不同历史时期的教育改革实践，展示了生活教育理论的强大生命力和广泛应用前景。

《促进我国农村教改的新途径》一文介绍了安徽省黄山市休宁县溪口区通过农科教统筹协调进行教改实验，取得突破性成果的经验，并提出了推广这一模式的建议。文章指出，农科教统筹的教改模式不仅适用于农村教育，也适用于城市及各级各类教育。文章回顾了陶行知先生关于教育与农业、科学相结合的理论，并结合当前教育改革的需求，阐述了农科教统筹的必要性和优越性。最后，文章呼吁各级政府和教育部门统筹协调，推广这种新的教改模式。作者通过具体案例展示了农科教统筹的教改模式在实际操作中的成功经验和显著成效，具有很强的说服力。文章还深入剖析了这种教改模式的理论基础和实践意义，体现了作者对教育改革问题的深刻思考和独到见解。

认真贯彻《中共中央关于教育体制改革的决定》

——要以陶行知的教育理论与实践的财富来为《决定》增添光彩（代发刊词）

《中共中央关于教育体制改革的决定》已于 1985 年 5 月 27 日公布。这是一个伟大的决定战略的决策。教育体制改革的目的是提高民族素质，多出人才，出好人才。它的作用是教育必须为社会主义建设服务，社会主义建设必须依靠教育。

伟大的导师、共产主义的奠基人马克思说：哲学家的任务不但要认识世界，重要的还是要改造世界（原意）。马克思的基本理论之一是辩证唯物主义和历史唯物主义，以及唯物辩证法。毛泽东同志概括其精华为《实践论》和《矛盾论》。

马克思主义的教育学者认为，教育的实质最根本的是以马克思主义的哲学和方法论为依据和出发点，形成一套理论和方法。

每个人都生活在世界上社会中和本人的智能体力和生活的实际中，因此每个人都有认识世界、改造世界、认识社会历史、改造社会历史、认识自己发展改造和发挥作用的认识与改造的本质问题。实践是这个认识论的核心和活力，认识和改造的过程就是解决问题的过程，问题就是对立的统一，也就是毛主席抓住的核心论点"矛盾论"。从不认识世界到认识世界就是解决了不认识到认识的问题，从不认识一个时代的社会历史到认识和改造社会历史的问题，从不认识科教化到认识和应用科教化，从对一个人智力、体力、心理和生理状态到认识和改造培养成为一个适合世界、社会历史和国家所需要的人才，因此提高民族素质，多出人才，出好人才，而实现这样的任务，贯彻这个政策，就是靠党和国家的领导和战略决策，靠教师、家长、社会人士的力量来实现。

《决定》的中心是教育体制改革，但有关教育各方面的改革也同时提出。我们学习贯彻的中心是抓体制改革，但有关教育的其他多项改革也必须及时进行，通过试点达到完善。社会主义社会总在不断前进，世界（大自然和国际社会）也在不断变化发展，我们教育研究者、工作者必须有这种创新进步的精神和行动。

陶行知先生在政治上正如周总理向陶行知先生遗体告别后当日给中共中央电报所指出的是："一个无保留追随党的党外布尔什维克"。在教育上，毛泽东同志称他为"伟大的人民教育家"，国家名誉主席宋庆龄称他"万世师表"。陶行知先生的教育基本理论和方法："生活即教育"、"社会即学校"、"教学做合一"——其本质上是符合或接近马克思主义的教育思想和方法的。他以人民为本，创办了平民教育、晓庄学校、山海工学团、育才学校、社会大学、民众补习学校等等，从幼儿园到大学、研究部，实践了他的教育主张，创造了历史性的宝贵经验，都是值得我们研究，作为教育体制改革及各种教育实施的借鉴。

陶先生的政治思想和教育思想及实践最重要的一个伟大精神就是随着历史和革命的发展变化而前进、而创新，不怕艰苦牺牲，为我们的伟大理想作出了不可磨灭的功绩，值得我国人民、世界进步人士、教育工作者和学生学习发扬的。

陆维特

陶先生有许多名言特别值得我们学习和实施。他对办学的思想，如：办学如治国，眼光要远，胸襟要大；对校长要求：校长应当是第一流的教育家，校长是学校的灵魂，要评论一个学校首先要评论她的校长，校长要能就事实生理想，靠理想正事实，他有事实化的理想、理想化的事实；对待学生：教师对学生，要有一种学习上的同情心，师生要接近，要以人教人，这才是真正的人格教育；教人要从小教起，小学教育是建国之根本；家访制是一种会朋友制度。从以上列举部份名言和经验，足以证明陶先生是我们伟大的老师，他的经验值得好好学习、研究和应用发扬光大。我建议陶研会的会员会同有志于教育改革者选择一所小学、一所职业学校、一个师范学校、一所大学进行调查研究，开展改革试验，并总结经验提供党和政府参考，积极筹办一所勤工俭学的中专，即工学团。

（原载于福建省陶行知研究会编《陶研通讯》1985年创刊号）

陶行知先生不朽

中国有史以来，献身于人民教育事业，能集古今中外教育的精华，在教育上有极深的造诣、伟大的创造，因而开辟了新教育的道路者，如陶先生这样实不多见。抗战前，在欧洲举行的世界教育学会上，陶先生的生活教育学说及小先生运动的报告，获得印度、加拿大等国极大的欢迎，归国途中且曾亲受甘地等的邀请。

陶先生吸取中国有历史以来的文化教育的精华，加以批判改造，建立了他的教育哲学的基础"行是知之始"、"在劳力上劳心"等辩证唯物主义的学说。在美国留学数年，带回中国来的不是杜威主义的原版，而是杜威的民主主义教育的民主与科学的精神。他以完全独创的中国实际主义者的精神，将杜威的"教育即生活"、"学校即社会"的主张倒转过来，创立其"生活即教育"、"社会即学校"、"教学做合一"的教育学说。

为什么陶先生研究了中国历史文化之后,没有变成传统教育者,为大地主大资产阶级及其统治集团服务呢?为什么研究了美国资本主义国家代表者的教育,而没有成为殖民地半殖民地化的教育家,为帝国主义和官僚买办资本家及其政治集团服务呢?这是因为他具有中国知识分子最宝贵的进步的一面,在五四运动以来的新民主主义革命运动中,他看见了中国的远景及革命的力量和主人——中国人民,而且投入了人民中,做人民的教师。因为他看见了人民,也就看见了中国的实际,也就有从中国实际出发、适合中国国情的新教育的创造。

陶先生的教育事业及新教育运动,是和中国人民解放事业不可分,并一步进一步紧随着的。尽管初期教育运动及其思想上有其历史限制的某些缺点,但他始终为人民、忠于教育科学的创造,却是决定了他是革命的教育家,人民教育家。他的教育运动的重点放在百分之九十以上的人民大众的普及教育上,是他的人民立场、群众观点的具体表现。同样,也决定了他的教育主张及教育运动的政治性与斗争性。从五四启蒙运动时期的平民教育运动,一九二五年至一九二七年的民主革命时期的乡村教育(农民教育)运动,"九一八"以后的国难教育运动,抗战后的战时教育(抗战建国教育)运动,抗战末期及日本投降后的民主运动时期的民主教育运动,说明了陶行知主义的教育紧紧地结合实际,是为人民、为政治斗争服务的。

正因为如此,所以他的一生都为反动派所痛恶,摧毁他的新教育事业,捕杀他的学生。长期通缉迫害的困顿,使他过着"……生活不如老妈子,吃不饱来饿不死"的贫苦生活,摧残了他的健康。最近民盟领袖李公朴、闻一多被暗杀,逝世前几天蒋记特务到他的住所调查行迹,这接连的重大刺激,造成了他致死之因。

陶先生死了,是反动派迫害他一生致死的。这位对中国对世界对人类对历史有伟大贡献的人民教育家,竟抱憾而终,令人悲愤无涯!

陆维特

一切和人民为仇、倒转历史的反动势力必将灭亡，一切人民未来的光明希望必将实现！一切适合历史发展、人民需要的伟大创造必将成功！我们将为陶先生的宝贵的历史遗产——教育上的一切革命创造成果，启示我们愿为其发扬光大而努力，以继承我师的遗志，并愿全国教育界同仁共同努力，首先要在我解放区获得完全的胜利。

（原载于福建省陶行知研究会编《陶研通讯》1985年第2期）

试论师范教育的改革

现在我就我国社会主义时期的师范教育改革发表我的观点及主要问题的意见，提供大家讨论，并请指教！

一、社会主义时期的师范教育性质

社会主义时期的师范教育首先要正名和确定它的性质，必须严格地肯定它的性质是师范性，它是全面地从头到尾、从始到终用社会主义时期党和国家的教育路线、方针、政策，具体来说就是以党和国家建设社会主义的政治、路线相结合的教育路线，即是为社会主义的革命建设需要的教育，为其服务。方针上实行教育要面向现代化，面向世界，面向未来的战略方针；实行德育、智育、体育、美育、劳动教育的全面发展的教育方针；培养有理想、有道德、有文化、有纪律的四有人才；实行普及与提高义务教育，全面地提高人民的素质，用先进的教育科学如陶行知的教育科学来培养幼儿教师、小学教师、中学教师、大学教师，社会教育、职业教育的教师的教育，凡受过师范教育的学生必须是百分之百，至少是绝大多数能够从事教师职务和教育行政职务的人才，诚心诚意热情乐意为人民担任教师和行政服务。

如果一个幼师、师范、师专、师大、教育进修学院等教师培养学校，一点或多数不接受或不了解或不实行党和国家在一定时期（如社会主义革命和建设时期）的教育路线方针政策制度及用先进的教育科学来培养学生，而是用普通中学、综合大学的要求内容方法制度来培养学生，而挂名为幼师、师范、师专、师大的师范教育，那可肯定它是变相的中学、综合大学，完全或大部或部份改变了性质的师范教育，其结果是：一不能为党和国家的政治路线（建设具有中国特色的社会主义坚持四项基本原则的政治路线）服务；二不具有教育要面向现代化，面向世界，面向未来的战略方针的实践；三不具有四有和全面发展忠诚于人民教育事业的素质；四是教育实习、见习只是点缀（大学四年制实习见习仅有半年左右），而附中、附小只是挂名的各行其是的重点中学、小学，片面追求升学率不按先进的教育科学办学，这样的附中、附小起什么示范作用，可想而知，这样培养的学生既无真正的专业训练，更没有专业知能和为人民办教育的能力和感情，身在师范，心在升学、改行。为什么会这样？究其原因，这样的师范不姓师，说它姓普、姓综（综合大学）更为恰当。名和实不相符，所以办师范，首要的任务要正名定性。

二、师范教育的任务作用和地位

师范教育的任务是极其重大的，一个民族、一个国家的盛衰，关键在于师范教育的成功与失败。同样，一个民族、一个国家人民的素质好坏、进步或反动，关键也在于师范教育的好坏及其进步性还是反动性。

我国是社会主义的国家，社会制度是共产主义的前期，无论在物质文明或精神文明方面，都要求适应社会发展历史上高度的社会水平，就是说要具有高度的、发达的物质文化水平，在教育上就要求我们培养出能够担任这个伟大的社会历史任务的人才，这种人才就是四有人才、全面发展的人才。这种人才就是能够承担实现社会主义四个现代化的人才。全国、全民族各级各类的学校和教育行政部门的教师和干部都是要经过幼师、师范、师专、师大、教师培训班培养成长的，因此，可以说师范教育是母体教育，没有母体就没有各级各类的学校，也就没有任何一个学生、一个人才。我国自从进入社主义社会时期以来,特别是中国共产党十一届三中全会以来,国家安定团结,坚持四项基本原则,实行建设社会主义的四个现代化的路线方针政策,实行改革开放政策,经济日愈发达,教育事业日趋发达,人才辈出,其根底不能不归功于师范教育的重视。但是也不能忽视,现在的师范教育及其学校教育存在不少问题。这些问题诸如师范性不强或不明确,任务不明不够重视,培养出来的学生有不少轻视教师工作,专业思想淡薄或没有、专业知识缺乏,各门知识跟不上时代需要和达不到现代科学文化水平,更有些一出校门就改行。有少数教师政治思想反动,像中国科技大学副校长、教授方励之,在办学时却鼓吹资产阶级自由化,反对社会主义制度,影响所及不但腐蚀学生的政治思想,而且破坏了安定团结的大好政治局面。一九八六年冬,科大受其影响的少数学生走上街头游行和张贴大字报,高呼反对四项基本原则、要自由要民主(即资产阶级的自由化)。无疑地教师的作用是很大的,归根结底是师范教育的作用是巨大的。

由此可见,师范教育及其幼师、师范、师范院校培养出来的教师,其政治地位和社会名望是非常高的,尊师重教已成为我国社会主义国家的国策。没有教师就没有学生,就没有物质文明和精神文明的建设人才,具体说就没有政治家、社会活动家、专家、教授、工程师、技师、技术工人、技术农民,没有现代军人军官,没有优秀的、伟大的中华民族。

三、继承、创新、开拓,理论联系实际,采用科学方法发展师范教育

师范教育改革除了路线方针政策必须按照党和国家的要求及中共中央关于教育改革的决定外,在办幼师、师范专科、师范院校的制度、方法上,要有一个继承、创新、开拓和理论联系实际的科学的方法。

这方法主要的就是用大"教学做合一"的教育方法,建立中心学校制度。

什么叫做中心学校制度呢?就是无论幼儿师范、普通师范、师范专科和师范大学院校,都要设置中心学校,如中心幼儿园、中心小学、中心中学。这种中心学校定作为幼师、师范、大专师范院校的系列组成,是党政领导的

中心，教学做的中心，教育改革的中心。党组织的领导工作、政治思想工作，除了保证校一级的政治思想领导外，中心放在中心学校。校长的校务工作除了发挥校一级的工作职能外，中心也放在中心学校。教务、总务、研究部门，也除了发挥校一级的职能外，中心也放在中心学校。凡进校的学生都参与中心学校的党政教学做和教学及社会活动、生产劳动、学生家长工作，上受校一级的领导指导和教学，中参与中心学校的党政教学做的工作，下结交中心学校的学生，深入了解学生的政治思想、知识能力、爱好特长、心理和生理状况与情趣，分别结交一两个学生为朋友，长期往来，直至毕业时写出了解考查的报告或论文。根据学生本人的特长爱好，组成爱好兴趣特长组织（如自然科学、社会科学、文学、音乐、戏剧、绘画、舞蹈、体育等组织），同时带动中心学校的师生组织开展各种活动；根据德、智、体、美、劳全面发展的方针的劳动教育，自身并带领中心学校的学生参加工业、农业和服务行业的适当劳动，包括校外、校内自身的劳动。所有各种学习与活动，都记录成绩作为学生毕业的成绩，除了这些成绩外，也进行学期、学年、毕业考试，最后发给毕业证书。

这种中心学校制度与其成功的经验，陶行知先生在一九二六年十二月发表于《新教育评论》第一期的《中国师范教育建设论》有过论述，他写道："师范学校的使用，是要运用中心学校之精神及方法去培养师资。他与中心学校的关系也是有机体的，也是要一贯的，中心学校，是他的中心，而不是他的附属品，中心学校也不应以附属品看待自己。正名定义，附属学校这个名字不符。实习学校的名字好得多，但是这个名字包含了'思想与实习分家'的意味，也不是最好的。师范学校的各门功课都有专业的中心目的，大部分都应当与中心学校联系起来，例如教育学、心理学等功课若是附加的性质，决不能发生很大的效力，这种功课应当与实习、教学熔为一炉，大部分应当采取理科实验指南体裁，以谋'教学做合一'。我们进行时，对于师范生本身之能力与需要当然要同时顾到，因为师范生将来出去办学的环境，与中心学校的环境必定不能一模一样，要使师范生对于新环境有所贡献，必得要同时给他们一种因地制宜的本领。师范毕业生得了中心学校的有效办法和因地制宜的本领，就能到别的环境里去办一个学校。这个学校的精神与中心学校是一贯的，但不是刻板的，不是照样画葫芦的，他要适应他的特殊环境，也要改造他的特殊环境。"

陶行知先生于一九二七年三月十五日在南京晓庄创办的试验乡村师范，就应用他提倡的中心学校制度与方法。如办了晓庄中心小学、和平门中心小学、尧化门中心小学等，都是很成功的。今天我们对师范教育的改革，我认为研究和继承陶先生的中心学校制度与方法是有益的，有科学价值的。

四、因地制宜，因时适需的进行师范教育改革

我国幅员辽阔，有山区、平原、海域、沙漠地带，有城市、乡镇、农村、牧区、渔区，还有经济特区、开放城市侨区等。

经济上，也发展不平衡，有现代化的经济发达的城市，如上海、江苏、天津、山东、沈阳、大连、浙江等省市的现代化的工矿企业极为发达。还有深圳、珠海、厦门、汕头等经济特区及其他为数甚多的开放城市，其经济发展形势也因实行开放政策，发展迅速和更为现代化。而地处边远地区、山区的城市经济发展就较缓慢，有些地区的经济还处在落后或很落后的状况。

文化教育科技的情况也发展不平衡，水平高低不一，有文化发达、教育普及、大专院校众多、科学技术发达，水平达到国际先进水平的地区如北京、上海、天津、南京、广州等，也有较一般的省、市，如浙江、福建、山东、安徽、四川等省。还有文化教育落后、科学技术不发达或落后的地区，如老革命根据地、少数民族地区、牧区、渔区。

为了提高全民族的科学技术文化教育水平，为了全面实现社会主义现代化，就要发展教育事业，培养各种人才，它的关键在人才培养的母亲，就是发展师范教育。

根据地区环境、经济文化程度不同，发展师范教育也应因地制宜，因时适需，不能千篇一律。我认为师范教育的性质、任务、要求应当一致，即按党和国家的教育路线、方针、政策和采用先进的社会主义的教育科学培养合格的人才，提高全民族的素质，而在具体措施上要区别对待。主要的要分别适应城市和乡村、先进和落后地区办师范教育。有的以培养适应城市工业建设、文化科学需要、生活条件较好的类型，办师范教育；有的根据经济不发达、文化教育落后或空白、生活艰苦的地区办师范教育，培养的师范生以就地服务为主。但在大、中城市培养的师范毕业生（包括大专师范）也可到教育不发达、环境条件、生活条件较艰苦的地方去当教师，当校长。但平时教育的措施上，一定要使学生深入实际，培养不怕艰苦、全心全意为人民服务、为发展人民教育事业的思想能力。还有一部分城市和乡村的师范毕业生，可轮流互换就业和交流，逐渐消灭城乡、先进落后的差别，这就要在政治思想上加强工作，业务水平上不断提高。当前尤应根据教育改革和开放改革的需要，大力发展师范教育，培养各种师资（包括职业教育、技工教育、科技教育、外事工作教育的师资）。

五、以陶为师，不断提高师范教育的师资和领导水平

陶行知先生是我国师范教育改革的奠基人，又是万世师表（国家名誉主席宋庆龄对他的尊称），我们应向他学习，研究他的教育科学。

陶先生是一位不断进步的革命家，由民主主义革命战士转变为共产主义战士、党外布尔什维克、爱国者、进步知识分子的典型、伟大的人民教育家（毛泽东主席对他的评价）。他在政治上、哲学上、文艺思想上，特别是教育思想、教育科学与实践上贡献特大，他的品德非常高尚，他的处世格言是"捧着一颗心来，不带半根草去"、"爱满天下"、"知识为公"；他勤劳朴素，全心全意为人民服务，终身忠诚于人民教育事业；提倡科学下嫁，发展科学教育事业，他给我们留下六卷全集珍贵的精神宝库，为我们提供了学习榜样。我们从事师范教育的同志希望能以陶为师，对个人的品德知识修养极为有益，对创建有中国特色的社会主义教育学，办好师范教育更有丰富的学术和经验资源。

师范教育的工作者，各级各类师范学校的党政领导和教师都要以党和国家的教育路线、方针、政策为必修科，带领学生进行教改和进行陶行知的教育科学思想的研究。各专业教师都要开展业务的科学研究，既要博又要深，要深入学生和家长的群众中去，要打破封闭式学校，变为开放型的学校，成为一代有高度政治觉悟、学术水平、品德高尚的师范教师。根据不同地区环境的情况所办的师范院校要同当地人民打成一片，同心同德，勤劳朴素，坚持四项基本原则，办好社会主义的师范教育。

（原载于福建省陶行知研究会编《陶研通讯》1987年第1期）

会长陆维特同志给福建师大第三次党代会的贺信

中共福建师范大学第三次党代会主席团：

承邀我参加你会开幕式，甚为感谢！我因事未能出席，特致函祝贺！

我作为三十四年前师大的前身福建师范学院第一任党委书记，对师大第三次党代会的召开极为关切。在党的领导下，政府的关切下，以及全党和全体教职员工的共同努力下，十多年来福建师范学院、福建师范大学为我省、我国培养师资推动教育改革方面做出了巨大的成绩，但在实现有中国特色的社会主义社会，承当培养师资和教育改革的任务作出应有的贡献，任务还很艰巨，距离还不小。为此我希望这次党代会适应新形势，动员全校师生把师大办成第一流的、有中国特色的社会主义的师范大学。现提出如下几点建议供参考，并请指正。

一、勇敢地扛起教育改革的大旗，特别是大专师范教育的改革

第一，认真地、不折不扣地贯彻党的一系列的教育路线、方针、政策。

第二，认真地贯彻《中共中央关于教育体制改革的决定》。

第三，明确肯定坚持师范教育的师范性，不能有任何的改姓、换姓的现象出现。

第四，明确和肯定师范教育（院校师范）是一切人才培养的母体，没有教师就没有学生，就没有人才和两个文明建设，师范教育无疑是师资培养的母亲。

二、在教育原理上，坚持马克思主义的从实际出发，理论与实际相结合的认识论和方法论

第一，坚持马克思主义的辩证唯物主义的认识论和唯物辩证法是我们社会主义教育的教育原理的依据，必须以此为教育方法、教育管理的准则。

第二，陶行知先生的"教学做合一"的教育原理，在理论上和实际应用上证明是马克思主义的，希望研究和应用这个科学原理。

第三，陶行知先生是我国师范教育改革的奠基人，有许多科学理论和实践经验值得学习，其中关于办师范教育实行"中心学校"制度是一个科学的、实践证明可取的方法与制度，希望研究选用，试行。

三、树立"以陶为师"思想，全体师生向陶行知先生学习，为人师表

国家名誉主席宋庆龄尊称陶行知先生为"万世师表"，国家教委主任李鹏最近在全国教育工会会议上讲话时称陶行知、吴玉章、徐特立是伟大的教育家，是教育工作者的光辉榜样。华南师大、上海师大等院校建立了师陶园，塑立陶行知像，设立陶行知教育思想课，明确以陶为师。在此我建议你校在以陶为师和学习吴玉章、徐特立等伟大教育家方面作出榜样。

谨致

最亲切的敬礼！

陆维特

一九八七、六、廿九、于福州

（原载于福建省陶行知研究会编《陶研通讯》1987年第2—3期）

走向农村教育燎原之势的未来

在党的十三大精神指引下,我国的教育事业已经提到战略地位。今后一个时期教育工作的指导思想是:"在党的十三大精神指引下,以改革总揽全局,进一步贯彻《中共中央关于教育体制改革的决定》,面向社会主义建设的实际,加快改革步伐,使教育更好地为社会主义建设服务。"(何东昌同志在国家教委一九八八年工作会议上的讲话)何东昌同志又说:"以农村教育为重点,改革和加快基础教育。实施九年制义务教育,要坚持不懈地抓紧抓好,要按照积极创造条件、以条件定速度、因地制宜的原则确定实施规划,这样就能按质按量地完成这项任务。"

何东昌同志提的以上原则我表示赞同,下面我就农村教育战略地位作用和实施发展谈几点意见:

一、农村教育的战略地位和作用问题

我国当代的农村教育的战略地位,应该提到整个教育的战略地位的重要位置上来。

我们党的总的任务是领导全国人民建设有中国特色的社会主义进而实现共产主义,其目的是达到为中华民族十亿多人民享受有高度文明、高度民主的、富裕的政治经济文化生活。我国十亿多人民中有八亿多是农民,因此农村教育的对象无疑是八亿多的农民,教育的重点也应无疑是农民的教育。这个基本思想和任务是应该确定下来,而改革实际的方法步骤可以有先后缓急。

立足点确定下来,征集全国的专家、学者和党政部门干部同农民一起经过调查研究,制定出农村教育的总体规划、实施方案。制定规划方案也可由一个省、市或地区进行,经过试点,结合各省、市、地区制定统一规划和实施方案。关键是要把农村教育列为重要的战略地位,而不是一般的战略决策。

是时候了,《人民日报》的记者马在新评述中国农村的教育改革是艰难的转折。我们的党有气魄,我国的农民和教育工作者有志气有能力克服艰难,顺利的转折走向康庄大道,开拓光辉灿烂的明天。

在我国还处在半封建半殖民地历史时期,我国伟大的人民教育家陶行知就把教育改造的重点放在农村,以伟大的气魄提出:中国乡村教育必须根本改造,出路是建设适合乡村实际的"活教育"。他提出:"要征集一百万个同志,创设一百万所学校,改造一百万个乡村。"

他不仅是这样提倡,而且于一九二七年三月在南京晓庄创办了第一所用"活教育"办校的南京晓庄试验乡村师范。这所学校以崭新的内容和形式展现在三万万六千万农民的面前,也是展现在全国四万万同胞和全世界人民面前,中国农村教育的曙光出现了。这所学校首先以培养师资为开端,同时创办中心小学、中心幼儿园、中心茶园(教育形式之一)、中心民众学校等。对师范生提出的培养目标是:"农夫的身手,健康的体魄,科学的头脑,艺术的兴趣,改造社会的精神。"这所学校以中心学校为中心,实行大"教学做合一"。他提出的全面发展的教育是以改造社会为目的灵魂的。这所学校的校风是从实际出发、理论联系实际、实事求是、以农民群众和小朋友为师,同时结交农民和小朋友为真正的朋友。学校规定每个师范生要居住农民家里,结交两个以上的农民做朋友,了解农民、教育农民、带动农民起来改革旧社会、旧中国、旧世界;到中心小学去,一边学,一边当小学老师,一边改革教育,改造周围的社会,进而改造全社会;结交两个以上的小学生,了解他们、教育他们、带动他们共同来改造社会,挽救中国,建设新中国。从陶行知校长到师范生和小学生、农民、学校打成一片、互敬互爱;提倡"生活教育",以"生活即教育"、"社会即学校"、"教学做合一"的理论武装师生,同时在实际中实践这个理论。这样就带动了整个晓庄所在地的农民一起受教育,一同进步。乡村师范开办时只有十三个学生(叫做十三太保),随着事业的需要于一九二九年改为晓庄学校,创办包括高师研究部在内的系列学校,来自全国的参观生（分为短期一星期，长期几个月、几年）几百人，每日来参观学习的人数激增到成千成万。不少省、府、县仿照创办了试验乡村师范，最有名的是浙江省的湘湖乡村师范。福建省汀州府也创办了长汀乡村师范。但由于政治原因，晓庄学校于一九三〇年春被国民党反动派查封了。但陶先生种下的农村教育的苗子，却愈长愈大，现在仍在开花结果，成为我国当代农村教育的宝贵财富，应当予以借鉴。

二、今后实施农村教育的几点意见

（一）在调查研究的基础上首先办好农村师范教育。

我认为从历史上、从各国经验和战略眼光来讲，师范教育应居我国教育的战略决策的首要位置。师范教育办好了，就有了各级各类的合格的教师。在农村教育上就要先办好乡村师范（包括中级和高级的），有了乡村师范，就有合格的农村教育的师资，这是最基本的措施。师范教育起着母体的作用，培养了学生当教师，教师再培养出有基础知能的学生，有专业知能的、有文化科技知能的新的一代农村知识份子，一代新的四有人才的农民。有好的母范，才能生育好的儿女。

陶行知先生办晓庄乡村师范的培养目标是可以借鉴的。

第一，要采用陶行知所提倡的中心学校制度来办师范学校（包括大专院校）。

无论中等乡师或大专乡师，都要以陶行知先生所提倡的彻底为人民服务的奉献精神"捧着一颗心来、不带半根草去"，爱党、爱国家、爱农民、爱儿童的师德师风当作每个师范生的首要准则，用这个准则和精神来统帅整个教育教学工作。师范学校（包括大专院校）的学生一进学校就进入中心学校（小学、幼儿园和中学等），既有计划有系统地针对农村学校和农民的实际需要进行师范生的培养教育，同时指导学生（包括中心学校的教职员也当指导员）作中心学校的教师，一面进行教育改革、科学研究，一面参加教学实践，结交学生和家长作朋友，参与社会、政治、经济、文化的活动和生活。这样，就形成了一个大的"教学做合一"的格局，毕业时得到的成绩是既有理论也有实践经验的新型乡村教师。

第二，树立新型的师德师风。

培养新的教师或在职的农村教师，都要树立新型的师德师风。

封建社会的老师有封建社会的师德师风。封建社会的老师以忠君师孔为其至高的师德，以教育学生忠于封建君王、为其忠实的奴才为最高天职，以孔子的教义仁义道德礼义廉耻的信条为最高的道德标准，其作风是绝对服从。体罚、打骂、愚弄、高压、服从、天命是归为校风，为统治学生的手段。这样的师德师风符合封建统治的利益。孔夫子是封建社会的教师表率，世称"万世师表"，我们的当代是社会主义社会，政治上实行工农联盟为基础的人民民主专政，团结一切可以团结的力量，坚持安定团结的政治局面，争取世界和平、反对霸权主义，同世界人民合作发展创造有利于振兴中华的国内外和平环境，发展改革开放政策，进行社会主义四化建设提高人民的物质文化生活水平。因此，我国教育就要适应我国的政治和经济的战略要求，培养爱祖国、爱人民、为社会主义建设服务的四有人才为目的。我国的教师是人民的教师，他的师德应是爱国、爱党、爱人民、爱社会主义事业为最高准则，以马克思主义毛泽东思想为思想言论准则，以亲民亲物、联系群众、调查研究、服务人民为最高作风。陶行知先生是伟大的人民教育家、革命家、思想家，以"爱满天下"为其教育理想，以彻底奉献给人民的"捧着一颗心来，不带半根草去"为其人生观，国家名誉主席宋庆龄称他为"万世师表"，也就是以他为社会主义和共产主义时代的师表。我国需要的师表，就是这种新型的师表。

第三，根据国情、省情和县乡农村情况办农村师范。

我国是一个幅员辽阔、有八亿多农民的国家，社会主义建设还处于初级阶段，不少农村的政治民主、经济发展、文化开展还处在落后状况，尤其是山区、牧区及少数民族地区的农村更是困难较多。但是我们的党和政府有优良的传统，我国的人民教育家陶行知也留下办农村教育的优良传统，那就是艰苦奋斗、勤俭办事业的优良作风，因此我们在农村办师范学校也要继承这种作风，不要等到经费充足，房屋、设备齐备才来办学校。陶行知先生办晓庄乡师，开创时连教室、宿舍都没有，以农民家为学生宿舍，以天为顶、地为底的大教室和农民的小庭院为教室。当然多数是以中心学校为教室和研究室而进行教育的，在使用这些条件时又加以改造。同农民交好朋友，使农民不但欢迎而且感到收到教益，如改善卫生环保条件等。现在我国农村虽然还有相当落后的僻远山村，但建国三十多年来却有或多或少、或大或小的进步，完全有可能提供办师范学校的要求。关键是要有忠诚于农村教育的老师和学生，在这方面，既要挑选，更要培养、教育，问题是可以解决的，解决问题就是进步和胜利。当然还可以搞勤工俭学办工厂，办付业，那就更有生气和力量。

第四，办农村师范要同改造社会的活动结合起来。

农村师范要开门办学，要成为乡镇党组织与政府开展物质文明和精神文明建设的助手，成为移风易俗的榜样，讲卫生树新风的模范，这样既可以教育师生，又可以教育农民、乡镇企业的工人、职员，定能受到农民的欢迎。

乡村师范（包括大专）以改革统揽一切，全校师生在当教师和学生时期就能为社会主义建设服务，在服务中提高自己的政治、科学技术和文化的素质。

第五，乡村师范还要把培养农村"文化科教活动中心"的人才的任务承担起来。

农村教育的发展，除了学校教育以外，还要建立各种"文化科技活动中心"来教育农民及其子女。这样的"文化科教活动中心"有电化教育、文学报刊、书画等形式的教育，有体育、娱乐活动、茶馆餐厅等场所的文化科技教育与实施。

第六，乡村师范还要把乡镇企业的职员工人的培训工作承担起来。

愈来愈多的乡镇，特别是沿海地区的乡镇，他们的乡镇企业开办起来，他们的管理人员和工人（由农民变为工人）的技术培训工作，也要师范学校承担起来。

（二）九年制义务教育的执行和改革。

在农村教育中，普遍地使适龄儿童少年受到九年制的义务教育，提高劳动后备力量的素质，还可以考虑如下的问题：

第一，义务教育的后期，可用一年或较多一点时间办职业技术教育，使他们毕业后有"一技之长"，可逐步进入劳动生产部门参加适当的生产劳动。

第二，实行"小先生制"，组织中小学的学生，经过训练，在本村本镇或家里亲戚中当小先生，用"即知即传"的方法进行扫盲工作。

第三，实行义务教育的老师可承担科普宣传和培训科技人员的工作。

首先是宣传教育农民破除迷信，移风易俗改善卫生条件和习惯。

有条件的义务教育的学校或中心小学，成立卫生室对内为师生作预防保健工作，对外为乡民治疗小毛病、宣传卫生常识等。

有专长的教师可对农民群众开展科普宣传，授以农付业的科技知能，发展生产，提高生活水平。

一个村或乡可成立文化活动中心，带动一个乡或一个村开展文化工作。

义务教育的师生还可开展尊老爱少的工作，培养成良好的社会风气，又能使老人小孩得到好处。

（三）农村中专必须办起来。

随着商品经济的发展、生产力的提高、乡镇企业的发达，农村青年进入城市工业和第三产业的人愈来愈多，在农村办中专的必要性和紧迫性愈来愈大。

首先要求大专师范院校开办职业技术教育师范班，培养职业技术教师进入农村中专担任教师。

其次是有计划的选送受完义务教育的毕业生或初中毕业或高中肄业生进农村中专学习。

三是创办勤工俭学的中专，给师生创造物质条件以保证学业和技能的完成，还可为中专的发展提供物质条件。

四是办理业余中专，一方面在家庭或乡镇企业做工，一方面进入业余中专学习。

（四）农村幼儿教育也要放在重要的位置上。

随着农村的经济、文化、教育、科技事业的发展，更多的父母要求为其幼儿解决教育和保育工作，因此农村特别是乡镇企业较发达的地方，创办幼儿园或幼儿班成为非常必要的工作。

首先还是师资问题，可专门办农村幼师，也可在农村师范中增设幼师班，培养或培训幼儿教师和教养员（服务员）。

二是从勤俭办事业出发，缺少场所等条件的地方，可利用农舍、工厂余房先办起来，等条件成熟时，兴建幼儿园。

三是乡镇政府和乡镇企业要把幼儿教育事业列入工作计划，为提高幼儿的素质和提高在业或家务负担重的父母的工作效力作出重大的贡献。

（五）福建的农村教育怎样进行好？

福建的农村大体上可分为四类：一是沿海经济特区、开发区或又是侨区；二是闽西闽北闽东内地农林地区；三是闽西闽北闽东老区；四是闽东闽南一些少数民族地区。

根据四类不同的地区的共同点，都应在其地区开办农村师范或师专各一所，根据各区域不同的特点可办成各种各样的师范和师专。沿海地区的农村师范和师专可采用政府办、乡镇企业办、华侨办、勤工俭学办。内地老区和少数民族地区以政府办为主，也可以政府和民办勤工俭学的学校。

关于办义务教育和中专幼儿教育可视情况采用上述办法进行。

福建省陶研会、厦门陶研会、泉州陶研会、建阳陶研会和将要成立陶研会的龙岩、漳州、宁德等，都可选择一个农村，借鉴陶行知的农村教育理论和实践，根据政府的布署进行试验。

我国农村教育在前进中，转折是有相当的困难的，但马克思主义者和人民教育事业的忠诚战士必能战胜种种困难，迎来燎原之势的农村教育的未来。

对我省教育来说，我建议：一、立即召开教育行政工作会议郑重地研究和布署开展农村教育工作；二、迅速组织专家、学者开展农村教育的调查研究，并举行研讨会，提供党政教育部门参考；三、充分发挥我省政府办、民间办的教育社团的参谋咨询作用。

关于升入高一级学校，包括升入大专院校的问题，要按普遍发展基础教育和高中（包括中专）的教育基础上择优录取，认真克服和防止片面追求升学率的现象。

我这篇论文作为党政教育部门参考，也可作为陶研部门的专题参考研究，其效果如何，等待实践来检验。

（原载于福建省陶行知研究会编《陶研通讯》1988年第1期）

建立社会主义商品经济新秩序与教育改革

中共中央常委会决定在我国建立社会主义商品经济新秩序，赵紫阳总书记对此从理论到实施作了重要讲话。我对中共中央常委会的决定及赵紫阳总书记的重要讲话完全赞成，这是马克思主义的商品论述在我国社会主义建设中、历史中合乎客观实际的应用。赵紫阳同志就其重要性曾以毛主席在新民主主义革命时期提出建立新民主主义新秩序相比拟，完成此项历史性的社会任务，需要一百年的时间，其影响所及是涉及到全民的利害和政治、经济、文化、科学、教育、观念形态与道德风尚。

建立社会主义商品经济新秩序，我的理解主要的是解放生产力和打破封闭式的国内外经济大循环的局面，以达到社会主义经济改革的目的，从而带动政治、文化、科学、教育、意识形态、道德观念的改革，促进实现四化振兴中华的伟大目标。

社会主义的商品经济，是在社会主义的基本路线、总方针、总政策下的经济体制改革的一个方面，这对于长期地以产品经济为体制影响着社会主义的政治、经济、文化、科学、教育、观念形态、道德风尚的落后停滞，特别是阻碍了生产力的发展，是一个重大的历史经验。预料：当社会主义的商品经济实行后，社会生产与消费机制进入竞争体制，从国内延伸到国际商品经济的行列，必然涉及全体人民千家万户受他的制约，政治、经济、文化、科学、教育等卷入这个范畴中。但必须明确，并不是人人或事事都成了商品。体力劳动所产生的物化产品是商品，脑力劳动所产生的科技成果、知识是商品，但体力劳动者与脑力劳动者本身不是商品，而如果如马克思所说，资本主义社会连人的每根毫毛都是商品，那就没有什么社会主义的商品经济与资本主义商品经济的区别。还有一个更重要的区别是，社会主义社会的人民是商品的主人，反对侵犯人民权利的人身买卖、娼妓卖身、奴隶卖身、道德沦丧的买卖，投机倒把的政治、经济买卖等等。

下面我就在建立社会主义商品经济新秩序时期的教育改革，谈谈我的意见和实施办法。

教育改革是我国建立中国特色的社会主义改革的一个组成部分，而且是重要的组成部分。

我这里要提倡的教育是大教育，而不是局限的学校教育、家庭教育，而是提倡对人民有影响的空中文化播放、文化活动、社会风尚都归入教育的范围。人不论男女老少都在受教育和给人以教育，陶行知先生的生活教育原理之一是人过什么样生活，就是受什么样的教育，你过有理想有道德有文化有纪律的生活，家庭和睦、勤俭节约的家庭生活就是受这种有理想有道德有文化有纪律、家庭和睦、勤俭节约的教育。反之，你过道德败坏、胡作非为、损人利己的家庭或社会集团生活的人，就受了道德败坏、胡作非为、损人利己的教育。你过产品经济及其观念的生活就受产品经济及其观念的教育。陶行知先生的生活教育原理又教导我们，生活教育是给生活以教育，那就是革命的教育家的任务，不是听其自然地、让社会生活中的消极因素任其存在和发展，而是要改变不好的生活、消除不好的教育影响，而要给生活以良好的生活，受良好的教育。说得更具体点，当前因为在建立社会主义商品经济，物价和工资还没有理顺，实质上没有被人民理解，不少人的家庭和个人生活受到一时的不利影响，有的就埋怨国家的政策措施不对，有的就起损人利己的念头，搞投机倒把以富裕个人或家庭，有的思想上很紊乱，认为社会主义社会倒退到资本主义社会了。教育领域出现的不正之风更令人担忧，有些重点学校以片面追求升率有权术，招揽学生进校，以赞助为名或者公然以保证升学为号召，每个学生须交费一千元至五千元不等，美其名为赞助。1988年7月25日中央广播广东省广州市有些学校不但以赞助为名大量索取学生（实际上是家长）的赞助费，而且公开标榜收索保证升学费。我们福建特别是福州一些重点中学并不例外，甚至有过之无不及。这个现实生活在给社会人士、学生、学生家长以极坏的教育，生活教育论者认为必须改革这种生活，以正当的改革教育体制，克服片面追求升学率，纠正不正之风和传统教育的生活来教育人民，使校长、教师、学生和学生家长受到正当的社会主义的教育。

当前，在克服建立社会主义商品经济新秩序过程中出现的片面性歪风邪气和认识不清等方面问题，除了空中广播电视、文化、法制等方面加强建立社会主义商品经济新秩序的宣传教育外，各级各类的学校、教育部门，应立即开展建立社会主义商品经济的新秩序的教育。国家教委李铁映主任在甘肃考察教育工作时强调"要培养大批懂商品经济的教育家"，其意义在于针对我国正在建立社会主义商品经济新秩序时，需要大批懂商品经济的教育家，给人民以商品经济的教育，以适应我国建立社会主义商品经济的形势需要，为此，我认为我国我省各级各类教育部门，应立即培养（或培训）懂商品经济的教育家进入教育阵地及社会，从事社会主义商品经济的宣传教育。

陶先生的生活教育原理认为："我们主张以生活改造教育，真正的教育作用是生活与生活的磨擦。"在进行克服对产品经济的种种错误理解与行为、建立社会主义商品经济的新秩序的最好办法，就是用正面的社会主义商品经济的实际生活来教育人民，这中间必然产生矛盾，有矛盾就有斗争，斗争就是磨擦，这是解决矛盾的好办法，伟大的人民教育家实行他的教育学说时，就采用这种办法。我们从政治上要解决经济改革中的商品经济克服产品经济所带来的问题，就只有用实际行动来解决实际问题。

教育部门要克服一些学校中的不正之风，也只有立即采取坚决的办法纠正这种歪风，以教育全体师生、员工、家长和社会人士，要真正在教育领域实施革新的办法，关键是在加强教育改革。

要根本或者重大的突破教育改革，我认为必须从下面几方面着手：

1. 克服党政不分、政校不分的体制，实行党委或党支部同学校行政分开，教育行政同学校校长管理分开，实行民主管理，业务当家。

李铁映主任在甘肃考察教育时提到农村中小学最好不要另设党支部书记，让乡党委书记兼任学校党支部书记，学校的事让校长去干。这个指示很好，学校党的工作主要是贯彻党和国家的教育路线、方针政策，这些工作由乡党委书记去担任，学校可配合班主任和教师以"教书育人"的职责深入贯彻就可以。

2. 上海《文汇报》七月十五日教育园地栏里"教育争鸣"登载了《改革、反思与突破》一文，文章认为教育体制改革没有取得重大的突破。其原因：一是学校与政府的依附关系没有重大突破。旧体制的基本特征是政校不分，政府的教育部门不仅包办学校，而且直接管理学校，成为事实上的办学主体，学校则仅仅成为教育行政的附庸而存在着，在办学过程中处于被动服从的客观地位，其结果是形成了一种僵化的管理模式。以分权、放权、扩权为主的教育体制改革，并没有真正彻底区分政府的管理职能和学校的职能，并没有真正确立学校作为办学主体的独立的法人地位，因此就不可能从根本上扭转政校不分的状况，最终也就谈不上对学校与政府之间的依附关系进行实质性的调整。二是学校与社会之间的封闭关系没有重大突破。在旧的教育体制下只有自上而下的内部纵向关系，没有沟通左右的外部横向联系，学校只能按上级主管部门的指令行事，不能根据社会的需要直接作出反馈和应变，社会的需要和支持也不能直接影响和制约办学方向，其结果是学校缺乏直接的社会的压力而产生的动力和活力，形成了一种封闭的学校发展模式，阻碍了学校与社会各方面的相互开放、相互交流、相互协作和相互促进。以纵向改革为主的教育体制改革，基本上局限于教育系统内部，很少涉及教育系统外部的相关因素，而且也没有着眼于沟通学校与社会的直接联系来规划和实施改革，因而也不可能从根本上打破学校的自我封闭、自我发展的状况。

3. 我同意"争鸣"所提出的教育体制改革的反思。福建的教育体制的状况也不出以上两种状况，有些状况只有更加严重。教育行政部门通过统考和控制校长、教师的升等、升级、奖金安排等来强制推行有形无形的升学率指标，死死地按照传统教育的模式教育学生，也就是学生入学就是为了读死书、死读书、应付考试、记分、升留级、毕业拿文凭，把学校变成为封闭式的囚笼；教育教学不联系实际，掩耳闭目，不闻不问社会国家大事，也不管社会上的歪风邪气向学校的袭击，教书不育人，不管培养人才的"四有"目标，不贯彻全面发展的教育方针，在这些学校里只存在脱离实际的智育。

4. 我认为必须大声疾呼对教育体制进行以上的反思，认真克服教育行政与学校不分的状况，由学校的校长负责，由全体教职员工民主办校；认真克服那种只有内向联系而与社会隔绝的局面，打开学校大门实行陶行知先生的"生活教育"原理——"社会即学校"，即：第一，整个社会就是一个大学校，要充分利用社会的活环境的活势力进行教育，整个社会的活动都是我们的教育范围；第二，学校和社会打成一片，课内课外、校内校外相结合；第三，社会即学校，以增强学校的活力。当前学校教育及其他教育部门必须实行民主和法制管理体制，突出进行建立社会主义商品经济新秩序的教育，以提高学生和教师的政治素质和商品经济的理论与实际的知识能力，共同为建设四化振兴中华服务。

5. 当务之急，还要从培养教育行政人员和校长、教师着手。首先是组织他们学习领会和实行我国社会主义建设中具有战略决策性的建立社会主义商品经济秩序，通过他们教育提高全体教师职工和学生的认识并切实执行。还要通过学校的力量教育家长和社会群众，实行陶行知先生倡导的"即知即传"和"小先生制"效果将更可观。李铁映主任在考察甘肃教育工作时，还指出："为了适应社会主义商品经济发展形势，培养成千上万有较高素质的劳动者，从根本上摆脱教育脱离生产实际的现状，除了各级党政部门大力支持外，首先要有一大批既懂社会主义商品经济，又懂得教育的教育家。"我希望我省的省长，负责教育的副省长，省教育委员会领导认真考虑李铁映主任这一指示。

作为"生活教育"研究的成员和一切支持者，都应当认真学习赵紫阳总书记关于建立社会主义商品经济新秩序的报告和李铁映主任有关教育改革的指示，还要学习上海《文汇报》"教育争鸣"的教育改革的论述，借鉴陶行知先生有关生活教育的论述为促进我省的教育改革贯彻实行社会主义商品经济的决策措施，作出应有的贡献。当前尤应在教育体制改革方面实行党政分开，教育行政与校长分开，克服片面追求升学率、传统教育盛行、不正之风侵蚀教育界等弊端，在贯彻党的教育路线、方针、政策等方面作出成绩，把建立社会主义商品经济的理论与实践列入教育界必修课程。为培养素质良好的劳动大军，生产出质高量大的商品，培养更多更好的科技人才，为发展商品经济服务，以造福人类。

（原载于福建省陶行知研究会编《陶研通讯》1988年第2—3期）

建立家庭和幼儿园密切配合的教育制度（节选）

我受福建省关心下一代协会的委托，在这里向干休所幼儿园孩子们的家长作一次建立家庭和幼儿园密切配合的教育制度的报告，供大家参考，希望得到大家的关心支持，我讲三个问题。

一、幼儿教育在我国社会主义初级阶段教育的地位和作用

我国现阶段的教育是社会主义初级阶段性质的教育，同我国现阶段的社会性质特点相适应的。

为了明了社会主义初级阶段的教育就先要了解社会主义初级阶段的性质特点，赵紫阳总书记在党的十三大报告《沿着有中国特色的社会主义道路前进》中指出："总起来说，我国社会主义初级阶段，是逐步摆脱贫困、摆脱落后的阶段；是由农业人口占多数的手工劳动为基础的农业国，逐步变为非农业人口占多数的现代化工业国的阶段；是由自然经济半自然经济占很大比重，变为商品高度发达的阶段；是通过改革探索，建立和发展充满活力的社会主义经济、政治、文化体制的阶段；是全民奋起、艰苦创业，实现中华民族伟大复兴的阶段。"

社会主义初级阶段的教育就是要适应这个历史阶段，为这个阶段培养适应这个阶段需要和推进历史发展的人才。

这个阶段不仅有国家所有制的各级各类的教育，也有集体和社团办的各种类型的教育，幼儿园教育是其中组成部分之一，但都要服从于党在社会主义时期的教育战略和路线、方针、政策。

二、社会主义初级阶段的教育制度

社会主义初级阶段在历史上是进步的，国际环境是现代的。因此，它包括学校、家庭、社会三个方面组成的。每个当代中国人凡有进学校受教育的人，都还受家庭和社会教育的约束，没有进学校受教育的人就必然受家庭和社会的教育的约束，而人的一生实际上都在受不同类型的教育，学校、家庭和社会，直到终生。现在有意识地提倡终身教育，我国正在这样提倡，日本已在进行终身教育。

学校教育从幼儿园到大学研究院是一个系列的教育，而幼儿教育和小学教育是基础教育，幼儿园教育是基础的基础教育，是学校系列教育中最重要的阶段。

而幼儿教育同家庭教育的关系特别密切和特殊，因为幼儿教育是六岁以前的教育，而这时同父母生活在一起还亲近，教育家认为家庭和幼儿园必须密切配合，才能实现最好的教育。

无论学校教育、家庭教育和社会教育，都受党和国家的教育战略路线方针政策的制约，我们必须有意识的使三个方面都要理解和按照党和国家的教育战略路线方针政策去实行，才能使我们的国家拥有真正有精神文明的民族和人民，才能成为建设四化振兴中华的力量。

幼儿园和家庭教育是有组织的实体，更应该了解和贯彻党的教育战略和路线、方针、政策。

我们现代的教育是为建设有中国特色的社会主义的战略地位，百年大计教育为本，教育要面向现代化、面向世界、面向未来，教育的目标是要培养有道德、有理想、有文化、守纪律的四有人才，教育的方针是培养德、智、体、美、劳全面发展的人才。幼教特别要重视德育。

幼儿教育和家庭教育是贯彻党的教育战略路线方针政策的重要环节，幼儿园的行政人员、教师、保育人员和家庭里的成员都要认真贯彻。这不但是社会主义教育的全民化，而且是幼儿园同家庭关系特别密切，特别需要共同来贯彻。

三、重视人格教育、民主纪律教育和科技教育等方面的合作

伟大的人民教育家陶行知先生认为，"幼儿教育实为人生的基础"。他还

认为："凡人生所需要的习惯、倾向、态度多半可以在六岁以前培养成功，换句话说六岁以前是人格陶冶最重要的时期。这个时期培养得好，以后顺着他继长增高的培养上去，自然成为社会优良分子；倘若培养不好，那么习惯成了不易改，倾向定了不易移，态度决了不易变，若要纠正已经形成的坏习惯，需费九牛二虎之力，可谓事倍功半，倘若放任自流，更是自害害人不止。"陶先生这方面的理论是得到科学和事实的验证的，是正确的。

前天我去干休所幼儿园访问，看到幼儿园的小朋友的卫生习惯很好，饭前洗手，便后洗手，每人一条小毛巾挂在属有自己的姓名的板上，吃点心用的碗筷都专人专用，桌子板凳上有灰就动手擦干净，这种卫生习惯多么好。我到小班的午睡寝室去看午睡起床的小朋友，一见面就问爷爷好，多有礼貌。这些良好的卫生习惯和礼貌，回到家里也应保持，不要回到家里就变坏了。为了使在幼儿园学到的好习惯有礼貌能保持，就要求家长同幼儿园的教育保持一致，这就是家庭教育要和幼儿园的教育密切配合。

幼儿认识自然、认识社会、理解生活，主要先通过感性和形象，就是说通过感官耳、目、口、鼻的直接接触实物而受教育，因此幼儿园的教师和家长要选择自然社会和生活有益的实物让他们接触，然后加以理性的解释；他们对天文气象的变化，接触之后都会提出疑问，特别是对动植物会发出问题，教师和家长就要进行讲解，以便幼儿得到知识；凡物理变化，声、光、色、软、硬，提出问题时也要浅易的解答；通过音乐舞蹈检查、培养美育和情操。

特别提一下玩具的问题，幼儿园的孩子特别喜欢玩具，教师和家长须知玩玩具是一种学习，必须选择有认识自然、社会、生活的玩具，当代是科学技术进步的时代。要选择具有现代科技知识技能的玩具给他们玩（包括建筑）。

我认为幼儿园园长、教师要定期向家长介绍幼儿学习的情况并到家里访问，而每个家长必须了解幼儿园的培养计划、教材、方法，有计划的访问幼儿园，并举行座谈，交换配合的情况和经验。

特别值得幼儿园和家庭注意的是独生子女的教育问题，独生子女在家庭中不少是单一的、没有伙伴的，客观上就形成孤独生活而不是群体或集体，而父母、祖父母对独生子女的溺爱，有求必应、百依百顺，在人格培养上就偏离了社会主义社会应有的道德规范，孩子养成唯我独尊，有人就取个别名叫做"小皇帝"。克服这个弱点或者叫难题，一方面要家长注意，引导或创造孩子接触群体或集体的生活环境和过集体生活，幼儿园是最好的过集体生活的地方之一。幼儿园和家庭教育实际上也同社会教育联系在一起（我将研究幼儿教育与社会教育协调进行的问题），譬如看电视就是接受社会教育的一个方面。中央电视台已安排了少儿节目，这些节目是可以让幼儿去看，而其他成年人的节目就要选择对幼儿成长有益的。而那些不健康的节目就要禁止看，幼儿有时看到交通警察指挥车辆行人有秩序的行进，教师和家长就要利用这个时机教育幼儿守纪律、有秩序。幼儿园教育中都要进行民主教育，让孩子参与幼儿园的公共事宜，家庭也要同孩子共商生活、学习和人格培养的事，这些都能养成幼儿守纪律、有民主作风的倾向。升国旗时要教育孩子行敬礼，听到唱国歌时要教育孩子立正，进行爱国主义的教育，敬老爱幼更应成为经常的教育。

我还想提醒一下幼儿教师和家长要按社会主义的教育培养人才，为下一世纪社会主义进入较高阶段而培养人才，不要只为一家一人利益而害了国家、民族和孩子。青海的夏斐惨剧，杭州又一夏斐事件由于母亲中了片面追求升学率的毒而害死孩子，而自身也毁灭；南京工学院一个怕受片面追求升学率的父亲（教授）、母亲（副教授）的责备的儿子把父母都杀死的悲剧不该重演。要把儿女的前途命运交给党和国家去安排，自己尽一份力为党和国家教育好孩子，就是莫大的贡献。

幼儿园的园长、教师们和家长（包括家庭每个成员）都来研究和实现幼儿园和家庭建立密切配合的教育制度，我省的关心下一代协会联合工会、妇联、青年团把这一课题认真地研究，把这一制度建立起来，先可从一个单位试验起。我省关心下一代协会成立大会上我曾建议办家长学习班,我这个建议希望得到实现。遵照党中央关于加强中小学教育特别是德育,为下一世纪培养优秀的人才建设伟大的社会主义社会而努力!

(原载于福建省陶行知研究会编《陶研通讯》1988年第4期)

生活教育的核心是改革

陶行知先生所倡导的生活教育理论与实践已有六十多年的历史,它已成为一种国内外人士所重视的教育思想和先进的科学,它具有不断发展和进步的生命力,这是由于它的科学性所决定的。而其生命力和科学性寓于唯物辨证法的核心——改革规律(对立斗争统一和质量互变规律)应用于教育上。

我就生活教育的核心——改革,谈四个问题:

一、从生活教育的基本原理探讨它的改革思想

陶先生论生活教育的本质时指出"教育以生活为中心就叫生活教育",又说:"生活是有生命的东西,生活教育随着时代的变化而变化,随着社会发展而发展,生活教育就是要求我们不断适应新生活,接受新的教育。""生活教育不只是适应生活,还要解放人类的创造力,创造新生活,我们主张以生活改造教育。真正的教育作用是生活与生活的摩擦。""生活教育是给生活以教育,用生活来教育,为生活的向前向上的需要而教育。"

陶先生把生活和教育统一在一定的社会中,社会由于生产力的不断发展变化而引起社会的不断变化发展,由这个社会性质的社会经过突变(改革或革命)过渡到另一个社会性质的社会,人类社会由原始社会进展为奴隶社会,由奴隶社会进展为封建社会,由封建社会进展为资本主义社会,再前进则转变为社会主义社会、共产主义社会,而发展的动力是生产力。陶先生的生活教育理论"为生活的向前向上的需要而教育",正符合社会的发展由低级向高

陆维特

级不断发展的原则。而社会由这一形态转化为另一形态是经过变革（改革或革命）而形成的。陶先生的生活教育原理中所指出的"生活教育不只是适应生活，还要解放人类的创造力，创造新生活"是相适应的，解放人类的创造力，创造新生活，其含义就是改革，由一种生活形态过渡到另一种生活形态，教育也随之而变化发展。世界的万事万物、人类社会的发展变化是按唯物辨证法的对立斗争统一规律而存在发展的，陶先生的生活教育理论的核心也正是这样。

陶先生在论生活教育的形态适应社会发展的形态的规律相一致时，又教导我们：生活教育主张因时因地因人制宜，从当时当地不同教育对象出发，决定教育的内容。他不但在理论上这样主张，而在实践上也这样进行。

二、生活教育发展的历史贯串改革精神

陶先生是伟大的革命教育家，自从他倡导生活教育的理论和实践以来有意无意和中国共产党的发展战略策略相一致或近似一致。下面从它发展历程简述如下：

（一）创办南京晓庄试验乡村师范及晓庄学校时期

陶先生在我国的第一次国共合作进行大革命时，他们进步的知识分子革命教育家有过一九一一年在安徽休宁参加辛亥革命起义实际感受，充满希望和信心的热情地迎接大革命，当第一次革命失败随党的战略转移到农村，以农村包围城市时，他是以创办南京晓庄试验乡村师范，培养一百万个乡村教师，改造一百万个乡村，教育三万万六千万农民起来改造旧中国旧社会、旧传统、旧习惯、旧风俗、旧作风，建立新中国新社会、新观念、新习惯、新风俗、新作风。他在校歌、锄头舞歌中唱道："天生了孙公作救星呀，唤醒锄头来革命呀依呀嘿，呀荷嘿，唤醒锄头来革命呀，依呀嘿，呀荷嘿。革命成功靠锄头呀，锄头锄头要奋斗呀，依呀嘿呀荷嘿。"他的革命观念、改造社会的观念是拥护孙中山先生倡导的新三民主义的民主革命。为了这个革命任务，陶先生给这个伟大的革命生活以教育，提倡并实践以全民族占最多数的农民大众为教育对象，提倡民主政治，在办学全程贯彻着民主精神和民主管理，学校领导除校长、教授、指导员由校委会聘请外，其他行政、财务、生活管理人员都由师生选举轮流担任，尤为突出的是，生活服务都由校长、教师、同学轮流担任，无论接待工作、炊事工作、警卫、护理工作都是如此。教育思想强烈提倡反对旧传统老八股、奴化教育洋八股、封闭式的教育，主张以生活即教育、社会即学校、教学做合一为内容的生活教育，人民教育，新时代、新精神、新途径、新观念、新作风的生活教育，实行理论联系实际同群众师生打成一片共同进步的校风，培养学生的目标要求具有"农夫的身手，健康的体魄，科学的头脑，艺术的兴趣，改造社会的精神"。在具体措施上，学校都安排了相应的生活实践，每个学生都分配了田地从事农业劳动，同农民共生活同甘苦，一般都住在农民家里同农民交朋友，学生都参加体操、武术、军训。由中国科学社的科学家担任指导参加科学活动，如生物专业参加采集制作标本活动。工艺上设有木工、金工厂，有专门老师和技术员指导学习技术操作。学校创办晓庄剧社由师生参加办社及演出活动。组织农村保卫团，担负农村的治安保卫。创办民众学校、中心茶园，开展群众教育。组织农民开井修路造福人民。开办图书馆、绘画、写作室、科学实验室。师生就在这些实际活动中，配合书本知识进行教学做合一的教学活动。学校实行中心学校制度，学校办有十六所中心小学、六个中心幼儿园，后来学校为培养高一级的人才设有大学部晓庄学园、和平学园、三元学园、万寿学园、吉祥学园、蟋龙学园六个学院，改为晓庄学校时，还办有劳山中学（即中心中学）。学生一进校就由导师指导进入中心学校，在教育大教学做合一的大熔炉中培养师资。共产党在晓庄建立党支部秘密地从事党的活动，支持陶先生的教育工作，陶先生也公开或秘密支持党的工作和爱护党员。这样的学校是国民党反动派所不能容的，当一九三〇年师生参加支援和籍工人斗争反对日本军舰进入南京下关等示威游行的革命运动后，晓庄学校就被国民党南京政府用武装查封了。学校被解散，有的学生被逮捕杀害，陶先生被通缉。

(二)工学团是生活教育对中国教育改革的又一新贡献

一九三四年起陶先生提出了改革普及生活教育的新路线,他在普及什么教育一文中指出:"这些年来教育是给镇江醋浸透了,一提及教育两个字,就觉得酸溜溜的,谁也不愿把它普及。的确教育是成了少爷、小姐、政客、书呆子的专有品。他是少爷的手杖,小姐的钻戒,政客升官的梯子,书呆子的轮回麻醉的乌烟。如果把这种教育普及出去,中华民国简直要成为一个中华少爷国,中华小姐国,中华政客国,中华书呆子国。更加确切些,简直要成为一个少爷、小姐、政客、书呆子共和国,真要不打而自倒了。"这是对国民党统治区的教育的痛斥,另一方面他了解到中华苏维埃共和国所统治的地区,在实行工农普及教育,教育与生产劳动相结合的手脑并用的生利的教育,教人爱国、爱人民、爱科学、爱真理的教育。晓庄被封闭后,他秘密地在上海工作、斗争和生活,亲身感受到中国共产党和革命的工人、知识分子为真理为科学献身的伟大革命精神,目睹他们在反对日本帝国主义侵略东北、"一·二八"攻击上海的英勇斗争。在政治上他为了紧跟中国共产党的基本战略和路线,又要回避帝国主义和国民党反动派的直接迫害,隐蔽地表述了他的政治方向和教育改革的新路子。首先是在晓庄校歌、锄头舞歌歌词上增改:"光棍的锄头不中用呀,联合机器来革命呀,依呀嘿呀荷嘿,联合机器来革命呀荷嘿依呀嘿。"唱出工农联盟才能实现中国人民的革命的心声。他看到现代文明和日本侵略力量靠科学技术的进步,就在上海发出提倡科学教育、科学下嫁运动,使他辨证唯物主义和历史唯物主义思想进一步发展。特别是教育改革上提出办"工学团"的主张和实验,他指出:什么叫做工学团?工是工作,学是科学,团是团体。说得清楚是工以养生,学以明生,团以保生。说得更清楚些是以大众的工作养活大众的生命;以大众的科学明了大众的生命;以大众的团体力量保护大众的生命。工学团是一个小工场,一个小学校,一个小社会,在这里面是包含着生命的意义、长进的意义、平等互助自卫卫人的意义。它是将工场、学校、社会打成一片,产生一个富有生活力的新细胞。

"工学团可大可小，从几个人的家庭、店铺，几十个人的学校、庙宇，几百个人的村庄、监狱，几千人的工厂，几千人的军队都可以造成一个富有意义的工学团。"另一方面陶先生亲自领导和创办了上海的"山海工学团"，这是他适应社会时代形势的情况和需要，在教育上一个非常大的改革和创新。

（三）一个流动的学校战斗的宣传队的历史意义

日本帝国主义对我国的侵略步步深入，日愈严重，从东北到华北，爱国军民奋起抵抗，创造绥远抗战胜利的凯歌，中国共产党和它所领导的苏维埃政府发出反对侵略坚持抗日的号召，全国人民的反日爱国斗争日益高涨。

这时陶先生以他伟大的生活教育的理论，用反日救国的生活来教育人民起来进行抗日救国的斗争，他提出并实践一个创造性的斗争形式、教育形式，即建立一个流动的学校、战斗的宣传队新安旅行团，从江苏淮安县淮安小学出发，直上华北抗日第一线及其他省市乡村进行抗日救国宣传，一边工作一边教学政治、军事、文化科学、生活知识能力。他们勇敢地冲破了旧学校的藩篱，走向社会，到民族解放的大学校去，先在长江下游的江苏、安徽、浙江三省活动，既是学习又是练兵，以后北上北平（北京）、绥远（现为内蒙古自治区西部）对抗日军队进行慰劳和宣传，接着西去绥西河套和宁夏，在那些很少有人宣传抗日救国的地方和少数民族地区进行慰问宣传和教育工作。一九三七年七月七日全面抗战开始后，他们从甘肃经陕西、河南到湖北，参加保卫大武汉的斗争，又经湖南到广西桂林，先后到湘西、桂林郊区、湘桂铁路沿线、桂西前线和贵阳等地在少年、儿童、伤兵、难民、工人、农民和驻军中开展宣传工作。他们的队伍也在战斗中不断壮大，此时的十四个人发展到一百多人。一九四一年皖南事变后，根据周恩来同志的指示，分期分批地先由团员骨干四十多人秘密地经香港入上海转入苏北抗日根据地，积极组织青少年儿童开展抗日工作。新旅自一九三五年成立到一九五三年结束，前后十七年，经历了中国革命斗争史上最艰巨的战斗岁月的伟大的胜利，他们的足迹遍及全国二十二个省市，行程近五万里，培养了一批革命和建设的骨干力量。全国解放后,有的当了国家干部,有的当报刊编辑,有的当了美术学院的院长、专家,有的成为作家、学者。

(四)提倡全面抗战教育,改革不适应抗战的教育

国难日愈严重,陶先生的教育改革随即转入国难教育、全民抗战教育的理论与实践。

他根据全面抗战的民族解放战争的要求提出:"我们要有全面教育来配合全面抗战,以造成全面的军民合作与各党派、各阶层、各宗教、各职业、各民族之间的全面团结,以争取最后之全面胜利。"我们的抗战是全面的抗战,我们的教育也跟着抗战的开展而成为全面教育,教育应当配合抗战,教育的体现就是战时教育。

陶先生紧跟着中国共产党此时的发展战略,提出了抗战教育六大主张。

第一,从空间来说,不能只办后方教育,要把教育扩大到敌人后方,扩大到全中国、全世界。

第二,从教育的对象说,不只着重青年教育,而且要顾到老人和小孩子,把全国人民都动员团结起来,发挥他们的用处。

第三,要顾到随战事的开展而产生的特殊生活。比如有了伤兵和难民,就要有伤兵的教育和难民的教育,使伤兵在后方鼓民气、在前方鼓士气,把逃难的一群变为冲锋的一群。

第四,全面教育还要跟老百姓跑,走进他们的生活中去教育他们,使他们改逃跑为冲锋,走回来抗战。

第五,教育的行为是服务,而服务的行为也是教育,如在逃难的时候帮助老太婆要不使她跌倒,帮助小孩不使他踏伤,温暖鼓舞全国人民团结抗日。

第六,要顾到高深的研究,也要顾到目前需要的实用技术。教育工作在后方而教育的力量都要达到前方,达到敌人的后方。所授的课程的方法必须变更,以求抗战建国之用。

根据陶先生提出的抗战教育的纲要,生活教育运动者创办了《战时教

育》、《战时儿童》期刊，编著了"战时课本"和"抗战建国课本"，成立抗战教育研究会，下设工人工作队、伤兵工作队、难民工作队、战时小学教师服务团等，举办各种战时讲习班、宣传队等，开展实际工作，在延安抗日根据地、苏北、华中等根据地，编著抗战教材，举办师范学校、教育学院，建设大学教育系，培养师资。陶先生以国民外交的身份，在世界二十八国家和地区，大力宣传抗战教育，争取各国友人和华侨的支援。

（五）预测建国人才的战略需要，创办育才学校

陶先生在周游列国宣传和争取支援回国后，曾向蒋介石提出在大别山恢复晓庄大学，没有得到赞同。他预测到战后建设新中国需要各种建设人才，为了适应中国共产党的发展战略，以特殊而隐蔽的办法在国民党统治区的重庆创办了育才学校。

育才学校以中专名义出现，而包含有大专的艺友制、专家研究院性质的特殊的教育组织，举办了中专性质的社会组、自然组、文学组、音乐组、戏剧组、绘画组、舞蹈组等。相应招收具有高中毕业水平和一门爱好专长的艺友生，会聚了国内一流的专家学者，如诗人艾青任文学组第一任组主任，自然科学家孙锡洪教授任自然组主任，音乐家贺绿汀任音乐组主任，戏剧家章泯任戏剧组主任，画家陈烟桥任绘画组主任，舞蹈家戴爱莲任舞蹈组主任，社会活动家孙铭勋任社会组主任。

专家有陆维特、魏东明、舒强、舒霏、常学镛（任虹）、张水华、张望等数十人，形成各种高级学术研究组，形成高水平的研究力量。

中专生招收难民中有专长的少年儿童、烈士子女。这一批培育出来的人才都在新中国成为优秀的建国人才，其中有第一流的政治家、专家、教授、学者等。

三、为建设有中国特色的社会主义教育出力

我国现在正在建设有中国特色的社会主义教育，为建设有中国特色的社会主义服务，为培养一代新人而奋斗。中国共产党这个建设有中国特色的社

会主义教育的战略和路线方针政策是正确的,通过教育改革来实现这个伟大的建设也是正确的、必要的。我认为教育要面向现代化、面向世界、面向未来的战略要求,教育要培养有理想、有道德、有文化、有纪律的四有人才的目标也是伟大而正确的。但我们建设这样的教育是在有几千年封建主义,几百年帝国主义侵略,几十年来马克思主义运动中的左和右的教育思想制度方法影响下来进行的,这就给我一个严重的改革旧教育影响的任务。

生活教育的理论与实践工作者,就要在一方面为建设有中国特色的社会主义教育而努力,同时又要为改革旧教育、旧习惯势力而奋斗。

当前,尤应大力宣扬探讨和实施有中国特色的社会主义的教育战略路线方针政策而努力,尤要揭露批判当前突出的教育弊端而斗争。当前的突出的弊端有如下几个方面:

一是片面追求升学率。这个弊端是以"智育第一"为职能而实质上是否定全面发展的教育方针的,它的表现形式为专攻智育抛弃德、体、美、劳四育,办重点中学来实现其意图,加上教育体制上的弊端把大学生包下来,一进大学就进了荣华富贵的殿堂,迎合旧思想旧观念的需要。

二是旧的传统教育影响还相当严重。现在有不少学校教育以读死书,死读书,重作业,多考试,凭记分,来定升留级及毕业。教育脱离实际、学用不一致是其要害,这种教育既不能培养出国家所需要的人才,更摧残了青少年的身心。

三是不正之风侵蚀教育界的肌体。为了片面追求升学率,有些重点中学以它的特异功能获取升学的专长,吸引着一些升大学迷和家长的落后心理,明价暗价收取转升学金,每人人民币一千元至五千元不等,或以赞助为名由学生父母的工作单位每人赞助千元万元。有些党政机关尤其是教育行政部门,公开或暗中布置学校升学率要求,逼使一些中小学跟着走邪路。

四是党领导学校一切的体制还存在。有些中小学从教育的路线方针政策以至行政管理人事安排,仍然掌握在党的书记手上,这不但是违反了党在学校的作用是保证党的教育路线方针政策的贯彻,而且妨碍教育业务民主管理的进行,必须实行党政分开的原则和作法。

五是有些地区市教育行政统管学校,政校不分。有些地区市、县教育行政包管中、小学,而中小学校长只是教育行政长官或部门的执行者,毫无主动权,这种教育行政和校长职权不分的办法往往是外行管内行,造成学校的建设和改革都不利。必须实行校长负责制才行。

这只是当前教育弊端的较明显的,国家有关单位,如人大常委、国家教委、新闻界,教育界有识之士,特别是生活教育的理论与实际工作者正在为克服这些弊端而努力,希望关心教育事业的各界和家长学生共同来作好这一改革。

四、加强生活教育的思想和组织建设

时代在发展、世界在前进,为了适应建设有中国特色的社会主义新时代的要求,为了在竞争激烈的世界中成为胜利者,作为马列主义的一支科学力量的生活教育队伍,必须大力加强思想建设和组织建设。

在思想建设方面,应该加强马列主义基础理论的修养,解放思想,更新观念,加强对党的战略策略路线方针政策的理解和实践,应该加强调查研究(包括世界情况,国内省内地区本单位内的情况调查研究),作好党和国家的教育咨询和参谋,认真从事各级各类的教育实验工作,一方面为党和政府提供经验和借鉴,另一方面提高研究水平,加强学术活动同国内外学术团体学者交流经验,以便提高思想和学术水平。

在组织建设方面,珍重国家教委给中国陶研会作为直属教育群众组织的权利,福建省教委批准福建省陶行知研究会享有省直属教育群众组织的权利,加强组织建设提高会员的素质,以便能担任更重大的教育建设和改革的任务。

(原载于福建省陶行知研究会编《陶研通讯》1989年第1—2期)

陆维特

促进我国农村教改的新途径

安徽省黄山市陶行知研究会在休宁县溪口区实验一种最新的教改措施，名为农科教统筹协调进行，取得新的突破性成果，这对建设有中国特色的社会主义教育改革具有重大的战略意义。它是马克思主义的"教育与生产劳动相结合"培养全面发展的社会主义新人与党的十一届三中全会以来确立的教育目的、方针、政策实践的新模式，新道路。中国陶行知研究会于一九八九年十二月在黄山举行了"农科教统筹协调进行的研讨会"，并到休宁的农科教实验区实际考察，肯定了这种措施与方法是正确的，对我国的教改具有重大的创造性的意义，并建议国务院国家教委及各级政府与教委研究推广。

这种改革不仅适用于农村教育，也适用于城市及各级各类教育的改革。在工业区，可办工科教统筹协调发展的新型学校，它的原理是：第一，师生要参加农业或工业生产劳动；第二，依靠科技知能以发展生产，并培养学生成为有生产劳动知识和能力的政治素质良好的有理想、有道德、有文化、有纪律的德智体美劳全面发展的社会主义事业接班人。

为什么要统筹协调呢？它的优越性在于要行政业务和科技教育部门直接参与这个教育工作，例如农科教统筹就是要各级农委、农业厅局或相当于这个部门的行政业务（农业部门）参加。科技方面，就要科委、科协及实施科技"星火计划"科技人员，包括科技教学人员参加；教育方面，应包括党委、教育行政管理及指导教育活动的组织参加工作，以达成教育目的、方针、政策的实现。这个教改的新措施新方法，远在一九二六年陶行知先生就在《中国农村教育的根本改造》一文中就提出了"教育要与农业携手，与科学机关联络"的理论，并在他创办的"南京晓庄试验乡村师范"及后来发展为具有五个学院的大专师范性的晓庄学校，及其新属中心中学、中心小学、中心幼儿园、中心群众学校中加以实践。陶行知先生是一个革命家、伟大的人民教育家,政治上不断发展前进,由一个新民主主义革命家发展为共产主义战士、党外布尔什维克、万世师表、进步知识分子典型人物;他的"生活教育"理论是大教育理论,他的"生活即教育",主张每个人从生到老都在受教育,都有目的地给予教育适应社会发展的需要。在政治思想教育方面,在新民主主义革命时期,人们生活在新民主主义革命的生活中,人人都要受新民主主义革命生活约束,人人都要受这个时期的教育,过革命生活就成为革命者,过不革命和反革命生活的人成为不革命或反革命者。他的"社会即学校"认为客观存在的整个社会却给生活在这个社会中的人们以教育环境和条件,彻底地批判了"鸟笼式"的学校教育和杜威的"学校即社会"的理论。在教育方法方面,根据他的哲学思想"行是知之始,知是行之成",提倡以"做"为中心的"教学做合一"的教学方法,又以辩证的方法把教师和学生在教学中的地位和关系辩证地确定下来,"在做上教的是教师,在做上学的是学生"。根据陶先生的教育理论和逻辑,现在发展为农科教或工科教相结合是很自然的,他的这方面的理论和研究成果是可以为我国教育改革所借鉴的,希望我党政教育部门统筹协调起来,把教育改革进行到底。我们现在提倡的农业是大农业,它包括农、林、牧、副、渔。在我国社会主义建设中农业是基础,工业是主导。我国十一亿人口中有八亿多是农村人口。党中央、国务院一直把发展农业(大农业)使八亿多农村人民在物质文明和精神文明方面都得到进步发展,促进整个国家将经济发展、社会进步、政治稳定作为头等大事来抓。李鹏总理在一九九〇年三月举行的全国人大会上的工作报告《为我国政治经济和社会的进一步稳定发展而奋斗》中指出,一九九〇年十项工作中第一项就是:"集中力量办好农业,争取粮食、棉花等主要农产品有一个好的收成,促进农林牧副渔全面发展。""第三、在治理整顿和深化改革中推动科学技术进步,保证教育事业稳步发展。"而科技兴农是发展农业的重要途径,中央制定的"燎原计划"是发展农村教育的全面、长远而伟大的战略措施,通过发展、改革教育来培养人才和政治思想、道德品质、科学文化素质良好的农业劳动者，依靠科技进步，促进农业发展。创办"农科教三位一体"统筹协调的教育是实施"燎原计划"达成发展农业建设新农村的很好方向，是我国改革农村教育的一个合适的办法。要实行这"三位一体"的办法，必须以黄山市休宁县溪口区总结的经验为蓝本，即以发展经济为中心，以科技为动力，以农村职业学校（或其他教育设施）为载体，在经济、社会和教育综合调查的基础上，把区域性的教育规划纳入当地的经济、社会发展规划，把人才培养体系和科技推广体系密切结合起来，把经济发展和智力开发密切结合起来，通过统筹协调，上挂（教育科技机构）、横连（各行各业）、下辐射（广大农村家家户户），使农村经济、科技、教育各部门的人力、物力、财力得到综合利用、合理配置，各自发挥优势，相辅相成形成合力取得人才培养、科技开发和经济振兴的最佳效益，加速新农村的建设。

深化农村教育改革，必须纠正农村教育以升学为目的，以书本为中心，以淘汰为基本手段的弊端。根据上海南汇副业职业学校副校长黄秀芳同志的调查报导，她们县里初中毕业升高中的占45%，高中毕业升大学的占60%左右，每年有4500名初、高中毕业生不能升学回到农村，这些学生本应成为农业建设的生力军，然而，由于现行教育的错误导向，这些青年成了升学竞争中的失败者，带着被淘汰的心理，而且所掌握的知识又是一些基础文化知识，实际应用知识太少，这样相当一部分的青年贫于能力而富于欲望，其政治素质和实际能力都不适应农村四化建设的迫切需要，青年学生无辜，关键是教育制度的导向。

片面追求升学率不仅在农村教育中还存在，而城市的普通教育特别是重点中学初中和高中尤为厉害，这已经成为公识的弊端，在刚刚开完的全国七届三次人大会上，许多代表大声疾呼要克服这种弊端。我再一次呼吁迅速而有效地克服这种弊端。

福建省陶行知研究会赞同农科教协调深入教改开拓农村"燎原计划"的

新办法,并将在福建省教委领导下在闽清县白樟乡搞实施"燎原计划"试验,并号召我省地(市)、县陶研会有条件的单位也进行试验。

我们建议福建省教委派人到黄山市休宁县溪口区参观学习,在我省推行农科教统筹协调教改试验,并支持我会的先行试验工作。

(原载于福建省陶行知研究会编《陶研通讯》1990 第 1－2 期)

周志平编撰

蔡继琨

【题解】

蔡继琨（1912—2004），福建省泉州人，中国著名的作曲家、指挥家、教育家，中国第一位获得国际大奖的交响乐作曲家，开创了中国音乐家在现代交响乐创作领域的先河，被誉为"台湾交响乐之父"。蔡继琨一生与音乐结缘，在抗战期间更是为福建乃至我国的音乐教育事业做出了巨大贡献，他是世界上最年老的指挥家之一，被第三届中国音乐金钟奖授予"终身荣誉勋章"。代表性论文有《福建的音乐教育》、《抗战中的福建音乐教育》、《推行省会音乐教育计划》、《对于战时中学音乐教学的意见》等。

在《福建的音乐教育》一文中，蔡继琨就抗战后福建新音乐运动的历史进行了简略叙述，分别对音乐教育研究会、省会军政机关联合军乐队、福州抗敌歌咏队、音乐专科教员训练班、战地歌咏团、省政府音乐团、音乐师资训练班、华南女子学院音乐先修班、省立音乐专科学校、省党部的歌咏队等抗战后福建音乐团体的发展历程和主要情况进行详细介绍，并强调本省的音乐教育并不到此为止，应当好好利用已奠定的基础，使其发扬光大，以完成音乐教育的使命。此外，蔡继琨先生还就师资、课本、教具、推广等方面的问题提出自己对于福建将来的音乐教育的期望："希望在最短的期间内能够解决本省的师资问题，希望最近的将来能有较完善的音乐补充教材的出现，预备在最短的几年中能够解决教具缺乏的问题，希望音乐能普遍地深入民间、促进抗建的完成",并鼓励广大的乐运同仁一齐努力,共同促进福建音乐事业的发展。

蔡继琨在《抗战中的福建音乐教育》一文中,强调抗战对于福建音乐教育的重要影响,总结概括了抗战十八个月来福建音乐事业所取得的收获。他认为,抗战改进了一切,全中国的音乐界、福建的音乐教育在抗战的洪流中迈进到了一个新阶段。他指出,要"以人之长补我之短,或以我之长确定保留,使一乐器、一声音,均有其一定之标准尺寸及高低程度",以刻苦耐劳的精神,将音乐行动与政治结合。唯有如此,方能为中国音乐前途辟开一条光明大道。此外,蔡继琨从行政、音乐活动、推行与创作四个方面对抗战后福建音乐领域的收获进行总结。行政方面所经办的事业有音乐教育研究会之组织、举办音乐教员训练班、组织战地歌咏团、全省军政机关军乐队联合组织、分派音研会员出发服务、福建省政府音乐团的组织。关于音乐活动方面,提倡密切人民与音乐的联系,提出应合理利用节日、纪念日等闲暇时间举行各种演奏会。推广方面他则提出了制定工作计划、设立音乐询问处、指导选择战时音乐教材等措施。

蔡继琨在《对于战时中学音乐教学的意见》一文中,强调音乐是教育民众的一件很好的宣传工具,应当高度发挥其在战时的教育效能。基于此,蔡继琨以音乐教育工作者的身份,凭着个人的见解与战时客观环境的需要来阐述自己对于战时中学音乐教学的意见。蔡继琨提出,应当注意各种基本的学习,音乐指导能力的特殊训练及教材的选择。基本练习方面,蔡继琨强调应当重视视唱、听音、写谱、音阶、欣赏、器乐等基本能力的培养,指出各种基本练习的教学要有系统的进行,而且保有它们相互间的有机关系。音乐指导方面,蔡继琨提出要拿音乐做抗建工具来教育民众,要求音乐教师不仅要传授学生知识,还要授以发挥知识的能力,进而提出应重视教唱与指挥方面的特殊训练。至于教材的选择方面,蔡继琨提出应少选抒情的欣赏乐曲,避免较困难的合唱曲,不选外国文歌曲,不选过于深奥的歌词,少选外国旋律本国歌词的歌曲等几点建议。此外,蔡继琨还提出了战时中学音乐教材的缺乏、师资的缺乏、中学音乐钟点太少这些亟待解决的问题，并强调战时的中学音乐教学必须适应战时的需要，以求战时教学的实效。

福建的音乐教育

一

福建的新音乐运动，历史相当短，仅仅在二十六年才开始，现在还是在褓裸时代。但回忆这数年来的启蒙运动，觉得也有不少值得纪念和必须检讨的地方，现在把抗战后福建音运的小史作一简略的叙述，希望由检讨过去中，得到新的启发和教训，而作为将来的南针。

1. 音乐教育研究会——（二十六年十一月二十日）

这是抗战后，本省研究音乐教育的唯一团体，直属于教育厅。民国廿六年十一月二十日在福州成立，会址在省立科学馆内，这时期的名称是"福建省政府教育厅省会音乐教育研究会"，内设主席一人，指导员三人，干事三人。原冀藉此来集中小学音乐教员，民众教育处以及各歌咏队主持人来一个训练，预备将来作为推进音教的先锋队。训练内容分理论，唱歌，乐器三个部门。每周规定课余时间作集体研究和练习。会员有十八余人。这样的经过了几个月，会员们都非常的热心和诚意，在二十七年的元旦，开始第一次的成绩表演，举行三天的演奏会。这次演奏会规模的宏大，在本省算是空前的。演奏员除了会员以外，还有省政府军乐队四十余人，和华南女子文理学院等校参加，合计演奏员达三百余人。节目偏重于大合唱，演奏时间约有二小时，分别在福州天华戏院、文艺剧场和省政府礼堂举行。经过这一次成绩表现以后，一般人对音研会渐有很好的印象，政府也拨款派员到□□去买乐器，来充实本会的设备。直到二十七年六月间，教育厅战地歌咏团到沿海各县工作时，亦曾藉着这个机会，在沿途所经各县发动组织音乐教育研究会。当时为便于领导及指挥起见，因将省会音教研究会扩大组织，更改名称为"福建省音乐教育总会"，而以各县设立的为分会，直接由总会指挥监督。这时期的主要工作在组织、教导及材料的供给。可惜因为疏散的关系，省会迁闽中之永安，音教会跟着迁移，沿海各县学校也迁移在偏僻的村落，因此有些县份的音分会就在无办法之中停顿下来了，不过也有好多县份还干得很好，像莆田、龙溪、同安、仙游等县皆是。

2. 省会军政机关联合军乐队——（二十六年十二月三十日）

民国二十六年十二月间，省府及绥靖公署令省会所有军政机关军乐队合并练习，当时在福州有三队，即省政府军乐队（三十余人）、绥靖公署军乐队（三十余人）、陆军第××师军乐队（三十余人），合并起来有百余人，乐器也有百余件。除了每周分别在公共体育场及福州西湖公园音乐亭举行练习演奏，并分别予以个别的训练及指导，此外又开二天的演奏会，这个充分地发挥出军乐的力量。这是二十六年冬至二十七年春的事。二十七年夏因疏散，乐队也不能免，于是分了家，疏散到三个不同的地方。合并练习虽然是停顿了，笔者却还常常地视导他们和供给他们的材料，随后陆军新编第××师，第××师、省保安处也都先后的组织起来，还有中央第××补训处也有一队，所以我说军乐在福建，可以说已到相当可观的程度。

3. 福州抗敌歌咏队

这是由好多不同职业的人所组织的，队员中有公务员、银行行员、教员、学生，还有店员。他们是感到了抗战需要音乐而组织这个歌咏队，队员也有好几十人，经常在闽侯县党部练习，虽然程度参差不齐，然而由于诚意和热心，却有很好的成绩。这个歌咏队主持的人，是民众教育处音乐组的主任郑沙梅先生，曾经在福州文艺剧场开过了一次演奏会，内容因偏重于民众，故以齐唱曲为多，这次演奏会在迎合大众方面说起来，是获得相当的成功的。

4. 音乐专科教员训练班——（廿七年三月）

为了要调整小学音乐师资，教育厅就在小教人员训练所内办了音乐专科教员训练班，学员由各县保送全县成绩最好的小学音乐教师，带薪受训，旅费由县府津贴，膳宿制服等费均由所发给。训练期间三个月，毕业后仍遣回原县份服务训练，内容为简易的音乐理论与技术。像这样的训练办法可以说是很理想的，但是当时导师却成了问题，虽然只有一二个人，而学习进步的速率却是出人意料。到将近毕业的时候，上演了郑厅长作的歌剧《保卫大福建》，先后在福州南台天华戏院、民教处及文艺剧场上演。这种新的艺术由这群程度参差不齐的小学教师排演出来，人们总是用一副奇异的眼光来看待。第一期结束，毕业了六十四位学员，刚准备第二期的开始，厦门发出抗日的炮声，福建沿海燃烧着神圣的烽火，环境要暂停第二期的训练，于是计划调整师资也跟着搁置起来了。

5. 战地歌咏团——（廿七年五月）

这个组织我觉得非常的有意义和新颖，当时环境要求训练结束，同时也要求战歌团产生，所以战歌团的产生并非偶然，它真真地使音乐更广泛的推动起来，以她来奋发民心，鼓动士气，增强抗建的精神力量，这种工作是很实际的行动。团的组织设团长、团付各一人，教练三人，男女团员二十余人，按月由省府拨给经费一千二百元，包含旅费、办公费和团员的生活费。团员是由音教研究会和训练班的人员挑选出来的，六月一日离开了福州，遍巡闽南沿海，经闽西北返福州，工作历四个月，却只用三个月的经费，可见当时节俭和吃苦的情形。因为是采用巡回工作方式，所以一天走百余里是常有的事，还有夜间走路、整天不吃饭走路竟都成了习惯。至于工作内容呢？是与战地及后方各种抗敌团体、教育机关及民众组织作有机的工作配合，随地建立歌咏队来推广抗敌宣传，举行抗敌歌咏会、街头歌咏，化装游行歌咏，教导各学校部队社团的抗敌歌曲，组织音教研究分会。对于这次的工作，有着很好的反应，也才真真看出音乐的力量。所以生活虽是痛苦，而精神上的安慰足够使我们忘记痛苦，有好多安慰是从对象——民众和军队的良好反应得来的。战歌团工作了四个月便结束了，但是照目前各县对音乐教育歌咏运动那样热烈的爱护和提倡，战歌队的继续和无继续是一样的。

6. 省政府音乐团——（廿七年十月）

那是直属于省政府的一个纯音乐团体，成立于廿七年冬，成立的目的是在于集合一群有音乐素养的男女同志，经常作合唱和器乐等的学习，预备作为将来领导音教的干部。团员共有三十人，在质的方面是相当的够我们所希望的，尤其是合唱，曾经在文山女中举行过一次音乐会，后来接到省府命令改为南洋侨胞慰问团，又在文艺剧场上演歌剧《抗战声》，获得意外的成功。在岷里拉也以合唱轰动一时，KZIB广播台也邀请播音，几个月后这个团完成了它的任务回国，回国后就结束了。

7. 音乐师资训练班——（廿九年二月）

自廿七年第一期音乐专科教员训练班结束了后，无时不想继续未了的调整师资的工作，当局也同样地感到有这样的需要，于是就在公务人员训练所内开办了音乐师资班。这次的办法除了膳宿制服等费和以前一样由所供给及抽调小学教员训乐外，略有不同的地方，就是训练范围更扩大，除了小学教员抽调外，中学教师也调训；除了调训者外，还有招训；除了学校师资外，还有社会师资。共有五班，百余学员，经费相当充足，乐器也勉强够用，导师也请了李树化、叶葆懿、邵家光诸先生。学校周围的环境也很好，后来本省举办省立大学曾有把音训班归入大学为音乐专修科之议，最后脱离省立大学，直属于省政府为"福建省政府音乐师资班"。

8. 华南女子学院音乐先修班

华南女子学院对于音乐，在未办先修班以前，已经是相当的注意，而且在教授邓锦屏先生等努力领导之下，表现出很好的成绩。这一次也同样地感到需要，开办了音乐先修班，经费是由省政府津贴一部分，预料将来必有很好的成绩。

9. 省立音乐专科学校——（廿九年四月）

省立音专的成立，乃由福建省政府音乐师资班演进而来的，也就是由公务人员训练所音乐师资训练班演进而来的。在接到教育部认为"办理音专事属可行"的电报以后，省府立刻拨出开办费六万元，命令创办音专。因为是由音师班改换过来的，故除了行政机构和学制变换一下，其他也就毫不费力地把音专的旗帜树立了，并且很快地招了一班本科预备生。是年五月的十六、十七、十八三日分别在参议会、永安剧场举行了一次学习报告，除了合唱之外，有本校教师的表演，还有新创管弦乐队的演奏，及传名已久的诗剧"悲壮的别离"的演唱，总算获得了相当的成功。

第二学期增设了师范专修科，还奉令附设一个"中学图画劳作师资进修班"、一个"乐器制造厂"，规模较前宏大，乐器厂能自己制造钢琴、风琴、本国打击乐器。在学校日常乐器以及各级学校乐器修理及管理上有许多利便。学校为了范围日广，组织也较前扩大，现在一共有三处（训导处、教务处、总务处）、两室（会计室、编译室），编译室的设立希望能多多编印音乐图书教材，介绍欧西音乐，以供参考。

最近又设师范科，招收初中毕业生，予以五年训练，使其成为师资人才。还另设先修班，利便一般有音乐兴趣而来具有相当资格的学子。

10. 其他

省党部的歌咏队、各地抗敌会宣传工作团的歌咏队、民众团体的歌咏队，自抗战以来正如雨后春笋，也都非常努力，充分地发挥出各自的力量。

由上面几段简单的叙述，我们可以晓得，从事音乐教育的人是不断地在努力，而本省的音乐教育也不断地在进步，进步到现在外地的音乐家到本省来做事，外地的学生到本省来学习音乐，而本省的音乐材料却供给到外省去。但是本省的音乐教育并不到此为止，我们也不感到这样就满意！应该好好利用这个已奠定的巩固基础去努力，使她发扬光大，使她的前途更光明，完成音乐教育的使命。

二

现在我且把我们对于将来的音乐教育的希望简略地来叙述一下：

1. 师资问题

音乐师资的缺乏成为普通的现象，不但质不好，就是量也不够，形成这种原因的，固然在于音乐人才的过分缺少，学校音乐教员没有专任也是一个很大的原因。以后学校方面聘请音乐教员应为专任，不应以时数计算待遇。同时应注意音乐教员的培养与训练。前者只要政府一纸命令就可以办到；后者现在已经做到了，培养方面，有省立音专的本科与师范科，训练方面，也有师资训练班。所以我们希望在最短的期间内，能够解决本省的师资问题。也惟有解决师资问题，才能切实地推行音乐教育。

2. 教材问题

在荒芜的本国乐坛，教材的缺乏恐怕是到处皆是，这却是一个很严重的问题。较高深的声乐曲或器乐曲还可以从外国大搬进来，幼稚园、小学和中学，那就是很少能搬得来，更少搬得适合，要找一本好的理论课本也非常困难。没有材料来空费嘴舌是不会有好结果的，所以现在最使音乐教师们伤脑筋的就是教材问题。各个学校差不多都用抗战歌曲作为歌咏的材料，然而抗战歌曲唱来唱去也只是那几首，少得可怜，能够适合程度的更少。因此一首歌从小学到大学一样的作为教材，多少儿童的声带是断送在这无理教学之下！所以我们希望最近的将来能有较完善的音乐补充教材的出现，来解决当前这个严重的教材问题。

3. 教具问题

"工欲善其事，必先利其器"！现在学校的音乐设备是谈不到的，不要说其他的设备。就是最起码的一架风琴吧，恐有一半以上的学校是没有的，而且有一部分还是破旧到弹不出声音来，如此在教学的时候，对辨别学生音的方面是否错误、是否准确，根本就不可能。由此我们认为乐器是非常重要的。但是一时叫我们把多种的乐器都充实起来，设备起来，事实上是不可能的，但是起码应备的乐器非有不可。本省已举办乐器制造厂，先制造打击乐器和风琴，预备在最短的几年中能够解决教具缺乏的问题。

蔡继琨

4. 推广问题

音乐不是要"金屋自藏",换句话说,"金屋自藏"的音乐就是无生命的音乐,音乐要不脱离大众才算有生命,才能发挥她的真实力量,也才是人们所需要的音乐。但我们如何使她能很密切地接近大众呢?这有两种办法,一种是行政机构,一种是音乐活动:前者我们希望将来各县能设立民众音乐馆或各县有音乐指导员,经常的教导民众,切实的接近民众;后者我们希望各地歌咏队能常常下乡工作,学校常常举行演奏会,这种活动的收效是太大了,它能迅速地增强推行音乐教育的效率,我们希望能有计划地实行起来。

最近省立音专曾举行一次春礼劳军巡回大演奏,在短短的一个月里巡回闽东南十三县。演奏团所到之地,听众拥挤,较之过去相差甚远;而各地长官热心协助,不遗余力,由此足见新音乐运动已引起一般人的注意,这也可说是几年来的收获。

我们深信福建音运已找到新的生命,她有着灿烂的前途,但是上面说过这仅是过程中一个跃进的现象,离成功还很远。福建的新音乐运动者正需要多多的努力,我以为我们至少应该做到下面几点:

(1)普遍的深入民间:使音乐不为某一阶层所特有,每个人都能享受到音乐的熏陶,提高生活的趣味。

所以新音乐者应研究明了民间风俗,把音乐作为转移风气的药剂,去潜移默化,养成新的风尚。

(2)促进抗建的完成:帮助社会一切建设事业的猛进,促进抗战的胜利,是今天音乐家的使命。音乐的力量不能具体地表现于数字,她只能潜存于每一个人的精神里,有良好的精神才能完成伟大的事业。

在军事上,今天需要广大的机械化部队、空军,同样的,音乐界今天需要更有力的音乐和推进乐运的部队到每一个角落去。

所以我们今天迫切地需要更广大的音乐团体的组织、更复杂的管弦乐队和广大的音乐工作者。现有的工作不能使我们满意,现有的设备离我们的理想还很远，现有的组织也不够强，我们现在要怎么去为将来的乐运，奠下一个更好的基础呢？这无疑的，是需要广大的乐运同仁的努力的。

（原载于《改进》第五卷第一、二期合刊）

抗战中的福建音乐教育

一、抗战改进了一切

"抗战已改进了一切"！全中国的音乐界，也都无不在这抗战建国的大道上，建树起一座坚强有力的艺术堡垒。福建的音乐教育，也在抗战的急激洪流中，开始迈进另一个簇新的阶段了。这是中国音乐的新生，是很可庆幸的一宗事。听："抗战的旗影在飘，抗战的号声响了，这是民族生死的关头，这是我们献身的时候……"

雄壮而嘹亮的歌声，现已响彻在每角落的中华国土。每个中国人民，不管男女老幼，也已都愿从他们的心坎深处，发抒一种能够表达最高情绪的呼声了。

我们知道：音乐是生活的一环，非战时固需要音乐，战时更需要音乐。不过所谓"战时音乐"者，究竟和非战时有点两样。因为在抗战的过程中，一切社会意识已趋集中化了、单纯化了，我们全国上下一致的希望，是要如何把敌人赶出国土，要亦惟有把敌人打败了，我们才有办法生存。这是社会特殊的情况，也是目前每个中华国民的共同要求。故现代的音乐，她就须循这自然的需要，负起新的任务，从事新的建设，以反映时代背景，协调生活，培植抗战情绪。自然，一切纯主观的、与抗战没有直接关系的，便要慢慢减少，或归于淘汰，至于那些靡靡之音的所谓爵士音乐，必然地更要被大时代的火轮所毁灭。

我们绝不轻视中乐，我们也不是西乐至上主义者，我们欢迎的是能以中国固有文化为基础，自行创作一种适合于现时代所需求的作品出来。对于眼前市上流行的那些"救亡歌曲"，我们未尽认为满意，因为欲开拓这已荒芜了的中国乐坛，及建设"战时音乐"的理论与实际，明眼人当知道不是只依靠几本口号式的歌词所能完成任务的，我们还应当作进一步的探求。

中国是个文化悠久的国家，在周代，"书诗礼乐"倡明，音乐已有很好的成就，其后的政治家亦常有名言谠论，提倡不遗余力，唐代乐章之盛，据史籍记载，真是懿欤盛哉的。降及宋元，渐见式微，此固由当时习尚有所偏颇，但"知而不行"与"学而厌倦"，却是一个最大原因，驯至古乐绝响，流于失传。迨西乐输入以后，国人又好习时髦，且厌旧喜新之心人皆有之，遂一致弃国乐而从西乐。惟所学多系皮毛，能认识音乐境地者，究竟稀少。故中国乐坛，便成为一种破碎支离的局面，各言其是，意见纷歧，甚或理论不确，东抄西凑，非常可怜，这是需要根本上着手纠正的。音乐原无国界之分，所不同者仅些枝节问题而已，是故吾人研究音乐，应以大无畏的精神及坚忍的态度，绝无私见的搜罗尽致，不偏不颇，把各方音乐理论，合一炉而冶之，交相研究，以人之长补我之短，或以我之长确定保留，虽使一乐器、一声音，均有其一定之标准尺寸及高低程度。夫而是，方能为中国音乐前途辟开一条光明大道，树立永久的音乐基业。

我们的音乐界现已站立于抗战建国的时代前头，我们唯一的精神是刻苦耐劳，以求我们事业的进步，同时我们的行动更应与政治配合起来，异途同归的向我们共同目标前进。

二、十八个月的收获

现在让我们先来检讨全面抗战十八个月来本省音乐是怎样的一种情形。为便于行文起见，特分条胪述于下：

1. 属于行政方面：自卢沟桥炮响，全面抗战序幕揭开之际，福建位于国防最前线，一切措施，自不能不有相当之准备，音乐虽非物质，无关国防，然以具为精神食粮，足以增强抗战精神力量，提高民族意识，故亦为当局重视。当全面抗战烟火燃烧之初，教育厅除调整所有全省文化机构，及遵照部令发动战时教育外，对于音乐一道，便亟谋改进，一面延聘音乐人才，共商研讨，以为推动战时音乐之准备。笔者即以此时奉命派充该厅指导员，着手负责办理一切音乐行政事宜。由廿六年十一月起，我们所经办的事业有这几种：

（1）音乐教育研究会之组织——这是福建省政府教育厅的一个直属机关，为全省音乐唯一研究机构，成立于十一月二十日，初称"福建省政府教育厅省会音乐教育研究会"，原冀借此集中省会中小学音乐教员、民众教育处，及各歌咏团主持人先为训练，以作推进之先锋军。训练内容分理论、合唱、教育、器乐等部门，每周并约定课外若干时间，以为实际训练及理论探讨。嗣战地歌团出发工作后，并借此机会在沿途各县发动同样的组织，为便于领导及指挥起见，因将省会研究会扩大组织，并更改名称"福建省音乐教育研究总会"，而以各县设立者为分会。在这时候，我们的主要工作，即侧重于音乐教育之行政、教导工作，及材料供给等项。直到现在，这会还在继续进行中，已成立分会的县份，计有福清、莆田、仙游、惠安、晋江、同安、龙溪等县，其余也在纷纷筹备中。

（2）举办音乐教员训练班——（二十七年三月至五月）这也是教育厅创办事业之一，因为我们认定小学为一切教育之基础，一般音乐教师如无相当之修养，决难有美满收获，且小学教师尤其是最接近民众的阶层，更应当具着深切的认识，以免以讹传讹，误己误人。该班训练期间三月，训练内容为简易的一般音乐理论与技术，期满遣送原县份服务。

（3）组织战地歌咏团——上述两种训练与组织，为整理本省音乐教育的开端，如果要普遍推行，及以音乐为宣传工具，来奋发民心、鼓励士气、提高爱国情绪，并增强抗战力量，使得进一步作实际行动，如战地歌咏团的组织，那时的客观环境，也确需我们有此组织。这团体成立于五月十二日，六月一日由福州出发，遍巡闽南沿海，经闽西北返榕，工作历时四阅月，工作地经十八县，其工作要项约有：

与战地及后方各种救亡团体、教育机关、民众组织，作有机的工作配合，以发挥其效能；

随地建立歌咏队，以推广抗战歌咏的工作；

协助推动组织民众，动员民众；

参加救护、救济难民等战地实际工作，以充实其内容；

举行抗敌歌咏演奏会；

举行抗敌歌咏演奏游行；

举行歌咏话剧慰劳会及化装宣传；

教导各学校、部队、社团之军歌及抗敌歌曲；

歌剧话剧之表演；

组织各县音乐研究分会。

（4）全省军政机关军乐队联合组织——按全省军乐计有三大队，即省政府军乐队、驻闽绥靖公署军乐队、陆军第八十师军乐队，全体队员计百余名。此种联合组织在本省音乐史上固属空前，全国亦所罕见，除每周分别在公共体育场及西湖公园举行公开露天演奏外，并分别予以个别训练及指导，同时并供给新颖乐曲，使成为军乐之模范队。继此而组织者，有已在龙岩成立的新编第二十师军乐队，及在组织中之陆军第七十五师军乐队。

（5）分派音研会员出发服务——战时音乐自经我们发动与推进以后，不到几个月，各地音乐界便如雨后春笋般地发荣滋长起来，因此音乐人才发生恐慌。那时省垣各种训练所尤特别的多，如保安干部训练所、县政人员训练所、小学教员训练所、义教师资训练所等都有同一感觉，我们因派遣音乐研究会会员分赴各军政机关训练所暨各部队担任教授，使整个的福建音乐界作有机的联系。

（6）福建省政府音乐团之组织——为省政府直属机关，成立于二十七年十月间，全体男女团员计三十人，挑选全省音乐中坚分子充之。着重技术之训练，造就专门人才，以为音乐教育之基石。

2. 关于音乐活动：提倡音乐，首在使人民与音乐发生关系，如何可以引起其兴趣，及如何促进其学习情绪诸问题，俱为吾人所不可不预为解决者。夫如是，音乐教育得以普及，方不为一般有闲阶级据为专有物，仍蹈昔时覆辙！本省当局对于音乐活动事业十分重视，举凡一切能与民众接近及鼓励其爱好音乐之活动者，无不尽力为之。除各项组织经常之活动不计外，又另利用闲暇时间、节日、纪念日，举行各种演奏会，兹纪其事于后：

（1）音乐演奏会——将音教研究会研究所得，公开贡献于听众，为本省最大规模的演奏会，参加者除音教研究会会员外，尚有各中学学生，都三百余人，音奏乐队四十余，节目有大合唱等，历二小时，共举行三天。

（2）军乐队联合演奏会——演奏数次，正式招待来宾听众，将数月来练习的各种乐曲全部呈献于听众之前，借唤醒人民认识军乐及在抗战中的地位。

（3）儿童音乐演奏会——于二十七年儿童节举行，省会（福州）各小学校团体参加，节目繁多，盛况空前。

（4）捍卫国家火炬大游行——以省会各音乐团体及军政机关各训练所为主干，集合各学校各团队参加，火光绵延达二三里，本省歌咏火炬游行之推进，以此为嚆矢。

（5）雪耻兵役宣传演奏会——于廿七年五月间响应中宣部雪耻兵役宣传周，邀请省会各音乐组织及团体等，作大规模之演奏。

（6）歌剧演奏会——这是一个尝试，在福建音乐艺术史上，甚至在中国之音乐历史上，这种歌剧的演出，还算是创举。它是根据西方的音乐理论以充实东方歌剧新形式的一种创作。此种歌剧既无旧经可循，又因公演时间匆促，一切的筹备都较草率，演员之选择，亦煞费周章，计在城内、南台、马尾各演一天，剧名为"保卫大福建"，即"精神团结"。

（7）音乐团演奏会——为福建省政府音乐团成立以来之首次演奏会，于廿七年十一月二十三日假福州文山女中举行，节目有歌舞、中西器乐、话剧、歌剧等。

（8）其他：

A. 战地歌咏团出发宣传时，指导沿途各县成立音教分会，并举行演奏会；

B. 发动各地抗敌后援会歌咏团，歌咏队游行演奏；

C. 指导各学校举行校内演奏会，及各机关社团之各项化装歌咏宣传。

3. 关于推行及创作：有了组织及活动分头并进的推行，虽说对于发动战时音乐已尽了相当的贡献，但这是还不够的。因为组织是属于行政方面，而活动则是种鼓励的方法，假如我们停顿在组织的阶段，不再上进、推广其范围、充实其内容、各项之建设及进行均予以详确之指示，则终归徒然，无所成就。尤其重要者，即在于材料之创作与供给。盖当此抗敌高潮中，一切既成音乐教材多不适用，新出版的又如凤毛麟角，故一般音乐教师均感彷徨歧途，无所适从。我们以职责攸关，爰尽一得之愚，略为贡献，其工作情形如次：

（1）推广方面。每月由音教研究总会制定工作计划大纲颁发各县施行；设音乐询问处代为解答一切繁杂问题，或学理的探讨；编印战时中小学音乐科教学法分赠各地中小学校；指导中小学校音乐教师选择战时音乐教材，并详示其选择之标准；选择国内战时音乐论文及有价值之歌曲供给作为临时补充教材；编印小册指导各县注意下列情事；如何教导士兵及民众抗敌歌咏，如何发动及组织部队歌咏队及民众歌咏队，如何举行歌咏游行演奏，如何举行街头演奏会，如何举行音乐演奏会及其他。

（2）创作方面。儿童打击乐：利用中国的乐器如木鱼、锣、鼓、钟、钹等数十种，配以自创简明易知之乐谱奏，可作为歌咏之演奏，亦可单独演奏，颇新颖动人，且教学容易，儿童最感兴趣。

中国歌剧：详前述。

声乐曲：声乐曲先后完成者有：郑贞文编的抗敌歌集二册，郑贞文作词，音教研究会员作曲；陈主席言行歌曲集，以陈主席平时之言论编成，由音教研究会会员及笔者作曲。

军乐曲及其他。

十八个月来抗战中的福建音乐教育，据我们所知道，就如上述。自然还有许多事迹，因限于时间及材料，未能尽量列入，如各县音乐的进展程度如何，学校音乐教育如何步上改进的途径，以及各县抗敌分会领导下的歌咏队组织状况及活动情形等，俱付阙如，只好待以后陆续作较详细的报告。

（原载于《星焰旬刊》第四期）

对于战时中学音乐教学的意见

在这抗战的时期中，对于激发民众的民族精神，振奋民众的抗敌情绪，发挥民众的抗敌力量，谁也认为是刻不容缓的工作。现在我们忠勇的将士已在前方奋勇杀敌，为捍卫国土、争取民族生存、保障世界和平而浴血苦斗着，血的事实昭示着我们已发挥了无上的民族精神与抗战力量了。但我们知道在全面抗战的意义上，我们还有许多伟大的民众力量，尚在潜伏的状态中，我们应该在这个神圣的民族解放战争中，把这些潜伏力量一齐发动起来，以求达到抗战的最后胜利，而这力量的发动，音乐实具有无上的功能。从好多在各地从事民训工作的高中学生的报告里，一样的称说音乐是教育民众的一件很好的宣传工具，就足以证明音乐的教育力量；而且在这抗建的工作上，音乐更将发挥着它的伟大的效能，这是谁也不能否认的事实。为要使音乐在战时高度发挥其教育效能，除了应该去研究的好多音乐部门外，关于中学的音乐教学也需要作一番切实的检讨。

抗战中的中学生是直接参加到抗建的队伍中了，他们一部分是暂时离开学校去做民训的工作，一部分是一面学习一面做其他宣传的工作，他们正在

蔡继琨

准备着训练民众、动员民众的工作能力，因此音乐对于中学生，不只是在精神教育上具有培植健全人格、坚强民族意识、激发奋斗精神等伟大作用，而且还给予他们一件教育民众的最有力的工具，所以战时中学音乐教学问题是更有提出研讨的必要了。我个人虽然对于中学音乐教学没有特殊经验与专门研究，但我很愿意以音乐教育工作者的地位，凭着主观的见解与战时客观环境的需要来阐述我的一点意见，以供中学音乐教师参考。

一、注意各种基本的学习

普通中学生的音乐程度真是太差了，不但是对于浅近的乐理未曾涉猎一二，就是对于旋律和节拍也都不认识，至于乐曲的表情，那更谈不到。这不能不说是平时中学音乐教学的失败，而这失败的因素，就是平时教学上忽略了基本学习这一种课程。战时的音乐教学，为适应目前的迫切需要，固然是急不暇待，不能在短时间内专讲各种的理论，以充实学生的音乐素养，提高音乐□□，因噎废食地忘记了音乐教学□□□□□□的实际运用方面。然而培植音乐基础素养这种基本练习却是一点也不能放松的，否则单纯的教学生学习了几支歌曲，即使训练有素，而他们所有的也就只是这几支歌曲，所生的效力是太有限了；而且基本练习是学习音乐的起码条件，没有这起码条件，就连唱也不会唱得好。一支庄严或雄壮的曲子，常常因为唱的技巧问题而把它表情成为一支轻浮柔媚的曲子，所以说一支很好的曲子，如果是不按照词意和曲的本身的要求去唱，那就等于一场吵叫的噪音，而完全失却其价值，这是不必懂得音乐的人，也能体会到的事实。所以我以为战时的中学音乐教学不必矫枉过正地去专讲乐理的学习，而且这也是中学课程时间上所不允许的，但最低限度的几种基本道理，却绝不可偏废，最少须要注意到下面的几种基本练习，其时间要占教学时间的百分之五十以上：

视唱的练习，听音的练习，写谱的练习，音阶的练习，欣赏的练习，器乐的练习（一种简单乐器的练习，风琴、口琴或其他易于办到的乐器），简单指挥的练习，旋律的练习（单音旋律写作的练习）。

以上各种基本练习的教学，要有系统的进行，而且还□保有它相互间的有机关系，无论在纵的方面或横的方面，若不是有机的统一着，则费时多而实效少。

二、音乐指导能力之特殊训练

要使音乐在战时尽数发挥其伟大的效能，音乐教育的范畴必须从学校教育推广到社会教育和抗建工作上去。把音乐当作教育工具而把它禁锢在学校教育里面，这是把音乐教育的意义打了一个很大的折扣。现在及将来，每个中学生都是民训工作的生力军，他们很显明地需要音乐来做训练民众的利器，因此他们也就不只是在学校里受到了音乐教育就算完事，而且还要拿音乐做抗建工具来教育民众。所以在战时的中学音乐教学，因为教学目的的转变，教学方式也不能不跟着转变，我们要求中学音乐教师在灌输学生一般的音乐知识的时候，还须授以发挥这种知识的能力，换句话说，就是予以工具，还要教以运用这种工具的方法。我以为每个中小学最少须有下面几种特殊的训练：

1. 教唱的练习：在教师的指导辅助下，令学生将已习的歌曲在课堂内轮流练习教唱，这种练习要循序渐进。教材方面要从教在课堂里所熟习的歌曲，进而教各人自己所研习的歌曲。其教唱对象，可从教本级的同学，进而教别级的同学，再进而教小学的学生和社会的民众，但这里教师的辅导是要特别注意的。

2. 指挥的练习：歌咏队的组织在目前是应着需要而相当的普遍化，且已表现其不可忽视的宣传效能、教育效能了。无疑的，我们要使这种组织更加普遍，内容更加充实，作用更加伟大，指挥的人才是发生问题的。因此训练中学生的简易指挥能力，也成为目前中学音乐教学上的一个重要节目，这一种教学要和教唱联合进行，而尤须注意特殊人才的训练。

三、教材之选择

对于战时音乐教材的选取，我也有几种意见。

1. 少选抒情的欣赏乐曲：艺术是社会生活的反映，音乐也不能例外。把音乐单纯的看做享乐，这是毁灭音乐生命的错误观念。在这民族抗战的时期里，音乐要能写出被压迫民族的吼声，来鼓起四万五千万人的火烈的抗战情绪，争取最后的胜利，才是我们现在所需要的音乐。这就是说我们现在所需要的是"马赛曲"一样的东西，而不是圣母颂赞一样的东西了。所以我说目下的中学音乐教材，应该少选专供欣赏用的过分抽象的歌曲，而多采取足以表现民族精神、鼓舞抗敌情绪、发扬民族文化、增进爱国观念的教材。

2. 避免较困难的合唱曲：合唱曲本来是应该提倡的，怎样倒反而主张避免呢？这有三个原因：（1）难唱难学。教学合唱曲费时多而收效少，在战时我们不能作这种时间上的浪费。（2）不够大众化。我们国民音乐水准相当低下，十足的带着西洋风味的合唱曲，是不易得到大众的欢迎，且其难唱难学的程度，亦足以阻梗音乐对大众的启发与社会音乐教育之推广。（3）欣赏的成分多而教育的成分少。这显然是不合于上项的教材选择标准的。有了上述的三种原因，所以我主张中学的音乐教材应避免合唱曲。

3. 不选外国文歌曲：过去许多中学教师因为兴趣所需，或因感到教材的缺乏，每喜采用外国文歌曲。不知一国有一国的民族性，而其音乐亦各有特殊的作风，专门研究音乐的人固须多多研究，借资观摩，以吸收他人之长处。而执是以教初学，实是过于忽略音乐教学的目的了，何况一般中学生所喜欢的，还是那些词句上含有多量爱情意味的电影歌曲呢！这种错误在平时已应该避免，在战时尤须注意纠正。

4. 不选过于深奥的歌词：普通选取歌曲，只注重旋律而忽略了歌词，这是一种错误。其实歌词在一支歌曲上是有其本身的作用与生命的，歌词的好坏会影响到歌曲的全体。单依靠旋律的刺激，而抹杀了歌词在乐曲上的作用，给学习者及演唱者单会唱而不懂得歌词的内容，不但在情绪的激发上会减低其效果，而且失却一支歌曲的原有价值。所以歌词与其失之深奥，毋宁失之浅近，但所谓浅近是指明畅易晓，而不是浅薄卑劣之谓。总之必须具有民族色彩，合于大众意识与口味，易为大众所明白的歌词，且有极度冲动感情的旋律，才是我们战时所需要的音乐。

5. 少选外国旋律本国歌词的歌曲：歌曲是一种语言，而这种语言加上艺术的修饰，使它更有力的直接感动人。所以一支歌曲的价值如何，除了歌词本身的好坏外，那就全在艺术的修饰的合理不合理，就是说把旋律配得与歌词是否相称。但是有好多人把现成的外国旋律来配上中国歌词，唱起来虽也好听，然而唱的是什么却莫名其妙，十曲中总有八九曲是根本没有办法配得和合的。因为字句上、词义上、音韵上都未能吻合，曲走曲的路，词走词的路，演唱出来终于使人家听不懂，使人听不懂的歌曲就失去了它的艺术价值，我们当然不需要已失去艺术价值的歌曲。

写到这里，感觉到三个问题：一是战时中学音乐教材的相当缺乏。这一点我热望我们的音乐界多多的提供这种材料，以应目前的急需，为创造我们的国民乐派，表现我们民族复兴的情绪而共同努力着。二是师资的缺乏也是一件很值得注意的事情。现在的中学音乐师资，非但是质不好而且量也不多，普通学校要找到专任的音乐教员，已是难乎其难，甚至有的学校索性把音乐课废去，或由其他对音乐较有兴趣而不懂得音乐的教员兼任，这种以"不了了之"的情形是太普遍了。唯一的补救办法，只有加紧作一种短期的训练，质的方面不妨略为降低，量的方面却非够分配不可。所以训练中学音乐师资是目前急不容缓的一项工作。三是中学音乐钟点太少。以一星期一二小时的音乐课，要做到上述的各种学习，那的确是相当的困难，这一点我热望着当局能增加音乐课的时数，以弥补这个缺陷，也可以把过去消沉的音乐教育振作起来，充分的发挥它的功能。

总之，战时的中学音乐教学，必须适应战时的需要，在教材和教法上均应加以检讨，以求战时教学的实效。恕我在这里只能提供我的一点意见，愿贤明的中学音乐教师们和音乐家们，能从这方面多多的实验、研究、讨论、改进，以求实际教学上之进步。

（原载于《教与学月刊》第五卷第六期）

陈竞君编撰

陈本铭

【题解】

陈本铭（1920—1993），广东潮州人，福建师范大学教育系教授，硕士生导师，教育史研究室主任，主讲中国教育史并参加筹建福建省高等学校第一所业余大学。对中国教育史的研究有很深造诣，曾任全国教育史研究会理事，福建省陶行知研究会常务理事，《中国教育家评传》编委，福建省教育史志研究会顾问。陈本铭治学严谨，论述精辟，发表过大量学术论文，代表作有《〈苏区教育史〉评介》、《试论孔子教育思想——兼论五四时期"打倒孔家店"口号》、《论张謇的教育思想和办学活动》等。他研究关注中国古代及现代教育家及其教育思想，聚焦教育与政治运动的关系，并通过教育名人的教育思想反映出当时的社会政治状况。其专业著述多写于20世纪中后期，在中国经历诸多重大政治变革之时，他采用历史分析的方法，通过研究教育家的生活背景、时代特征和社会活动，强调阶级分析和历史唯物主义的方法，以揭示教育思想背后的社会阶级根源和政治倾向。

在《〈苏区教育史〉评介》中，陈本铭高度评价了《苏区教育史》一书，认为："过去几年曾陆续发表过零星的、片断的叙述，但未见有过系统的、细微的著作问世"，该书在构建苏区教育理论体系方面的贡献，填补了苏区教育研究的空白；"苏区教育是在党的领导下，在革命战争年代，各个革命根据地产生和发展起来的人民教育事业，积累了丰富的经验，足供我们借鉴"，如教育与生产劳动相结合、注重政治思想教育等,这些经验对于当前的教育事业仍具有重要的借鉴意义。同时,陈本铭客观分析了苏区教育存在的历史局限性,如受"左"倾路线影响导致的某些失误。整篇文章展现了陈本铭对教育史研究的深厚功底和独到见解。

陈本铭所撰写的《孔子教育思想试评——兼论五四时期"打倒孔家店"的口号》一文,参加了1979年在北京召开的全国纪念五四运动六十周年科学大会。该文揭示了孔子教育思想的评价及五四时期"打倒孔家店"口号的背景与影响,在文中对孔子教育思想进行了客观分析,既肯定了其积极面,如"仁"学思想的进步性,也指出了其保守性和局限性,如为奴隶制服务的政治主张等。结合五四时期的社会背景,陈本铭讨论了"打倒孔家店"口号的提出及其对社会思潮的冲击;通过对孔子教育思想的再评价,他呼吁以历史唯物主义和辩证法的态度看待传统文化,既继承其精华,又剔除其糟粕。

在《论张謇的教育思想和办学活动》一文中,一改学术界从政治立场和经济思想角度对张謇的评价,陈本铭试图从张謇的教育思想和办学活动方面加以探讨。张謇作为"民族资产阶级上层人物,在政治上是立宪派的主脑",力主改良,希望在不触动封建统治的基础上改革政治,发展实业。在教育上,张謇强调普及教育的重要性,主张通过师范教育培养师资,并重视实用人才的培养。其办学活动不仅体现了资产阶级上升时期对实用教育的需求,也反映了他与封建主义和帝国主义的复杂关系。此外,张謇还注重学生的道德修养和实习教育,提出多种学习方法,以培养既有知识又能吃苦耐劳的国民。陈本铭认为,从整体而言,张謇的教育思想和办学活动对近代中国教育和实业发展产生了深远影响。

《苏区教育史》评介

关于苏区教育史,过去几年曾陆续发表过零星的、片断的叙述,但未见有过系统的、细微的著作问世。

赖志奎同志撰写的《苏区教育史》一书，最近已由福建教育出版社出版。该书以中央苏区为主，旁及其他根据地的资料，内容新颖，结构严谨，在许多方面，给读者以有力的启迪。

这部20余万字的力作，运用唯物史观第一次完整地建构了我国苏区教育史的理论体系，填补了我国苏区教育理论研究的空白，也为相关的苏区教育史的深入研究提供了理论和资料的帮助。

作者正确地指出：苏区教育是在党的领导下，在革命战争年代，各个革命根据地产生和发展起来的人民教育事业，积累了丰富的经验，足供我们借鉴的有：

首先，教育必须为革命的总路线、总任务服务。作者指出，苏区教育注意了政治教育和文化学习紧密结合，按照根据地的实际情况，特别着重政治思想教育。政治思想教育工作向来是我们党的优良传统和真正的政治优势。毛泽东等老一辈无产阶级革命家把开展思想教育看成是团结全党进行伟大政治斗争的中心环节，是一切工作的生命线，而奠基性的工作在苏区时代就已着手进行。还有，苏区教育无论在儿童教育、成人教育和社会教育等方面，都贯穿一条群众办学、多方集资的办法；苏区学校坚持因陋就简，艰苦奋斗的情景，随处可见。例如红大和苏大在办学时都是自己动手兴建校舍，用松树当支柱，茅草做屋顶，建起了整齐实用的宿舍、教室和大礼堂，既节省了资金，又保证了教学工作的顺利开展。很多地方的小学都用祠堂或庙宇做校舍、香案做课桌，学生自己带凳子；在办儿童教育时，缺乏学习用品，群众和战士就用树枝和指头当笔、地皮和沙当纸，从而没有被物质上的困难吓倒。这些对于我们发展社会主义教育事业，有其不可忽视的意义。今天，我们的政治、经济条件优越多了，但是我们的教育工作，仍然要坚持群众办学，贯彻群众路线，多形式办学，坚持艰苦奋斗精神。我们要采取两条腿走路方针，鼓励私人、华侨、企业、各界热心人士兴资办学，使教育事业产生不可估量的结果。

其次,教育必须与生产劳动相结合,这是党的基本方针和政策,也是苏区按照当时的实际提出来的。这种使教育生产化、劳动化、实际化的主张,是有深远意义的。近年来,我国各级教育忽视劳动教育,学生未能深入实际,缺乏社会实践锻炼,只知从学校到学校,不问实际,不懂中国的国情,这不能不引起我们高度的警惕!

再其次,作者还正确地指出:苏区教育的经验是多方面的,多层次的。它的主流,成绩和经验是主要的,缺点和失误也在所难免。在当时的战争环境下,由于受党内的"左"倾路线的影响,某些地区的教育出现了限制和排斥中间力量的倾向。中农子弟入学要交学费,富农、手工业主、店主要交学校捐,反对旧知识分子为苏维埃教育事业上服务,以前教书的"学究先生"不能再过教员生活等等。所有这些"左"的政策,超越了当时的历史条件,混淆了民主主义教育和社会主义教育的界限,是不科学的,削弱了反帝、反封建的斗争,有碍于革命的进行,这些教训值得我们吸取。

《苏区教育史》是一部资料翔实、结构严谨、观点鲜明、思想性强的专著,它的出版必将进一步推动对革命根据地教育历史的研究和探讨,对我们今天正在进行的精神文明建设和物质文明建设将产生积极影响。

(原载于《教育评论》1990 年第 5 期)

孔子教育思想试评

—— 兼论五四时期"打倒孔家店"的口号

如何正确评价孔子,是我国多年来一个争论不休的重大学术问题。在这个问题上,历来存在两种倾向:一种是全盘肯定,以儒家信徒为代表;另一种是全盘否定,以"四人帮"及其御用写作班子为典型代表。全盘肯定或全

陈本铭

盘否定，都是历史唯心主义、形而上学的观点。

孔子是我国古代杰出的思想家和教育家，在"四人帮"横行的日子里，评价孔子，只许否定，不许有半句肯定。他们不但肆意捏造历史，制造思想混乱，而且搞"影射史学"，企图通过对孔子的全盘否定，搞所谓"批林批孔批周公"，以达到打倒以周总理为代表的老一辈无产阶级革命家。打倒了"四人帮"，揭露了他们的假批孔的面目以后，要拨乱反正，正本清源，肃清流毒，就必须运用马克思主义的分析方法，认真总结，把被"四人帮"颠倒了的思想是非、理论是非和历史是非重新颠倒过来，还孔子以本来面目，给孔子以应有的历史地位。为此，本文试就孔子的教育思想，并对五四时期提出的"打倒孔家店"的口号，提出一点自己的看法，供大家讨论。

（一）

孔子（公元前551—公元前479），名丘，字仲尼。他生活的春秋时代是奴隶制向封建制过渡的时代，是我国历史上一次剧烈的社会变革时代。孔子出生于当时号称礼乐之邦的鲁国，它是长期以来保存商周文化最多的地方。孔子的先世是宋国的贵族，但到孔子身上已经没落。他本人成分是"士"。"士"的特点是四体不勤，不治生产，学得古今一些知识，"上说下教"，达则做官，不达则退而为教，候机从政。孔子一生的社会经历，正是这样。他少年时代做过委吏、乘田，在贵族门下当过小小的办事员，中年做到鲁国的中都宰和司寇，但不久就失位。后来，他周游列国，也到处碰壁。孔子在政治上是不得志的，一生主要活动是办教育。如上所述，孔子所处的时代是个大变革时代，是奴隶制向封建制过渡的时代。他的思想基本上是代表奴隶主贵族的利益。向往西周，企图挽救贵族统治的没落，是他的思想的主导方面。但他也注意到新兴社会势力的兴起，迫于形势，主张修改周礼，对平民作一些让步，从这点看，他又是个改良派。联系到他出身于没落贵族的"士"阶层，这就不能不使他成为一个既要怀旧、又要趋时、思想上充满矛盾的人物，也不能不使他的思想既有保守性、又有一定的进步性。保守和进步两重性错综复杂地交织在孔子的立场和思想中。

孔子的哲学思想基本上是唯心主义的。作为孔子思想体系的指导原则或方法论的基础是建筑在他的折衷调和的"中庸"思想上的。孔子在政治、社会、历史观点上的矛盾正是折衷主义的"中庸"思想的反映，也是孔子的阶级局限性的具体体现。

在政治上，孔子是个保守主义者。他向往西周，在"无可奈何花落去"地哀叹"人心不古"之余，还以"待贾而沽"的心情，发出"如有用我者，吾其为东周乎"（《论语·阳货》）的诺言。但是，春秋时代的社会现实，却与孔子的愿望相反，由于社会政治经济的巨大变动，西周时代的宗法关系、等级制度遭到根本破坏，出现了孔子所谓的"礼崩乐坏"、"天下无道"的局面。为了挽救这个社会危机，孔子提出了一套缓和社会阶级矛盾的办法，创立了以"仁"为核心、"礼"和"仁"相结合为基本内容的政治学说。这是孔子总结了"复周道"，首先要"复周礼"的历史经验，结合春秋时代新兴地主阶级和劳动人民显示了强大力量的现实，对周礼加以局部修改而成的。孔子一方面吸收和保留了周礼等级制度、宗法关系永恒不变的基本精神，通过"仁"赋予周礼以新的内容。另一方面，他把周礼对人们的规范面加以扩大，从西周的"礼不下庶人"，变为"礼下庶人"。

按照孔子的看法，礼就是君君臣臣、父父子子之道，每个人都要站在规定的等级上，有固定的权利和义务，不得僭越。因此，他一面提出"正名分"的主张，来制止社会上的纷乱和僭越。另一方面，他认为必须用"仁"来改善和维持社会上人与人之间的关系，使人人能"履仁"、能"克己复礼"。《论语》中谈"仁"的地方共一百零四处，释义不一，但是，作为孔子政治学说的核心的"仁"，其基本纲领不外乎所谓"忠"和"恕"，即"己欲立而立人，己欲达而达人"，和"己所不欲，勿施于人"两条。孔子就是以这两条纲领来改善和维持原有的阶级统治的关系。孔子的"仁"学政治主张，是对奴隶制的"修补",为维护奴隶主专政服务的。但是,孔子说"仁"就是爱人,把人当成人,与奴隶主把奴隶当成"会说话的工具",大大不同,这是孔子"仁"学学说的进步面,反映了封建制度萌芽时期进步社会力量的要求,应予肯定。但是就孔子政治学说的总体来说,都是为了达到"复周礼"、"复周道",维护周王朝统治的目的。孔子这套政治主张是不合时宜的,因此,它不为任何社会势力所接受,这是因为新兴的"私室"还没有意识到这是"长治久安"之计,而日趋没落的"公室",则由于对前途丧失信心,也不理会。因而孔子"周游列国",栖栖遑遑,始终没有施展他的政治抱负的机会,他只好一面从事政治宣传活动,一面聚徒讲学、办教育。

在阶级社会里,教育从来是有阶级性的。孔子政治上主张"复周道",这决定了他办教育的目的在于培养"笃信好学,死守善道"(《论语·泰伯》)的有"仁德"的"士"或"君子"。"士"或"君子"到底是什么样的人物?据《国语·齐策》说:"士生于鄙野,推选而禄矣。"墨子则更明确指出:"士者,所以为辅相承(丞)嗣(司)者也。"足见"士"是"下学而上达"、"待贾而沽"的知识分子。至于"君子",据《礼记》记载:"君子子者,贵人也",足见"君子"是贵族统治者的尊称。孔子把"君子"的含义范围加以扩大,并把"君子"所应具备的贵族阶级的政治道德修养作为一般统治者的理想人格,同时把它作为教育目的。《论语》中提到君子之道的很多,其中主要的是:子路问君子,子曰:"修己以敬";曰"如斯而已乎"?曰:"修己以安人";曰:"如斯而已乎"?曰:"修己以安百姓。"(《宪问》)还有"君子之道有三:仁者不忧,知者不惑,勇者不惧";(《子罕》)"君子去仁,恶乎成名,君子无终食之间违仁,造次必于是,颠沛必于是"。(《里仁》)从这里可以看出,孔子对君子品德修养的要求是修己安人,安百姓,克己复礼,具有修身齐家治国平天下的本领。孔子认为:一个学生如无条件培养成为"君子",也应使之成为统治者左右得力而可靠的助手——"士"。

孔子没有提出"君子"的具体规格标准,但是他把"士"的造就分成三等；第一等的"士"是能担任政治和外交的工作，即所谓"行己有耻，使于四方，不辱君命"；第二等的"士"是具有孝悌的道德品质，即所谓"宗族称孝焉，乡党称弟焉"；第三等的"士"是能够言行一致，行动果毅，即所谓"言必行，行必果"。（《论语·子路》）

  总之，孔子的教育目的、观点是他的政治思想的保守性的具体反映。孔子的教育事业虽然是在旧的社会制度逐渐瓦解崩溃的情况下产生的，但是他的教育目的并不是希望在推翻旧制度上起点有益作用，相反地，却企图在新形势下，对维护和挽救旧的统治制度发挥作用。孔子要人学为"士"，学为"君子"，就是要求学生成为统治阶级所需要的知识分子，这种人才必须知礼近仁，懂得一套挽救当时的政治危机、能够实现他的调和阶级矛盾的一套政治主张。为此，他规定学生要学习四个内容："文，行，忠，信。"（《论语·述而》）所谓文，是指有关诗、书六艺之文；所谓行，指亲自实践各种道德规范；所谓忠，指尽心竭力做事；所谓信，是指诚实不欺。从孔子的"四教"中，可以看出以下两个特点：①就"四教"的实质看：一方面，文、行、忠、信与西周时代的教育内容——德、行、艺、仪基本一致，实质上是西周贵族统治者教育的继续。另一方面，所谓"四教"实际上只有"两教"，即"克己"和"复礼"。所以孔子规定的教育内容，基本上属于道德伦理知识技能的范围，是服从于他的政治主张和教育目的的。②从"四教"的相互关系来说：它基本上贯彻了孔子的学与行、知与行一致的教学思想。孔子的"四教"以"行"为中心，"文"、"忠"、"信"是为"行"服务的。他特别强调学生之所学要见诸实行。（下文还要详说）为此，他甚至降低主要教育内容"文"的学习的重要性，提出了"行有余力则以学文"的主张。（《论语·学而》）

  孔子以学行一致、知行一致为指导思想，以克己复礼为"四教"的基本内容，制定了他的"教育计划"。在这个"教育计划"中分设德行、政事、言语、文学四种科目。孔子曾经谈到他的门弟子在这四个科目中的不同成就：德行有颜渊、闵子骞、冉伯牛，政事有冉有、季路，言语有宰我、子贡，文学有子游、子夏。从这里我们再一次明显地看出孔子所要培养的人才正是准备做官的"士"和"君子"。因为懂得政治（政事），善于外交辞令（言语），精通西周典章制度、历代文献（文学），具有贵族阶级道德修养（德行），并能躬行实践，正是从政出仕的必要条件。事实也证明在孔子的众多弟子中，很多人后来都实现了孔子的愿望，相继出来做官，就这个角度看，孔子的教育工作达到了他的目的。

关于孔子在教学中所采用的教材问题。据《列子·周穆王篇》说："鲁之君子多术艺。"司马迁也说："孔子以诗书礼乐教弟子，身通六艺者七十二人。"（《庄子·天下篇》）在论述鲁国学术主要内容时则说："其在于诗书礼乐者，邹鲁之士，缙绅先生多能明之。""诗以道志，书以道事，礼以道行，乐以道和，易以道阴阳，春秋以道名分。"原来"六艺"内容，古代有两种不同解释：一为礼，乐，射，御，书，数；一为诗，书，礼，乐，易，春秋。以上记载，再证之以孔子曾参加修订"六经"，可以肯定，孔子是以后一种"六艺"为教材来教授学生的。教学重点则在诗，书，礼，乐。《论语》说："子所雅言，诗书执礼。"（《述而》）这就是说，诗、书和实行各种礼是孔子所经常谈论的。他经常教学生学诗和礼乐，而对诗的学习特别强调。他说："不学诗，无以言。"按照孔子的说法，学诗的目的是因为"诗可以兴，可以观，可以群，可以怨，迩之事父，远之事君，多识于鸟兽草木之名"。（《论语·阳货》）而培养学生德行见识，以便"事父"、"事君"则是他的根本目的。因此，他又说："诵诗三百，授之以政，不达，使于四方，不能专对，虽多亦奚以为？"足见孔子提倡学诗是为了从政。

就"书"来看，也是孔子雅言之一。"书"是历来统治者诰命典册的汇集。学习"书经"的目的，在使学生将来在参加朝聘盟会的政治活动中，能引用书册旧典作为言辞争辩时的历史根据。

除"诗"、"书"以外，孔子最常谈的就是"礼"。孔子本人也是以知"礼"闻名的。他的所谓"礼"，主要是指传统的西周典章制度、风俗习惯，包括贵族交际中的礼貌仪节和冠、婚、丧、祭各种仪制。孔子于诗书礼乐中，最重诗礼的学习。他说过："不学诗，无以言，不学礼，无以立"。（《论语·季氏》）诗和礼都是当时士人必学的东西，是立身行事的根本。

就"乐"来看，诗和乐在当时是不可分的。乐经常是伴诗演奏的。诗三百篇，实际上都是乐章。孔子对音乐有很高的修养。他不但自己善于唱歌（"子与人歌而善"），能弹琴鼓瑟（"子击磬于卫，取瑟而歌"），而且具有高度鉴赏乐理乐章的能力。他把音乐作为教学内容，并将它的作用提到很高的地位（"兴于诗，立于礼，成于乐"）。他的音乐教育是为其道德教育服务的。他的重视古乐（韶乐和武乐都是古乐）、反对新乐（郑声是新乐）也与他的保守的道德观点分不开的。

诗、书、礼、乐是孔子教授学生的主要教材。这实际上是各级贵族奴隶主在宗庙事务和外交事务中所讲求的具体术艺，是巩固宗法关系与等级制度的工具。（至于"易"和"春秋"是否也是孔子教学的主要教材问题，很难明确。）

综上所述，足见孔子的教育内容基本上是属于德育的范围，在教学内容方面，有以下几个特点：

第一，轻视生产劳动教育和商业教育。孔子自己虽说过："吾少也贱，故多能鄙事"，但是他却反对学习所谓"鄙事"的门弟子樊迟请学稼、请学圃。他除了推说"吾不如老农，不如老圃"以外，还骂樊迟为小人。孔子"罕言利"，认为"喻于利"的是小人，门弟子子贡善经商，孔子说他"不受命而货殖焉"。足见他并不主张学习商业知识。谈"生产"、谈"劳动"、谈"利"既是小人之事，与孔子的学为"君子"的教育目的相反，所以孔子不谈。孔子轻视生产劳动，高抬"士"的地位，对我国几千年来教育思想起了极有害的影响。

第二，传授知识论人事多，谈自然少。《论语》中谈自然的只是在孔子鼓励学生学"诗"时，提到"多识于鸟兽草木之名"而已，其他地方虽然也偶然引用日月星辰水火，但也都是为感叹或比附他的政见而发的。《论语》所载大部分是谈论人事的，例如：言学的有学文，学于禄，学诗，学礼，学道等；言知的有知人，知礼，知乐，知命，知德，知生等。可见孔子所传授的知识不出人事范围，而且大多限于所谓"君子"做人的道理和从政手段，这是与他的"贤人政治"的政治观点和学为"君子"的教育目的密切联系的。

第三，不重视军事教育和宗教教育。孔子虽然在政治上主张要给奴隶们以一定的军事训练，但在教学中，则少谈到军事知识。"六艺"也无射御方面的教材。他自己也说过："军旅之事未之闻也。"孔子不重视军事教育可能与他反对当时的兼并战争的政治态度相联系的。此外，孔子平时教学不采取任何宗教仪式，也没有宗教科目。《论语》说：子不语：怪、力、乱、神。(《述而》)他的学生也说孔子的谈性与天道，是"不可得而闻"(《公冶长》)的。《墨子》也说："儒以天为不明，以鬼为不神，天鬼不说。"(《墨子·公孟》)这是孔子教育中的一大特色。孔子不谈宗教问题是与他的重视现实生活和自己在一定程度上抛弃传统宗教迷信的进步观点相联系的。

由于孔子重视道德教育，重视古代历史文献等书本知识的传授，在整理和保存古代文献方面是有贡献的。孔子晚年参加删订"六经"等儒家经籍，保存了很多关于古代政治、宗教、文学、历史、哲学和社会历史文献记载，至今仍是研究古代历史文化和教育发展的宝贵资料。

(二)

孔子通过长期丰富的教学实践，在学习方法和认识论方面，总结了不少经验。

在认识论上，孔子持有先验论的观点，相信有"生而知之"的天才和"不可使知之"的蠢才，认为"上智与下愚不移"。但另一方面，在孔子那里，"上智"或"生而知之"，往往又是虚设一格而已。他并没有称许过谁是"生而知之"的天才。他不但否认自己是"生而知之"的天才，而且还承认别人对他的启发教育。(《论语·八佾》)这虽是个矛盾,但它又在一定程度上修正了他的先验论,因而他能够从教学实践中,得出以"学而知之"的思想为指导,以"多见"、"多闻"等感性活动为获得知识的途径的结论。

孔子在教学方法上的重要贡献是:

1. 强调躬行实践,注重知行的联系。

孔子特别重视"躬行实践,身体力行"。如上所述,在孔门的"四教"中就是以"行"为中心的。他要求人们把知识与行为联系起来。他认为知不应脱离行。他说:"君子耻其言而过其行。"(《论语·宪问》) 又说:"君子欲讷于言而敏于行";"言之不出,耻躬之不逮也"。(《论语·里仁》)孔子的强调行、注重知行的联系是合理的和有益的,但是他的所谓"行",并不同于我们所指的生产斗争和阶级斗争的实践,而主要是指个人履行伦理道德的活动,再则指的是修养,实际上是对自己主观精神的克制和扩张。比如违礼的事要自我克制,达不到礼的要求的则自我扩张。孔子的知行关系是平行的,并非辩证的统一。

2. 主张学与思必须密切结合。

孔子说:"学而不思则罔,思而不学则殆。"他认为学和思不能偏废,学而不思固然不好,思而不学也不正确。一方面学是思的基础,没有学便无法思,他说过:"吾尝终日不食,终夜不寝,以思,无益,不如学也";另一方面,思应该作为发展学的重要手段。只有学习没有思考就惘然无所得,不能从中得到启发而有所提高。关于这方面的道理,在《论语》中也说得很清楚。例如:"博学而笃志,切问而近思。""子曰:未之思也,夫何远之有?"(《子罕》)学思并重,密切结合的见解是正确的。综合上面所说,孔子的教学过程的环节是学、思、行,也即后来《中庸》中所谓"博学之,审问之,慎思之,明辨之,笃行之"的思想,值得借鉴。

3. 注重练习和复习。

孔子提出了"学而时习之","温故而知新","告诸往而知来者"等很有价值的学习原则。他认为求知识必须不断地练习，而"学而时习之"的自然结果是"不亦悦乎"，对学习产生爱好和兴趣。他说"知之者，不如好之者，好之者，不如乐之者"，(《论语·雍也》)认为乐于学习才是成功的学习。孔子的"温故而知新"的学习原则在教育学上也有很重要的意义，因为新知识的获得是建立在对已有知识的牢固掌握的基础上的。"学而时习之"是属于练习的环节。"温故而知新"是"复习"，是使知识系统化与深刻化的阶段，通过复习，时常会获得新的东西。按照孔子的说法："温故"能"知新"，"告诸往"能收到"知来者"的效果。

4. 重视学习的自觉性和积极性。

孔子认为学习的成败，完全取决于自己的努力，并以平地造山为例来说明。他说："譬如为山，未成一篑，止，吾止也。譬如平地，虽覆一篑，进，吾往也。"(《论语·子罕》)同时，他又认为人的品质智慧虽有不同，但如能自己积极努力，坚持学习，也能获得同样的成就。孔子的弟子冉求曾对孔子说："非不悦子之道，力不足也。"孔子即针对他的思想情况，加以训诫说："力不足者，中道而废，今汝画。"(《论语·雍也》)他勉励冉求坚持学习，尽自己的努力，不要懈怠。

5. 重视启发教学，注意培养学生的独立思考能力。

孔子认为教学必须从学生的实际领悟与理解的程度出发，如果学生心求通而未得，而自己确已费过一番思考功夫的，就可以"启以闻其意"。假如学生的确懂得道理，但限于表达，即"口欲言而未能"时，就可以启发他，使之辞能达意。他认为提问题必须注意学生的领悟水平，先指出问题的一方面，看他能否举一反三，触类旁通。假如教师举一，而学生只知一，而不知反三，不去思考、类比推论，就应该启发他去继续思考，不要包办代替。

孔子有时也用"诘问法"(类似苏格拉底的所谓叩竭法)来鼓励或引导学生多做思考。孔子说过："吾有知乎哉，无知也。有鄙夫问于我，空空如也，我叩其两端而竭焉。"(《论语·子罕》)他有时对学生提出的问题，不作任何正面的答复，只是尽量"叩其两端"，指出问题的正反面，反复提问，让发问者多动脑筋，自己找出适当的结论。这种培养学生独立思考能力的教学方法，是极其宝贵的。

6. 重视"因材施教"、提倡"教学相长"。

朱熹说："孔子教人，各因其材。"（《四书集注》）孔子的因材施教的原则是建立在对学生的不同水平和不同才能性格特点的充分了解的基础上的。他要求教学要从实际出发，注意学生的原有水平："中人以上，可以语上也，中人以下，不可以语上也"。（《论语·雍也》）从《论语》的记载中，我们可以看到孔子对弟子们的才能性格特点与兴趣等方面的观察之细致情况：

孔子说："柴也愚，参也鲁，师也辟，由也喭。"（《先进》）当子贡向孔子问子张和子夏两人谁的学问好时，孔子答以"师也过，商也不及"。（《先进》）子贡问到自己："'赐也如何？'子曰：'女器也'。曰：'何器也？'曰：'瑚琏也'。"（《公冶长》）从这里可以看出孔子对每个学生的个性特点是了若指掌的。正因为这样，所以他对每个学生可以担任什么工作，都如数家珍。孟武伯有一次问孔子关于冉求、子路、公西赤等人怎样、能做什么样的工作时，孔子说："由也，千乘之国，可使治其赋也。""求也，千室之邑，百乘之家，可使为之宰也。""赤也，束带立于朝，可使与宾客言也。"（《公冶长》）如果孔子平时没有对学生情况的清楚了解，是说不出这种话的。

孔子了解学生的方法是多多接近学生，深入地和他们谈话或谈心，仔细观察。

《论语》中载："子路、曾晳、冉有、公西华侍坐。子曰：'以吾一日长乎尔，毋吾以也，居则曰不吾知也，如或知尔，则何以哉？'"（《先进》）又载："颜渊、季路侍。子曰：'盍各言尔志？'"（《公冶长》）孔子就是这样通过座谈来了解学生的。

孔子平日很注意细心观察学生的言行。《论语》曾载有这么一段话：宰予平日惯说自己如何笃实好学的话，可是孔子发觉他原来很懒散，因而说："始吾于人也，听其言而信其行；今吾于人也，听其言而观其行。"（《公冶长》）孔子还说过："视其所以，观其所由，察其所安，人焉廋哉？人焉廋哉？"（《为政》）（意谓了解一个人要看他的行为、动机、心地，这样谁能隐藏得了呢？）在《论语》中我们还可以看到，孔子的学生同样向孔子"问孝"、"问仁"，而孔子总是根据问者的特点和需要而给以不同的解答和教导。更突出的例子是：子路与冉有同样提出"闻斯行诸"问题（即听见有件好事，该不该马上去做的问题），孔子对子路的回答是"有父兄在"，而对冉有则答以"闻斯行之"。公西赤在旁莫名其妙，孔子就说出其中的道理来："求也退，故进之，由也兼人（急躁），故退之。"

孔子把"仁"作为立身行事的最高准则，要求师生共同遵守。他主张学生对老师的态度是"当仁不让"。在教学中，孔子反对学生盲从，鼓励他们提意见，孔子曾因颜回的"于吾言无所不悦"，而慨叹："回也非助我者也"。但对子夏能提出问题商讨对他有帮助，则大加赞扬："起予者，商也"。师生之间可以毫无拘束地各言其志，谈论问题，包含有"教学相长"的思想。

在教学态度和学习态度方面，孔子的有益观点也很多，例如：

"学而不厌，诲人不倦。"（《论语·述而》）教师自己学而不厌是教好学生的重要条件，使这一条件在教学上发挥作用的关键在"诲人不倦"。

"知之为知之，不知为不知，是知也。"（《论语·为政》）这一要求端正学习态度的格言，其中有辩证法思想。一个人知道自己不知，也是一种知，而且是进一步求知的必要开端。

"子绝四：毋意，毋必，毋固，毋我。"（《论语·子罕》）这是孔子反对学习上的主观片面的宝贵经验。

"三人行，必有我师焉，择其善者而从之，其不善者而改之。"（《论语·述而》）"敏而好学，不耻下问。"（《公冶长》）"以能问于不能，以多问于寡。"（《论语·泰伯》）这些都是孔子要求学习要虚心的格言。

孔子对学生的教育方法方面，特别是关于品德修养问题，也有不少宝贵的见解，值得我们加以批判地吸收，例如：

"见贤思齐焉，见不贤而内自省也。"（《论语·里仁》）孔子要求看到别人的优点就向他看齐，看到别人的缺点自己也作思想检查。

"众恶之，必察焉；众好之，必察焉"。（《论语·卫灵公》）孔子主张对"好""恶"要通过调查研究，认真加以识别。

"主忠信，毋友不如己者，过则勿惮改。"（《论语·学而》）"过而不改，是谓过矣。"（《论语·卫灵公》）"德之不修，学之不讲，闻义不能徙，不善不能改，是吾忧也。"（《论语·述而》）孔子鼓励人们勇于改过，指出只有坚持错误的人，才是真错误。

"巧言令色，足恭，左丘明耻之，丘亦耻之，匿怨而友其人，左丘明耻之，丘亦耻之。"（《论语·公冶长》）"乡原，德之贼也。"（《论语·阳货》）这里表现了孔子反对虚伪，对匿怨而友、没有是非观念者的痛恶。

最后，还值得提出的是孔子要求教师应该把自己的知识毫无保留地教给学生。他曾说："二三子以为吾为隐乎？吾无隐乎尔？吾无行而不与二三子者，是丘也。"（《论语·述而》）孔子这种热爱学生，对教育事业的忠诚态度和负责精神，是值得我们借鉴的。

我们说孔子的政治思想基本上是保守的，但他的某些教育思想，特别是教育和教学方法有其可取之处，这并不意味着它完全没有包含需要否定的方面，也不是说可以盲目照搬照用，或抽象继承，而是要在批判的基础上，借用它的语言，注入新的内容。即使是孔子的一些合理见解，也必须把它从孔子的保守主义的政治立场和唯心主义的世界观的窒息下剥取出来，只有这样，才能做到剔除其封建性糟粕，吸取其民主性精华。

（三）

孔子是中国历史上影响极大的思想家和教育家。孔子一生努力从事教育事业，在长期的教育实践中，做出了不少贡献。他总结并发展了古代的学术

陈本铭

文化，创立了我国历史上最早的学派——儒家学派。以孔子为代表的儒家教育思想，在中国古代教育史上，有很深远的思想影响。孔子首创私学，开始我国历史上第一个私人讲学之风，在春秋时代"文化下移"的历史发展中，起了积极的作用。此外，孔子还提出如下两个有益的思想或命题。

第一是"有教无类"。孔子说过："有教无类"（《卫灵公》），只要"自行束修以上，吾未尝无诲焉"（《述而》）。这是孔子针对当时教育被垄断的情况提出来的一个口号，也是孔子聚徒讲学、办私学的一张招生广告。历来人们对之毁誉不一。陈伯达胡说它"打破阶级界限"。赵纪彬则通过无稽的考据、荒谬的训释，用恶劣手段歪曲孔子原意，胡扯什么："有教无类"是"不分氏族，按地域编制对奴隶进行强制训练"，从而把它变成一个与教育毫不相干的口号。孔子这个口号在教学上是付诸实践的。因为史载：孔子门弟子三千，身通六艺者七十二。弟子三千，可能是过甚之辞，但人数不少，应该是事实。"类"字指"族类"。按许慎《说文》和《荀子》《国语》的解释，"种""类""族"，三字意思相通，由于"类"和"族"同义，往往被连用而成为"族类"。周代的社会制度与宗法制度组织是密切相关的，氏族、宗族或种族上的差别，实际上也是阶级或等级差别。孔子以前，教育是"有类"的，教育权利只限于统治阶级内部，而且是把持在少数贵族手中的。孔子时代，"天子失官，学在四夷"（《左传》昭公十七年）。由于学术下移，庶人议政，客观上出现了打破"类"的限制的可能性。孔子概括了教育发展的这个历史趋势，提出这个口号，从而打破了"学在官府"和贵族垄断教育的局面，它的历史意义不能抹杀和低估。但是，交一束干肉，也非最穷困的学生所能负担。教育对象，不分族类，对于持有"民可使由之，不可使知之"观点的孔子来说，顶多只能扩大到商人、地主阶级，没有也不可能包括劳动人民。这就清楚表明：孔子的招生广告仍然有财产限制和阶级限制。孔子弟子成份复杂（见《荀子·法行》），包括各种社会出身，其中有"鄙家"，也有"大盗"（见《吕氏春秋·尊师》）。看来，孔门入学对象不受年龄地区限制也是事实。这在当时不是一件小事，它反映了春秋时代社会政治经济特点，也反映了孔子私学具有一定的民主性。同时，孔子这个口号实行的结果，为战国时期的士阶层的活跃局面的形成，提供了前提和条件。它对后来封建文化的繁荣、兴盛，也起重要作用，必须加以肯定。

第二是"性相近也，习相远也"。这是一个关系到人的素质和环境习染的问题，是孔子教育思想的重大贡献之一。孔子是我国历史上第一个提出"性相近也，习相远也"（《论语·阳货》）的人性论学说的人。当然，孔子的人性论学说，从根本上说是超阶级的、抽象的。然而他的人性论学说却为两千多年以来各学派开展心性问题的讨论开辟了道路。这是孔子的历史功绩。后来的思想家就是从这个命题出发，开展了性善、性恶、性善恶混、性无分善恶等等的争论。所有这些人性论观点，不但曾为历代统治者用作维护统治地位的理论根据，也曾为进步思想家用以阐述人类平等、"圣人"与"凡人"不分的理论根据。

由于孔子学说的复杂性，这就为它易为封建时代各个时期的统治阶级所利用提供了条件和前提。大家都知道，孔子的学说在春秋时代并没有获得统治者的采纳和支持。但是战国中期以后，孔子的后继者孟子和荀子则在不同的方面吸取了孔子学说中的积极的或消极的因素，建立起唯物主义的和唯心主义的儒家学说，这两大儒家学派的巨流，曾对整个封建社会的学术思想和教育思想的建立起了极其巨大的影响和作用。很多进步的思想家和教育家吸收了孔子学说中的某些进步的、具有一定民主性和人民性的因素，创立了自己的学说，充实和丰富了我国古代和近代学术文化教育思想的宝库。而历代的封建帝王、地主阶级以及受封建统治阶级所豢养的知识分子，则大都吸取其中有利于本阶级利益的部分，发展成为巩固与支持封建统治政权的重要的意识形态，并使之成为麻痹劳动群众的麻醉剂。孔子的维护奴隶主贵族统治的伦理道德观点，历代封建统治者利用并发展成为封建的伦理纲常和"吃人"的礼教，并以之作为"教化"人民、"柔化"人民、缓和阶级矛盾的工具。

陈本铭

孔子的思想（包括他的教育思想）在旧中国的政治文化生活中也曾经发生着巨大的影响。孔子某些落后保守乃至于反动的思想观点，一直为各种企图抗拒无产阶级革命的帝国主义分子和封建法西斯主义者、国民党反动学者和御用教育家所利用。他们打着"尊孔"旗号，不时掀起封建复古逆流。辛亥革命以后至五四运动以前，这股逆流随着袁世凯和张勋的复辟帝制而达到了顶峰。五四时期的新文化启蒙运动，是对当时封建复古逆流的一次巨大反击。这次运动，先进知识分子和广大青年学生，深刻认识到"民主"和"科学"是封建专制主义的对立物，因而在反封建主义思想的战斗中，最集中地攻击封建专制主义的要害和核心——封建三纲说，并且正确地指出三纲之说来自孔子，说明孔子思想与封建专制主义的共同点，响亮地提出"打倒孔家店"的口号，尖锐地揭露批判"孔家店"的虚伪的仁义道德，猛烈地抨击"吃人"的礼教，大大破除了人们对"孔家店"的盲目崇拜，极大地动摇了反动政治思想基础。

五四时期的新文化启蒙运动在"打倒孔家店"的战斗中，揭开了现代批孔的序幕，立下了伟大的功劳。但是，正如毛主席所指出过的："五四运动本身也是有缺点的。那时候的许多领导人物，还没有马克思主义的批判精神，他们使用的方法，一般地还是资产阶级的方法，即形式主义的方法。"（《反对党八股》）比如那时候《新青年》提出"欲袪除去三纲五伦之奴隶道德，当然以废孔学为唯一的办法"就是错误的。对于孔学一类意识形态的东西，是不能够用废止的办法来解决的。恩格斯说过："仅仅宣布一种哲学是错误的，还制服不了这种哲学，象对民族的精神发展有过如此巨大影响的黑格尔哲学这样的伟大创作，是不能用干脆置之不理的办法加以消除的。"（《路德维希·费尔巴哈和德国古典哲学的终结》）孔学不能废止。毛主席说："从孔夫子到孙中山，我们应当给以总结，承继这一份珍贵遗产。"我们应该按照毛主席提出的原则："学习我们的历史遗产，用马克思主义的方法，给以批判的总结"，在孔子研究中，哪些是落后保守的，哪些是在历史上起过进步作用的，哪些可以利用吸收，哪些应该彻底扬弃，一一弄清，不能一棍子打死。对孔学的批判，要象毛主席那样，在批判中坚持辩证唯物论和历史唯物论原则。毛主席对孔子，从来没有全盘否定过。他肯定过孔子的教育思想说："曲阜县是孔夫子的故乡，他老人家在这里办过多少年的学校，教出许多有才干的学生，这件事是很出名的。"（《毛泽东选集》第五卷二五七页）同时，毛主席又反对"把孔夫子的一套当作宗教教条一样，强迫人民信奉"，指出："社会主义比起孔夫子的'经书'来，不知要好多少倍。"我们对孔学的批判，一定要一分为二，这就是尊重历史辩证法。五四时期许多领导人物，恰恰就是缺少这个分析批判精神。

综上所述，我认为，五四时期"打倒孔家店"的口号是完全正确的，尽管在方法上还存在缺点。今天我们实事求是地肯定孔子思想在历史上起过的进步作用，对孔子某些方面的成就和有益影响加以历史的肯定，同样也是正确的。

（原载于《福建师范大学学报》（哲学社会科学版）1979年第3期）

论张謇的教育思想和办学活动

一、张謇一生的生活特点

张謇（一八五三——一九二六）字季直，号啬庵，江苏南通人。他是一个出生于十九世纪六十年代，经历旧民主主义革命与新民主主义革命两个阶段，和近代史上几个重要政治剧变的历史人物。

张謇又是一个前半生饱受传统儒学，博通经史子集，醉心功名，"婉转消磨于有司之试而应其求，盖三十有五年"的士子。[①] 同时，张謇又是一个高中状元以后，却又"回心转意""弃官从商"，标榜努力"地方自治"，大搞其

---

① 张季子九录：外录 卷一

陈本铭

"村落主义"和"棉铁主义",从而博得"实业家"和"教育家"的盛誉的人物。

不但如此,张謇一生的政治社会生活又极复杂多样,既与封建统治集团的权贵有较密切的联系,又与北洋军阀有渊源;既出任过有清一代的著名书院的院长、直讲,又会为刘坤一、张之洞、端方等"巨公"策划多种教育奏、策、条议;既出任过江苏教育总会会长、中央教育会会长、学部咨议等教育官,又出任过咨政局议长、宣慰使等政治官,也担任过农工商部大臣等"实业官",成为中国近代政治、经济、教育界一个颇为活跃的人物。

由于以上几个生活特点,因此评价张謇的思想也就比较复杂。近年来学术界对于张謇这个历史人物的政治立场和经济思想都曾有所论列,本文试图从张謇的教育思想和办学活动方面加以探讨,希望对张謇的思想的正确而全面的估价有所帮助。

二、张謇的政治社会观点

张謇是民族资产阶级上层人物,在政治上是立宪派的主脑。他的一生的政治主张和活动,充分表达了他的政治思想属于改良主义的范畴。在清末的资产阶级两大改良主义思想运动中,张謇扮演的角色不同,但是他的政治主张基本上仍是改良主义的。张謇主张裁撤厘捐,认为"欲固国必去厘捐",甚至于指出"过关卡而不思叛其上者非人情,见人之酷于捐卡而非人之叛其上者非人理"[①]。同时张謇又力主"罢科举兴学校",认为"广开学堂、速谋商务,谋求工政是立国自强"的根本[②]。

张謇热中于君主立宪,主张改变专制制度,设置议政机构,要求政府设立议政院于京都,在各府县设议会。议政院由皇帝授予四五亲信大臣以"自辟议员之权""慎选通才"组成,它的任务是"集思广益,分别轻重缓急,采辑古今中外政治法之切于济变者,厘定章程,分别付行法司法之官,次第举

---

① 实业录卷四
② 政闻录卷一

行"。张謇认为议政机构的经常工作是"上有所建交议院行,下有所陈由议院达",使"下无不通之情,上无不行之法"。至于府县,则设议会,议员由各地自选。"选举之人,被选举之人皆绅士也。"又说:"被选举之人,选举之人均以有家资或品望者充之。"① 张謇主张以地方绅士、资本家组成地方议会,使他们参加政权,凡"释民教之争、筹学堂、警察农工商业之公司,通上下之情,皆由地方议会直接管理","牧令不得操纵"。张謇的主张,反映资产阶级在不触动封建统治的基础上,要求改革政治,企图在地方争取得参政权利,以便进一步参与中央政权。

张謇又从资产阶级的立场出发,要求发展实业,保护和扶植民族工商业。在兴办大工业方面:张謇主张大工业基本上应由政府"先开以为倡",但并非完全由政府包办,应该允许"绅民附股";管理人员也应"兼用官绅,明定官民资本办事界限之章程",防止政府官吏侵夺民资。至于一般小型工业,张謇主张一律"听民自办","官为补助"。要求政府增加田税,通过加强对农民的剥削所得,作为奖掖民办工业之资,列入国家预算。在商业方面:张謇在批评政府"但有商政之政而少护商之法"之后,主张中央宜在各省设商务局,"专取便商民之举"。各行省设立总会,各府设立分会。"分会有长","总会有督"。总会会督的职责在考长之所考,而决其行止,闻于总督巡抚,为之主持保护。"主持二事:一为之筹督成效,一为之考察盈虚;保护二事:一宽初办之税捐,一禁官吏之侵扰。"为了使民营商业得到扶植、取得法律上的保护和承认,张謇认为这其中关键所在有二:一为朝廷立简易法,一为备补助费。前者规定"凡事听民自便,官为持护",后者则"仿德国日本章程,由各省总会会同督抚量集公司或数十万,或百万补商力初办之不给"②。张謇认为"如是而民知国家廓然大公,果有通商惠工之意,则无利不兴矣"。③

---

① 政闻录卷二
② 实业录卷一
③ 同②

陈本铭

作为一个资产阶级改良派，张謇对帝国主义的军事、经济侵略以及不平等条约签订的危害性有一定的认识。张謇经营棉纱纺织业与日本帝国主义的矛盾比较大。他曾愤慨陈述过："通产之棉，力靱丝长，冠绝亚洲，为日厂之所必需，花往纱来，日盛一日，损我之产以资人，人即用我之货以售我，无异沥血肥虎，而袒肉以继之，利之不保，我民日贫，国于何赖。"① 光绪三十二年张謇曾极力反对日人在内地设厂，"夺我商民膏血"。对中日密约也极为愤慨，早期还反对铁厂与他国合资，尤其反对与日本合资②。张謇反对洋布入侵，反对雇用洋商③。对"英之将由长江而北规，德将由济南而南越"，深表忧惶，对各帝国主义的商品输出，夺我利权也极为不满，要求保护本国日用品工厂。他指出，"吾国工业尚在幼稚时代，大抵手工制造多，机械制造少，政府固有负指导之责，使之逐渐改良，得以抗衡外货。"我们在张謇的身上除了看到他与封建主义的矛盾和联系以外，也看到他与帝国主义的千丝万缕的联系和矛盾，在他的身上看到了不少的反帝情绪。但是作为一个资产阶级，张謇对帝国主义还存在幻想。张謇推崇帝国主义分子李提摩太，在他的生活的后期，曾举借外债，甚至于鼓励外人在中国投资，请求美帝退还庚款用于南通垦荒和兴办大学，充分反映资产阶级改良派对帝国主义的依赖性和妥协性。

作为一个资产阶级改良派，张謇的实际政治活动也充分反映了这个阶级的特点和性格：赞成改良，害怕斗争，反对革命。张謇一生历经近代史上的重要政治剧变，而且在各个剧变时期均有不同表现，但是万变不离其宗，张謇始终没有超出改良派的窠臼。

张謇没有系统的哲学观点。由于张謇饱受传统儒家经典，崇尚孔孟，儒家的"中庸""折中"思想，成为支配他一生的"处世哲学"。张謇认为，"天

---

① 实业录卷一
② 政闻录卷四
③ 实业录卷三

下事贵得其中，若趋于极端，往往不能成事，即幸而能成，亦不过一瞬而已。"① "任何一家之学说，主张稍过，不折于中，未有不流于偏宕者……舜用中，孔子时中，中之施于事于物，礼义之制裁也，中而时则用礼义之权度也，语曰礼者履也，义者宜也。"② 张謇就是执此合于礼义的折中思想作为他的立身处世的大本。

在社会观点上，他认为天下治乱的根源，不在阶级之剥削而在于人心之邪正，而"人心邪正系学术"。要天下治，须人心正，要人心正必须设学校以开民智。所以他说："自三代以来，守天下者未有不以学校加之意也。"③ 张謇的实业教育救国论是与他的唯心主义的社会观点密切相联的。

三、张謇在教育上的基本主张

张謇是否够得上称为"教育家"，还可以考虑，但是张謇在教育上对某些重大问题是有过比较多的主张的，现在分述如次。

1. 论教育的作用和目的

张謇的教育的作用和目的的主张是建立在他的唯心主义的社会观点的基础上，并与他的资产阶级的发展生产的要求相适应的。如上所述，张謇认为天下的治乱系于人心的邪正，而人心之邪正系学术，只有广设学校，开启民智就能拨邪归正，因此张謇特别强调学校教育的重要性。他说："夫立国由于人才，人才出于立学。此古今中外不易之理，不蓄而求，岂可幸致。"④ 又说："国待人而治，人待学而成。""人不可无教，故无世无地无事可以不教。"⑤

为了论证教育的巨大作用，张謇首先依据和发挥了孔子的人性论观点，历述中国先哲人性论的主张，认为教育可以转变人性。他说："孔子曰有教无类，此言人性无论优劣皆可施适当养育之法。又曰性相近也，习相远也，唯

---

① 教育录卷六
② 文录卷四
③ 文录卷一
④ 政闻录卷一
⑤ 教育录卷四

上智与下愚不移,此言上智下愚之外,皆可转移,转移之者,亦是教也。"①又说:"中国之人性论……自孔子以后,论性者约有五派,虽所主各有不同,至于去恶成善之道,无不归功于教育。""吾国人性论……其说虽有出入,然无不以匠成人性,增进人格之事归诸教育之功"。② 其次,张謇从"生物学上的原则",针对当时的"中国人性劣等"论和"遗传决定论"加以批驳和斥责。他说:"夫世界上无论为黄种白种黑种,为已开化族,为未开化族,然不得不同名之曰人,既同名之曰人,则自上智不须教,下愚不可教,余咸随教变化,斯生物学上不可易之原则也。"又说:"今使中国民性果属于劣等,必汰不可救药之列,吾侪惟当束手待毙,徒费教育之力何为者。然推生物学上之原则,则断无同为人而仅以皮色之殊遂全部独有劣性之理。纵以遗传积恶所致,则能遗传而恶者,亦能遗传而善,能遗传其恶于今者,亦能遗传其善于其后,在今日教育家之勉力而已。"③ 张謇认为国家的兴废存亡完全取决于每个人,取决于每个人之能否全其本性,如果"人人个体能全其本性,以日进于高明广大之域,虽欲其国之不存,不可得也。……至于谓中国民族当在劣种必汰之列,则必中国人独非人乃可,必中国人独无人人所同具之性乃可。"因此他说:"观于人性论,乃确信中国可以不亡,而培养人性使之不亡者,其唯一方法又在教育。"最后张謇的结论是:"人不可无教,教得其道者强,教失其道者弱。""教得其道者存,教失其道者亡。"④

建立在唯心主义的社会观点和抽象的人性论基础上的张謇的教育作用论是错误的。但是张謇肯定了教育在个性的形成中的作用是正确的,他的过高的估计教育的作用充分反映资产阶级上升时期对人才培养的要求和对学校教育的信心。至于他从抽象的人性和庸俗的生物学进化原则对"中国人性劣等"

---

① 啬庵:人性论:中华教育界民国四年版
② 同①
③ 同①
④ 同①

的斥责，虽然缺乏有力的科学证据，他对"遗传决定论"的批驳也是不彻底的。张謇并没有从根本上否定遗传对人的个性的决定性影响，但对揭露为帝国主义的殖民政策服务的"西方民族优越"的滥调却具有一定的进步意义。

张謇在高度估价教育作用的同时还提出他的教育目的论。他认为国家之所以需要教育，目的在"……期人民知有国而已，知有国之终效，使人人任纳税当兵之责，多数无怨望而已"。① 张謇要求受教育者"知行艺，知邦法，使国家多可信可用之人"②，并且认为"国家思想、实业知识、武备精神三者，教育之大纲也"③。张謇的教育目的，充分说明了他所要培养的是既具有爱国（资本主义王国）思想，又有发展资本主义生产的实业知识和捍卫资本主义王国的军事知识和技能的人才。

张謇这个为资产阶级发展生产需要服务的教育目的论的历史进步意义在于，他与当时封建统治集团所标榜的"以昌明圣教，端正趋向，造就通才为宗旨"的立学目的截然异趣。

2. 论普及教育

张謇特别强调普及教育的重要意义。他一方面把教育的能否普及作为衡量一国兴学的有否成效的标准，并把普及教育看成是"地方自治"的根本和实现君主立宪的基础。他说："立宪基础在自治。""自治之本在兴学，兴学之效在普及。"另一方面，张謇又把普及教育作为"开启民智"，培养国民的爱国思想和教育有利于资产阶级需要的"可用之人"的重要手段。他说："开民智唯有力行普及教育，广设初等小学。"又说："教育普及而后民知爱国。""必无人不学，而后有可用之人，……端其基础，首在正蒙。"④ 为了论证这个论点，张謇高度的估价普及教育的作用，把外国的昌盛归结于教育上的原因。他说："窃维东西各邦，其开化后于我国，而近今以来，政举事宜，且已为文

---

① 教育录卷三
② 教育录卷六
③ 教育录卷一
④ 教育录卷二

明之先导矣,揅考其故,实本于教育之普及。"① 不但如此,张謇还把外国历史上普法之战中、普胜于法的根本原因归结于小教的普及,大加赞叹地说:"闻之普之胜法,归功于小教……群臣相贺,其相卑士麦执小学校夏楚以示人曰,挞伐者此也,大哉斯言。"张謇就是这样把普及教育作为使中国富强的方法之一。

资产阶级为了发展生产的需要,必须大力提高居民文化,培养大量具有一定文化知识和技能的劳动力。早期的资产阶级改良主义者,包括康有为、梁启超等都有过普及教育的主张。张謇的主张较诸其他诸人的不同,在于他的普及教育的主张不但与他的阶级经济要求相适应,并且直接与他的改良主义政治思想——君主立宪和地方自治相联系。

张謇的普及教育的思想较诸他的差不多同时代的改良主义者更高明之处还在于,他把普及教育与师范教育密切联系起来,视师范教育为普及教育的前提,指出"普及有本,本在师范",② 并且进一步认为要普及不能空谈,须有固定的地方税为教育费,把"划定地方税为教育经费设师范学校养成教员二事"视为"其尤要矣"。③ 不但如此,张謇还提出种种奖励师范生办法,"庶聪颖有造之才,愿投身于教育"。④

为了使普及教育有成效,张謇还主张由政府明令强迫进行,并提出统一国语读音以保证普及教育的迅速开展。他说:"民智未开,苟非强迫,诚难普及。"⑤ 又说:"教育运输端恃语言文字,今全国读音庞杂,遑论语言统一之方,亟不容缓……应请就所议决之字母拼法编成国音字书……颁发各师范学校学习,并令各书局编辑小学国文教科书……为儿童第一步练习,……如是全国读书渐趋统一,语言统一之事相因而生,……则此后统一读音有所借手,

---

① 教育录卷二
② 政闻录卷三
③ 同①
④ 同①
⑤ 同①

普及教育借助尤多。"①

统一国语读音，打破狭隘的地区限制，不但有利于工商业活动，而且也有利于资产阶级文化的传播，张謇的强迫普及教育、统一国语读音的主张，表达和反映了资产阶级发展工商业生产和传播与提高居民文化的要求。

张謇的普及教育主张，对清政府的前此诸多限制私立学校的开设，极力控制和实行对全国教育事业的封建独占，以及后期迫于舆论，标榜"予备立宪"，空谈实行"强迫教育"，企图粉饰太平来说是有积极的意义的。但是必须指出的是，在阶级社会中，张謇的普及教育的主张是不可能实现的。张謇向学部建议征地方税，直接间接无非取自劳动人民，增加劳动人民负担，正如马克思所说：免费义务教育"不过是上层阶级从关税中支付了他们的教育费而已"②。

3. 论实业教育救国和发展教育的途径

张謇是一个实业教育救国论者。他唯心主义地认为中国国家贫弱的原因在"散"和"暗"。"散则力不聚而弱见，暗则识不足而怯见，识不足由于教育未广，力不聚由于实业未充"。③ 就在这种错误的认识的基础上，张謇认为"实业教育乃富强之大本"，④ 明确提出"实业救国"、"教育救国"的主张。按照张謇的看法，国要求强先得致富，致富的办法则非振兴实业不可。他说："国非富不强，富非实业不张。"⑤ 兴办实业的好处多，既"可以致富"又"可以实边，可以裕国便民"。⑥

"求强致富"原来是十九世纪四十年代以至九十年代中国的开明地主阶级知识分子和资产阶级先进人物在中国内外矛盾日益严重尖锐的情况下，在企

---

① 教育录卷三
② 马恩文选第二卷
③ 自治录卷四
④ 自治录卷一
⑤ 实业录卷二
⑥ 同①

图解决中国往何处走的问题中所得出来的一种挽救中国危亡落后的改良主义思想。张謇的"实业救国",实质上也是当时的改良主义者的"学习西洋"的内容的一部分,但是张謇的通过实业求强致富的思想的特色在于他有一套具体而微的发展实业教育的主张,这个主张更多的反映了中国早期资产阶级发展生产、发展教育的要求,同时也表达了他与封建地主统治集团在救亡图存、求强致富问题上的分歧。

在张謇的著作中,有时把"实业救国"和"教育救国"分别提,有时又特指实业教育救国,按照我的看法,张謇既指一般的实业(包括农工商业)救国和一般的教育救国,也指为兴办实业所需的农工商业等专门性科学技术教育的救国主张。

张謇的实业救国的思想的特色,具体说来,在于他的兴办实业有中心,发展实业有计划,并且把实业与教育联系起来,认为两者有先后,但又必须相辅相成。

张謇认为要振兴实业,必须使农工商兴,然后才能富强,但是在农工商的兴办中又必须有中心,所以他说:"顾所谓农工商者,犹普通之言,而非所谓的也,无的则备多而力分,无的则地广而势涣,无的则趋不一,无的则智不集,犹非计也。"① 因此,张謇在他的实业救国的计划中把中心重点放在棉铁,标榜"棉铁主义"。按照他的看法,棉织品是当时外国进口货的第一大宗,是中国利权外溢的"第一至大之漏卮",也是全国国民的日用必需品。至于铁,则是"兴实业、制造农工之品"所不可或缺的东西,他尖刻地指出"中国兴工业而不用机械,是欲驱跛鳖以竞千里之逸足也。用机械而不求自制,是欲终古受成于人,处第三位至五六七位"②。张謇是一个颇有见地的实业活动家,他不但看到棉、铁的重要,而且在发展棉、铁的先后乃至于如何处理农工商业间的关系和农工商等实业与教育事业的关系问题上都有所论述。

---

① 政闻录卷三
② 张啬庵先生实业文钞卷三

张謇认为从发展实业的角度看，立国之本不在兵、商，而在工、农，"而农为尤要"①。从实业与教育的关系上看，则应该先实业后教育。张謇发挥了孔子的先富后教的学说，认为"知识之本，基于教育，然非先兴实业，则教育无所资以措手。"②"民必能富乃可以教。""民有衣食乃知礼义，……庶可言教。"③ 张謇在批评当时一般人的脱离"致富"，片面强调教育和兵备的重要的不当的同时，明确指出发展教育和兵备必须以兴实业为其根基。他形象地说："譬如树然，教育犹花，海陆军犹果，而其根本则在实业。若鹜其花与果之灿烂甘美而忘其本，不知花与果将何自生。"④ 但是张謇在强调"实业为根本"的同时，又指出教育对于实业和兵备的发展有重大作用，不容忽视。因为无论"饬兵备"或"兴实业""亦须得其人以举之"，"若教育未兴，人才缺乏，即有坚舰利炮谁能用之"。而且"农工商兵皆资学问"，"兵不学何以能卫国，弁目不学何能管兵"。⑤ 最后，张謇正确地指出发展教育事业必须以发展实业为前提，先实业后教育，但是实业与教育又必须"相迭为用"，相互促进。在发展各级各类教育的层次上，张謇认为必须先普通后专门，先小学后大学，先师范后初教，先兴工学后兴兵学。张謇认为"专科之始尤重普通"的原因，在于普通教育是专门教育的基础。因为考诸"各国之学校如林，专家无数，端其基础，首在正蒙"。⑥ 同时，普通之所以必须先于专门，也由于"有普通然后可宣上德；有普通而后可肇国民"。⑦

在先务工学后务兵学的问题上，张謇有其独特的见解。他极力抨击洋务派之学西法自兵学始的不当，痛陈洋务派的不力求自力更生，一味依赖外人之失策。他说："中国之学西法也自兵始，日本之学西法也自工始。自工始

---

① 实业录卷一
② 实业录卷四
③ 自治录卷三
④ 政闻录卷三
⑤ 同④
⑥ 政闻录卷二
⑦ 同④

陈本铭

者,学其用机器,并学其造机器,故各有工艺学校。学其造机器,故有铁工制造场,工业进而后乃练兵,此日人之所以能强也。""自兴兵始者,舰炮枪械,悉购自人。闽之船厂,江鄂之枪炮厂,或一岁而成数百枪,或二岁而成一舰,至于农工商实业机器,无一不购自外人,上自大臣,下至士庶,率贪便宜,不肯用心,此中国之所以不振也。"又说:"查日本变法图强与炼海军,在我之后,自其大兴工学,奖设工厂,舰炮悉能自造,战斗巨舰间有购自英国者,然每定一舰,必派工科大学曾习造船科之学生前往监视,非徒防人之以下驷充数也,亦籍以增造船之经验,归饷其后来之学生,使工学自得其师资,国财不至于滥溢。今我国从前海军购舰购炮,所输于欧洲各国者已不下数千百万,未曾一谋自主之方,今规复海军而仍不自为计,是欲凭借以建固圉之威者,长此仰息于他人,而缔构以善利器之工者,终古绝望于本国。……今谋海军而舰炮所资,唯倚外人,是竭本国人民之资财,为他国工业之代价,臣窃痛之"。① 张謇主张学习日本,先务工学,"一面饬福建船政专重造船,慎用名师,广教学生,讲求新法,一面饬照前两江督臣端方所拟设之工学大学,先设预备科,后设本科,注重军工"。②

张謇对清政府的兴学层次,本末倒置,也有所批评。他说:"……未设小学,先设大学,是谓无本。"③

张謇的"实业救国"、"教育救国"的改良主义思想今天看来是幼稚、肤浅,同时也是错误的。张謇幻想在不改变封建统治的基础上,效法东西洋,把资本主义的生产方式以及依附于资本主义生产的学校教育同中国落后的封建生产关系和封建政权杂糅在一起,企图旧瓶装新酒,在旧基础上加以改良是注定行不通的。但是张謇在发展教育的途径上,看到教育的发展必须在生产发展的基础上进行,同时提出了先普通后专门、先小学后大学等兴学次序,

---

① 政闻录卷三
② 同①
③ 教育录卷二

应该说是正确的，也是符合于资产阶级发展生产的要求的，应该加以肯定。

4. 论教育内容和学校制度

张謇对教育内容和学校制度方面没有比较系统的主张，但从有关的片断的论述和他的实际教育活动看来，张謇早期的办学思想曾受"中学为体，西学为用"的思想影响。当其主持金陵文正书院时，曾为西学堂拟订章程，其中有"中学为立身始基，从学者往往扬西抑中，未免弃本逐末"① 之说。之后，张謇投身实业，特别是在"变法平议"中提出了"新旧相参"的变法主张以后，已不甚强调"中学"，这时候他对教育内容的主张是"……既须适应世界大势之潮流，又须顾及本国之情势，而复斟酌损益，乃不凿圆而纳方"。② 张謇在呈奏清廷的各种主张中，力主参考各国学制，"仿效东西各邦"，"善取法于各国参究之后"，特别崇尚日本学制。随着张謇的实业教育活动的发展，他对教育内容和学校制度的主张多趋于仿效东西各国，反映了资产阶级上升时期发展企业的要求。但是张謇晚年，特别是五四运动前后，随着他的政治思想、态度的日趋落后，"中学为立身始基"的思想又重新为张謇所掇拾，但就张謇的一生的主要教育思想和活动看来，资本主义的教育思想还是主流。这个主流比较突出地反映在张謇在教育内容和学校制度的具体主张上，首先在教学内容上张謇很注重实用。为了论证实用之益，张謇极力从中国的传统教育中寻找理论根据。他比附古制说："吾谓书即今所谓国文，计即今所谓簿记，其尤切要者，请肆简谅一事，简谅者，简单之事实也，学童至此，思想渐开，简单事实，许其请习，所以养成治事之材……"③。在张謇的实际办学活动中，也反映了资产阶级注重实用人才的要求。张謇曾为通州中学国文专修科拟订简章，自述办学宗旨"专为养成社会办事书记之才，故所授国文以适用为主"④。在课程设置上有反映资产阶级需要的法制、经济、算数（取足

---

① 教育录卷一
② 教育录卷四
③ 同①
④ 教育录卷二

陈本铭

复核帐表)、比例画(取足复核图案)等学科。张謇的国文专修科的宗旨和学科的设置与当时张之洞的武昌"存古学堂"的专学存古,和蒯礼卿的上江公学的"令人治说文交选"显然有完全不同的旨趣。其次。张謇反对读经。他说:"自成童以至于弱冠,必责以尽读全经,而经乃徒供弋取科举之资,全无当于生人之用。……"张謇反对读经,并没有看到读经一科是封建统治者企图昌明圣教,对学童实施封建伦理道德的唯一法宝,而是从其内容的艰深庞什、不切实用,不利于资产阶级尽快培养人才的角度来反对。他说:"夫孔子之教……只有易诗书三者,易不以教人,教人者只以诗书,而……习书之年,无可确指,以内则二十始学礼推之,当更在二十以后,国学之中,盖专家之学理,入宫之预备,其义其词,皆成才学子所研究之资,不止诘屈声牙,不宜于童稚也。"又说:"今言教育者乃欲于初等小学儿童普通科学外,更责以读经,岂今世乡里儿童之才皆过于七十二人,而小学教员之为教又皆过于孔子耶?"①

张謇在教育内容上力主实用是符合资产阶级发展企业生产的要求的,他的反对读经也为摆脱封建思想的束缚,为学习西学铺平道路。但是由于中国资产阶级的软弱、动摇和妥协,张謇后期又自食其言,一反过去反对读经的意旨,认为国体改革以后,道德凌夷,辄纪废堕,是由于"一切经书不复寓言",因此又赞同加授孔孟经书,提出"小学校即宜加授四书,俾儿童时代即知尊仰孔道"。②

在学校制度问题上,张謇早期力主罢废科举,兴设学校,认为"罢科举而兴学校,置经义而事士农工商兵各专科之举,为中国今日计,圣人复起,无以易之"。③ 光绪二十九年张謇提出"学制宜仿成周"的主张,并以古喻今,说明成周之时,学制即分小学、中学及高等之学。宣统三年,张謇进一步明

---

① 教育录卷一
② 教育录卷四
③ 文录卷五

确提出学制宜分小学、中学、分科大学三级并自高小起即实行文实分科,认为"初等小学宜溥,视其质之敏而近于文者识别焉以入高等小学,高等小学即宜略区文实而延其学年为六,文则重国学而植文法之基,实则重理算而植理医农工商之基。中学则文实显区,历四学年而径入分科大学"①。文实分科是资产阶级建基于个性分化,自由发展的理论的产物。张謇的特别强调提早实行文实分科的主张是符合于资产阶级的利益的。

5. 论教育方法

作为一个由地主、绅士转化为资产阶级的人物,张謇在道德教育方法上除了一方面宣扬个人奋斗、勤俭致富,极力为资产阶级的剥削辩解以外,另一方面,还利用传统封建道德教条,使之服从于资产阶级需要。张謇特别强调"安分守己"、"任重致远"、"善为人用"、"不作逾分要求",目的在培养既能忍受剥削,又能为资本家生产利润的人。他的办实业对职工的要求如此,办学校对学生的要求也如此。

在办实业和办教育事业中,张謇经常反复提出下面几种道德修养。

首先,强调立志。他说:"人患无志,患不能以强毅之力行其志耳,……夫立志之权,自我操之,虽天地不得而限也。"②张謇在各种场合,多历举他自己的遭遇和处境说明立志坚则无事不成,极力宣扬个人奋斗、个人成功的思想,张謇为所办各校立校训,也反映了这个观点。

其次,提倡艰苦俭朴。张謇认为"古今学者之所以能成其学者,何一非从难苦得来"。③因此他指出,只有立志坚、不畏苦才能有所成就,而且认为必须养成耐饥耐寒耐苦耐劳的习惯,并自小学起就加以培养。张謇认为"俭可以养高尚之节,可以立实业之本,苟能俭则无多求于国家。……至于实业,不俭则耗费多而折本,理最易明"。张謇指出俭是美德,"俭之反对曰奢,奢

---

① 教育录卷三
② 同①
③ 教育录卷五

则用不节,用不节则必多求于人,求多于人则人必不愿,至于人不愿,则信用失而己亦病,是奢之病,妨人亦妨己"①。因此他要求学生的"个人享用",不可以独奢,极力提倡"勤勉节俭,任劳耐苦",认为此两者乃为"成功之不二法门。而服劳耐苦,尤为必不可缺之美德"。②

再其次,主严格、干涉。张謇极力主张严格教育,反对放任自由,要求学生要养成服从习惯。他认为"军队无放任,学校无放任……军队放任,则将不能以令,学校放任,则师不能以教,将不能令则军败,师不能教则学校败"③。同时他又认为"中国积衰积弱之弊正为人人为流俗所说的自由"所误,他说,"须知西儒说自由甚多,加尔来言不服从规则不能自由……博尔克言成自由在秩序,毕达哥拉斯言不能制己不能自由,语皆粹粹"。因此他主张严格,"尤重服从",认为"卢梭放任教育之不可行,已为世界教育家之所公认,师道贵严……非是则无所为教,无所为学"。此外张謇又主张必须实行干涉教育。他认为所谓教育是"以教为育,便是干涉而非放任,……生铁之必数炼而为钢也,生棉之必层制而为布也,此干涉之繁者。……既干涉便有约束,有服从之事"。而服从乃指服从公理,服从礼法,"弟之于师,子之于父,军士之于将帅,国民之于国君,能服从然后能结团体,非是则角立而离矣"。④

张謇在道德教育方法上的主张,大抵早期强调立志、个人奋斗和勤勉节俭,任劳耐苦。后期随着人民革命斗争形势的发展,张謇反对革命、害怕斗争,在学校教育事业上特别反对学生运动,因此道德教育上的主张转而强调严格教育和干涉主义。从张謇的道德教育方法主张的演变,我们再一次看到他的资产阶级的阶级性格和特点。

6. 论学习方法

张謇饱受传统儒学影响,特别崇尚《学记》,在长期追求功名的实践中,

---

① 教育录卷二
② 教育录卷三
③ 同②
④ 教育录卷一

对于读书方法有比较深刻的体会，其中有不少有益的观点。

首先，张謇要求学生多看书。按照张謇的看法，多看书一方面在于增广见闻，扩大知识面。因为"为学之道，若山容海纳，若见闻太寡，蕴蓄太浅，而辄自表襮，培壤之上，植林有几，潢潦之畔，泽润无多。不独哲学文学非多看书不可"。另一方面也由于"各科之间常有互相之关系，举其一不能废其二，且同一科目，此书与彼书，详略不同，同一论题，此说与彼说，见解有差等，必比类而观，乃能知其要，参互以证，乃能会其通"。因此他对当时一般学生的知识面狭窄，错误地认为"书本为死知识不足学"以及"以约而得要"自诩的学习态度提出深刻的批评。他说："须知书乃前人已经验之言，由已经经验之言而濬以智虑，扩以见闻，则日新矣，所谓温故而知新也。欧美各国动辄费数十万金建图书馆以供众人之博览，岂无故哉？"又说："今学生读书，往往除学校规定教本外，鲜有多购参考书，甚至仅一教科书亦涉猎不周，方以约而得要，诩为求学之捷径，不知火车之行，汽车之行，行则捷，而若问途中之所闻见，舆且不如步。"张謇最后的结论是"无论火车汽车，故学求致用，须是博学、审问、慎思、明辨"。①

张謇不但要求学生多看书，广博的学习，多多的思考，而且指出"书有良否"，读书必须有选择，阅读必须有系统，"看书时须将此书看毕再易他书，方有所得，不可见异思迁，致所得等于一鳞一爪，而漫无系统"。②

其次，张謇要求学生"静心"、"耐苦"。张謇认为学习必须"静心"，使注意集中，减少分心刺激，力戒浮躁。他说："一切事理，惟静能体验……学须静，静可以一心志，凝思虑，不静则学或骛外，不能向里……若多一分之外务，即减一分之内心，世有不用内心而能成学者乎！古人好学，往往闭户下帷，欲其精也，故必静也。"又说："静非观空绝物如参禅之谓，静然后能

---

① 教育录卷五
② 同①

宁心志,静然后能致思虑,静然后能蓄精神……古今中外无浮躁而能成学问。"①

张謇又认为学习除"静心"而外,还必须能"耐苦"。学习之所以必须"耐苦",一方面是由于为学如平地造山,非自觉耐苦坚持到底不可。另一方面也由于"甘由苦得",只有不畏艰苦,学业才能有所成就。他说:"昔人谓朱子之学得之艰苦,其实古今学者之所以能成其学,何一非从艰苦中来。"张謇针对当时一般学生的借口读书须重兴味的畏难情绪,提出批评,指出兴味乃由努力学习得来。他说:"今之学生每借口读书,须重兴味,或作或辍,忽彼忽此,畏考试;畏缴练习簿,兴味但有荒嬉,学问曾无结果,不知兴味乃求而有得之征验,须自努力得来,不努力不能进取,不进取不能深造,一步有一步之征验,一步有一步之兴味,古人之于学也,往往废寝忘餐,甚或千里求师者,非不畏苦,特苦而得多,得多而兴味浓。"②

张謇虽然强调"耐苦",但又要求学习必须"从容""渐进"。他说:"学问要勤苦,亦要从容,其法在渐进而有恒,得到有味时便能以甘偿苦。"又说:"用功但须按定日程,静心为之,不可过锐,过锐既恶不足持久,亦恶有妨身体。"③

最后必须指出的是,由于张謇长期盘旋场屋生涯,对于国文的学习特别有研究。他要求学生"说一事使人了然首尾,说一理使人了然眉目,说一境使人如到其境,说一物使人如见其物,在题中说出,不在题外敷衍,不华可也,不雄可也,不美可也,不博不深甚至不长均可也,不切不可,不通不可"。④张謇要求学生作文要达到通切,较诸制举的"言之无物"的文章写作显然是前进了一大步。更可贵的是张謇提出了由摹仿到创造的写作方法。他

---

① 教育录卷五
② 同①
③ 专录卷八
④ 教育录卷一

说:"……初学诗文,不厌模仿,模仿既熟,自无痕迹,更进而自辟新路,成一格局,如采众花而成蜜,不复辨其为何蕊,冶众金于一炉,不复辨其为何金。"①

还要指出的是,张謇虽然强调书本知识的学习,但又不忽视"践履"。他提出了"理论与阅历相辅相成"的主张,认为"学问兼理论与阅历乃成,一面研究,一面践履,正求学问补不足之法"。②张謇在自己的教育事业中特别强调仿效东西各邦,设博物馆(苑),认为广设博物馆(苑)可以增进学者阅历和感性知识,以补"助学校之不及和印证",使为学者"……观器而识其名,考文而知其物,纵之千载,远之异国者,而昭然近列于耳目之前"。③张謇对师范学生也要求注重"实习教育",认为"……师范数载之教养,备战具也,修战术也,附属小学之实习,战事之经历也"。④无战之具,固不足以言战,有其具而无其术,练习不闻也不足与言战。张謇不理解理论与实践的辩证统一关系,他的重视"践履"、"实习"仅仅在于印证和补求学的不足而已,然而张謇的注意理论与践履之相辅相成,应该肯定是有积极意义的学习观点。

张謇在学习方法上的有益主张是与他的善于吸取先儒的传统学习方法以及张謇本人的长期学习的经历分不开的。但是张謇后期思想日趋落后,为了压制和阻挠学生参加学生运动,极力宣扬"立志成学,无过读书",要求学生"两耳不闻世外事",安静力学,认为"国家前途,舍学了无望,学了前途,舍敦行力学无望,敦行力学,舍静无望"⑤,充分反映张謇害怕群众运动的反动实质。

四、张謇的教育思想和办学活动的特点作用和影响

由于中国近代现代社会是个过渡形态的社会,张謇本人又是一个由地主

---

① 教育录卷六
② 教育录卷三
③ 教育录卷一
④ 同②
⑤ 教育录卷五

绅士向资产阶级转化的历史人物，张謇所处时代的社会政治的特点以及作为张謇的资产阶级思想的物质基础——中国资本主义的脆弱，都在张謇的思想中得到比较鲜明的反映。

张謇和其他十九世纪后期的大批由地主阶级向资产阶级转化的历史人物一样，在其思想发展中，大都是初期转化朝气蓬勃、思想向上，而在整个转化过程中，随着中国近代现代社会历史发展的变化大、曲折多、阶级关系和阶级斗争复杂的形势，由早期的有锐气到后期的日趋反动落后，甚至于有重新退回到封建地主的老路上的倾向。

张謇的教育思想的特点之一是他的整个教育思想的发展和演变紧密地与其改良主义的政治立场和态度相联系。作为一个资产阶级改良派，张謇早期提倡"实业救国"，要求发展农工商业教育，高度强调学校教育的巨大作用，提出了符合于资产阶级利益的教育目的，充分反映资产阶级在其上升时期的锐气及其对人才培养的强烈要求和信心。但是历史发展到了戊戌政变以后，改良主义破产了，张謇仍然坚持改良主义的立场，并在立宪运动中充当了主将。二十世纪初，当资产阶级革命派提出鲜明的政治纲领并且明确宣布在政治路线上和改良派根本对立以后，在革命即将到来的前夜，张謇的改良派的本质特点更加暴露无遗。辛亥革命以后，张謇凭借他的"权时善变"的阶级性格，表面上赞成共和，实质上害怕革命，千方百计反对革命和破坏革命。他的教育思想也紧随着革命形势的形成和发展而作大幅度的改变。张謇教育思想的大幅度的改变，突出地表现在他的办学思想、方法和教育目的的主张上。张謇早期对振兴实业教育充满信心，认为"中国巩须死后复活，未必能死中求活"，深信"求活之法，唯有实业教育"，① 强调指出要使中国不亡，"其唯一方法又在教育"。② 但是随着革命形势的发展，张謇后期却发出了

---

① 专录卷四
② 啬庵：人性论：中华教育界四卷六期

"鄙人对于现时教育极抱悲观""吾不意教育之名，亦足亡国"① 的悲观失望的论调。在办学方法上，由早年的强调学习外国，主张"参照仿效东西洋各国的通例"，讥笑守旧者的不愿学习外国的不当，一变而谓"中国的学业本先于欧美，现在人反样样喜欢欧美"，认为把外国的教育方法"移到中国来，这好像拿他人的帽子戴在自己头上，那里可以呢"。② 五四运动前后，竟严斥学生"不自量度，浮慕他国学风，趋于浮躁"，污蔑新教育改革运动者是"龌龊伧夫""厌憎礼法，毁弃道义"③。教育目的的主张也由早年的培养"国家思想、实业知识、武备精神三者为教育之大纲"④，一变而为"在使人人知礼法"，一再强调"须是人人成一种有人格人，士轨于士，农轨于农……""各守本分"，并以封建卫道者的面目，公开提倡"中国教育之为道，使人知纪与德行艺三者而已，古今法不必尽同，而无不同者道也"。⑤ 张謇教育思想的发展和演变的线索，充分反映资产阶级改良派的阶级特点和性格。

由于中国资产阶级的社会经济基础脆弱，这个阶级本身又缺乏有力的上层建筑，再加以张謇本人又是一个向资产阶级转化不够彻底的人物，因此构成了张謇的教育思想的另一特点是早期和后期都企图从中国的传统思想宝库中寻找理论根据来支撑。所不同的是早期张謇由于发展企业生产的需要，极力比附古制，甚至于不惜穿凿附会为其新兴的教育思想辩解；后期张謇政治立场日趋反动，他与资产阶级革命派的矛盾日深，他的某些教育主张又从改良派的保守立场出发，以古比今，抨击今势。张謇早年由于发展企业生产，迫切需要培养具有一定文化知识和处事技能的劳动力，特别强调小学教育内容必须以国文和簿记为基本科目，因此张謇从礼记学记中找根据，指出古人的"十年学书计，吾谓书即今所谓国文，计即今所谓簿记，而所谓简谅者，

---

① 教育录卷六
② 同①
③ 同①
④ 教育录卷一
⑤ 教育录卷五

简单之实事也……许其请习,所以养成治事之材"。① 为了反对封建主义教育内容的特重六经的学习,内容艰深庞杂,不利于资产阶级迅速培养劳动力的要求,张謇不惜牵强附会认为"孔子教人只以诗书,乃欲于初等小学儿童普通科学外,更责以读经"的不妥。为了强调学习外国"专科之学惟高等学校始得有之",张謇以外国各专门学科与十三经相比附,认为"……易礼记论语孟子当哲名教育学,书当历史地理学,诗当音乐动植物学,春秋三传当法律外交学,周礼当政治经济学农工学,仪礼孝经当修身伦理学,尔雅当国文学",主张令天下士子各习一专科,"亦合于人占一经之义"。②

在学制问题上,张謇早年极力主张学习资本主义国家的学制系统,指出古代之家有塾,"犹今之初级小学";党有庠,"犹今之高等小学";州有序,"犹今之中学及高等之学";国有学,"犹今之京师大学也"。对各级学校入学年龄也依据内则篇所载,比附现制,加以论证。

为了鼓励权贵子弟习海军,除了引述"欧洲各国太子无不习海军者"以外,认为贵权子弟习海军,"与中国三代时元子入国学之制正同"。③

为了强调发展工业教育,也搬出了"……虞廷以共工命官,周礼有考工之说。欧美各国,工列专科,日本崛兴先图工业,合古今之政书,证中外之学说,未有不致力于工而能国者也"④。更突出的是张謇提倡女学,竟不惜诸多穿凿,论证一般"华俗相传女子无才便是德"的谬论,认为《学记》所谓"女子十年不出,可知九年以前尚出而就学于塾",⑤ 指出:"中国为女子设教由来已远,不过古之女教专而简,服习家政尽于阃内而已,今之女教博而繁,因时势之变迁而范围加广矣"。⑥ 张謇为了发展农业,培养农业生产技术人才,

---

① 教育录卷六
② 文录卷五
③ 政闻录卷三
④ 教育录卷二
⑤ 教育录卷一
⑥ 同①

极力强调农事必须立学,不惜为孔子的鄙视农稼辩解,认为"孔子以礼义信之功效进之,焉用稼云者,谓稼自有老农在,圃自有老圃在,士大夫不必俱农焉耳,宁谓天下不须稼哉?"①张謇后期锐气消退,对新教育运动极尽诋毁,反对男女平权,反对男女同学,张謇也乞灵于传统思想"宝库"中,为其保守思想辩护,指出:"不知男子治外,女子治内……圣人设为男女有别之礼教,盖尊人而使成为人以异于禽兽,必男女有别,而后人禽有别也。"②

张謇的办学活动有如下几个特点:

第一,张謇办学动机除了为其改良主义的政治思想——地方自治和君主立宪的实现服务以外,还把办学活动作为其政治投资。

张謇献身投资实业教育的思想,萌芽于一八九四年中状元以前,但当时张謇未有社会地位和经济实力,曾自述"謇自丙戌后即思致力于实业而无所借"。③甲午之后,张謇蒿目时艰,明确提出实业救国之主张,自述"年三四十以后,即愤中国之不振,四十后,中东事已,益愤而叹国人之无常识也,由教育之不革新,政府谋焉而不当,欲自为之而无力,反复推究,当自兴实业始"④。实业既兴之后,张謇又转而"经始教育",并把兴办实业教育作为实现其改良主义的政治思想——地方自治的重要内容和手段。按照张謇的看法,君主立宪是理想政体,而"立宪基础在地方自治,自治之本在实业教育",⑤但是"立宪大本在政府,人民则各宜任实业教育为自治基础,与其侈言,不如人人实行"。⑥张謇就是基于这种认识在南通办起他的实业教育。从张謇的自白中又可以看出他企图通过办实业教育以实现其政治主张的愿望是极其强烈的。他一则说:"凡鄙人之为是不惮烦者,欲使所营有利,付各股东营业之

---

① 文录卷六
② 教育录卷五
③ 政闻录卷三
④ 张啬庵先生实业文钞卷一
⑤ 治自录卷一
⑥ 专录卷七

心，而即各股东资本之力以成鄙人建设一新世界雏型之志，以雪中国地方不能自治之耻，虽牛马于社会不辞也。"① 再则说："须知张謇若不为地方自治，不为教育慈善公益，即专制朝廷之高位重禄，尚不足动我，而愿腐心下气为人牛马耶？"② 张謇之所以愿在封建势力和帝国主义势力对民族资本主义的联合压迫的艰难情况下，"腐心下气为人牛马"，把办实业教育引为职志的另一动机是企图在南通搞出一套成绩，"使外人见之，知中国尚有人在"。③ 质言之，张謇的办学活动是张謇的政治投资，目的在扩大自己的政治社会影响，以便向封建中央政权"邀功"，使自己获有参加和改造中央政权的机会，以实现自己的政治抱负。

第二，张謇的办学活动的主要方面也服从于他的资产阶级发展生产，提高居民文化，使其更有利于发展资本主义生产的需要。同时，他的办学活动，特别是他所办的特殊教育和职业教育也部分反映其营利思想。

张謇在南通所兴办的各种实业教育学校是紧密地与其工农商企业相结合并为其服务的。例如为了发展纺织业、盐垦业、商业、渔业、交通运输业，张謇先后创办了纺织学校、农业学校、商业学校、渔业专科学校、铁路学校。张謇认为要为企业生产提供具有一定文化知识的劳动力，必须提高居民文化，"开通多数民智"，因此特别强调普及国民教育。但是要普及教育，不能不先开办师范，使师资充裕然后国民教育的普及才有希望，因此张謇于一八九九年纱厂成立以后，即以盈利所得，创设南通师范，广设小学。据统计，截至一九二二年为止，南通一隅，在张謇的促动下，即有高小六十余所，初小三百五十余所。④ 除此以外，张謇还兴办了各种慈善公益事业、特殊教育、职业教育和通俗教育。在张謇的倡议和经营下，一套包括高等中等初等在内的各级各类教育，反映资产阶级发展企业需要的资本主义型的"新教育"体系在

---

① 张啬庵先生实业文钞卷二
② 张啬庵先生实业文钞卷一
③ 教育录卷四
④ 二十年来之南通

南通建立和发展起来。但是必须指出的是，张謇的办学活动也渗杂有纯营利思想，例如南通女工传习所就是招收自十四岁至四五十岁学生入所织制人物、山水、字画、剧衣等以销售欧美各国的。据载该所"年有获利"（见二十年来之南通页九十三）；又如"伶工学社"的创办，张謇目的在培养学生成为"私家歌童"，我国戏剧专家欧阳予倩应聘主持这个学社的时候，就因他治学方法与张氏不同，周围许多人又怨欧阳老师"占住赚钱的职位不去扒钱，说他是傻子，多方攻击他"，迫使他离开这所学社的。（见葛次江、顾曼庄：遥悼欧阳老师，福建日报一九六二年九月二十六日）

第三，张謇的办学活动主要依靠其实业经营所得，在兴办学校的过程中虽曾获得封建政权的支撑，但未与封建国家政权相结合。

张謇在南通的办学活动多依靠其经营实业所得，并且学校的发展又依其企业的盈亏而异。根据张謇的自白："南通各种文化事业，向由私人经营，绝不仰给于政府，亦不募捐于他处，更不受军阀之牵制，故已成立之中等以上各学校及其他关于文化事业之种种场所，均由张謇及张孝若于各实业私人红利项下次第拨款建设，偶有不敷，亦以其他私资设法筹补。"① 又说："每岁综实业之所赢，为来岁进行之预算，决算而复赢，则增来岁之所营，不足则负债以赴吾志事。""生平经营南通种种事业，皆未尝向人求助。""謇设立师范学校……亦二三同志合力成之，他绅未有分文之助。"② 但是张謇要支付庞大的学校经费，特别是在"风气未开"的南通，建校觅址，又往往不得不借助于封建政权的支持，比如张謇为创设师范学校，选择当地千佛寺为校址，曾遭受毁庙慢神的非议，广设小学之议也曾遭"顽劣""诸生"的阻扰，张謇凭借其与封建政权有较多联系，曾请"饬下地方官出示晓谕"，对"不肖之徒"、滋生事端者，加以弹压。为维持学校经费，请拨荒地充作学校基本产业，其他如建议增加田亩附加税充地方教育费等，均曾获得封建政权的支撑，甚至

① 教育录卷六
② 自治录卷一

于南通非张謇经办的公立学校校长人选的圈定和更动，张謇意见往往足以左右。但是，如上所述张謇的办学活动并没有与封建政权相结合，从这个意义上，他的办学活动完全不同于洋务派。

第四，张謇所办的学校在教学内容和训练方法上带有更多的资本主义性，在学校管理上带有比较浓厚的封建性。

张謇在南通所办学校，除了农工商师范各类学校教学内容多采自欧美日本以外，就是附设于通州中学的国文专修科也设有反映资产阶级要求的学科，如法制经济、算数、比例画等科目。张謇在南通所办学校受杜威的实用主义教育思想的影响，注重"实用"。例如南通师范附小各科除采用教科书外，"修身酌加救正社会家庭不良习惯之资料。国文除初级部改用国语，高级部参授语体文外，并采取广告公函告示等临时油印，教学算术，每周由学生调查物价，列为简表……他如会书、当票、油粮票、学校决算等亦取及以供参考"。① 在教学方法上，张謇也极强调注意实用、自得、自动。据记载，南通"附小各科教授注意实用，壁间悬示常用物具，如邮票、货币、便条、簿记之类甚多，借以备学生参考"。② 又据报告，南通各校教学方法多采自日本传来的设计教学法和黑尔巴特的阶段教学法，注意养成学生自得自动能力，"教授前重复习，教授时重问答及讨论""而尤在就儿童所已知，振起其受教育之兴味，使之易晓而直觉"。③ 在训练方法上，张謇所办学校极注意布置社会环境，"以培养学生有职业的倾向和独立谋生的技能"。据报告，南通师范附小设有贩卖部和工作部，商业学校设有储蓄银行，每日由学生若干人轮值，"期于服务之中灌输工商业知识，并养成勤劳习惯"④。此外，南通学校多设有学生自治会，一般均设有议事会和参事会两部，是资产阶级民主精神在学生生活上的反映。

---

① 二十年来之南通
② 王蜀浚：南通县教育及实业参观笔记：中华教育界卷四
③ 同①
④ 同①

在学校的管理上，张謇所办学校的封建性，一方面突出表现在南通绝大部分学校的校长、董事长和董事，多为张謇兄弟以及与张謇关系密切的士绅所把持。张謇把办理学校作为培植自己势力排斥异己的重要手段，在各种有关场合中，张謇一再强调要求学生要继其志、勿为他人利用，他说："下走兄弟之于教育，非行政之必愿考成，非军人之必保守地位，尤非可以私人所斥之金钱，辛苦垫隘而成之学校，为他人机会利用之器。""私冀诸生中或有一二人异日能志下走兄弟之志者。"① 另一方面，张謇所办学校的封建性还表现在他所手订的教规中对不受教学生采取"罚当众直立"，"罚立与众施礼"，"告众学生非笑之"，"夺其学服"，乃至"以墨规其额"等规定。②

张謇所处时代是充满新旧矛盾斗争的时代。在文化教育战线上，也如同政治经济战线上的斗争一样，出现了维新派和顽固派、洋务派的激烈的斗争。这就是资产阶级的新文化与封建阶级的旧文化的斗争，其主要内容就是围绕着学校与科举之争，新学与旧学之争，西学与中学之争。

张謇在政治上是立宪派，它既不是顽固派也不是洋务派和维新派。在对待新学、西学和变法等问题上也反映这个不同。张謇与仇视一切新学、西学、反对任何变法的顽固派不一样，在保持封建统治的基础上求强图富，并在求强图富的主张下，要求学习西洋这一点上，张謇的思想基本上与洋务派同调。但是张謇的求强图富从目的到内容与洋务派又有分歧。洋务派目的在标榜求强致富、兴办洋务以维护君主专制，增加官僚军阀集团本身的利益。洋务派所兴办的洋务教育，从西文到实业、武备，乃至于留学教育都没有逃脱这个目的。张謇作为一个资产阶级上层分子，他与洋务派在政治上经济上虽有联系，但是他与洋务派的政治主张有分歧，经济要求上也存在一定的矛盾。张謇的求强致富更多地反映民族资产阶级的要求，张謇的求强主张与洋务派的不同是洋务派从加强官僚军事力量出发，主张自强应从兵始，张謇则从资产

---

① 教育录卷四
② 教育录卷二

阶级发展工业、注重科学技术的要求出发，力主自强必从工始。在求强必先致富的看法上，张謇与洋务派一致，但如何求富问题，张謇与洋务派又有分歧。洋务派力主兴办近代军需工业和与军事有关易于获利的实业，并且围绕这些实业兴办了各种实业教育。张謇则主张致富根本在先致力农工商，因此反映在教育上，他力主兴办农工商业教育。张謇的教育主张与洋务派的分歧是不同的阶级利益的具体反映。

张謇与维新派同样在政治上主张君主立宪，但是从对待新学、西学和变法等问题上看，张謇更多地注意于西学的自然科学技术方面，维新派则更多注意于西方资产阶级的社会政治。因此反映在教育思想上，张謇主张"实业教育为救国之大本"，维新派则强调"今日中国不思自强则已，苟犹思之，其必自兴政学始"。① 在变法问题上，张謇与维新派同样主张变法，但是从张謇的反对"取一切之法更张之"，力主"因革损益"、"新旧相参"的具体变法步骤看来，他的变法主张远较维新派缓和、保守，他的变法思想实质上是维新运动的右翼。

维新派在教育上的重大贡献之一是系统介绍和鼓吹资本主义教育制度和提出反映资产阶级文化启蒙的国民教育，张謇则在自己的教育实践活动中，在南通建立了以发展农工商业教育为中心的资本主义型的教育体系，张謇与维新派在输入资本主义式的新教育方面都曾有过一定的贡献。论实际影响，维新派在传播西方社会政治制度、开启士绅"民主"思想上的贡献比较大，但在接受东西方的自然科学技术教育并以自己的实际办学活动促进中国近代工业教育的发展方面的贡献则远比张謇小。

在变科举兴学校的问题上，顽固派恪守古训，坚持制举以昌明圣教。维新派为了提倡西学、发展资本主义，极力主张变科举兴学校。张謇也强调指出变科举兴学校的重要意义，认为"变科举兴学校……圣人复起无以易之"。洋务派虽也对八股取士、锢塞人才之弊，流露不满情绪，但是由于洋务派本

---

① 梁启超：学校余论

身是封建统治当权派,科举正是当权派笼牢士子巩固政权的杠杆,因此洋务派虽不满科举,但率至"不闻其上折请废之者,盖恐触数百翰林、数千进士、数万举人、数十万秀才、数百万童生之怒,惧其合力以谤己而排挤己也"。①至于兴办学校,洋务派也赞同,但其兴学目的既不同于维新派之在培养维新变法人才、发展资本主义,也不同于张謇的在培养知邦法、知行艺、具有实业知识的可用可信之才,而是旨在培养具有封建头脑的奴化买办和镇压人民的后备军。正因为如此,兴办了将近三十年、为适应洋务需要的洋务教育,多系临时创办,既无长远计划,课程也不一致,至于管理的腐败更不在话下。张謇的办学活动,从办学动机到兴学次序,乃至于教育的内容和方法都显示了它在客观上对于发展中国资本主义教育具有积极意义。从这一点上看,它比洋务派高出一头,就是维新派在兴设学校方面的实际影响也不及张謇。

综上所述,张謇的教育主张与维新派接近,它比当时的顽固派和洋务派进步。由于当时独立的民族资产阶级还未形成,在资产阶级革命运动兴起以前,张謇的改良主义教育思想在中国近代新旧教育交替的斗争中占有一定的地位,起过一定的积极进步作用。但是必须指出的是:二十世纪初,当资产阶级革命起来以后,张謇在政治上仍然坚持改良主义立场,张謇此前锐气已消退殆尽,他在中国近代旧教育的崩溃与"新教育"的萌芽发展过程中的一定促进作用也随之而消失。

还要指出的是,张謇的思想在经济上具有一定的反帝因素,但在教育上却未发现有任何反帝的思想内容。相反地,张謇对帝国主义文化侵略的元凶李提摩太备极推崇,对美帝也存有幻想,曾力请退回庚款充作南通兴办学校教育经费,发展南通文化教育事业,充分反映资产阶级的软弱性和妥协性。

五、结束语

张謇是一个由地主绅士向资产阶级转化的人物,在政治上他是资产阶级的上层分子。他的教育思想在十九世纪七十年代至二十世纪初期的中国近代

---

① 梁启超:戊戌政变记

教育思想的发展中，基本上代表了资产阶级改良派的利益和要求。张謇的教育思想不同于以张之洞为代表的封建地主阶级改良主义者，而与以康梁为首的资产阶级改良主义的思想较为接近。康梁和张謇都是清末改良主义运动中具有半封建主义和半资本主义性质的人物，只是康梁是改良主义运动的中派，更多反映资产阶级中下层的利益，而张謇是改良主义运动的右翼，更多的反映资产阶级上层的利益，而且由于张謇与封建官僚军阀有比较多的联系，因此他的教育思想带有比较浓厚的封建性。

截至现在为止，学术界对张謇的思想评价有三种不同的意见：第一种意见认为张謇属于官僚资产阶级；第二种意见认为张謇属于民族资产阶级；第三种意见认为张謇属于大地主大资产阶级。我认为评价张謇的思想基本上应该以他的政治态度和经济地位为主要依据。但是由于张謇所处的时代变化大、曲折多，而且张謇的活动面比较广，主要活动又集中在后半生的企业活动和办学活动，因此具体评价张謇的思想必须和应该全面考虑张謇所处时代的社会特点和个人的主要思想活动特点，把张謇的企业活动和办学活动在当时的历史条件下所反映的阶级利益与他在政治生活中的态度和立场结合起来研究，同时又必须把张謇在政治上、经济上和教育上所产生的不同作用和影响给以不同的区分，作出恰如其分的评价。

张謇在政治上究竟代表什么阶级的利益，他的改良主义政治主张在当时的历史条件下是否就是一文不值，还值得考虑。我认为即使张謇的改良主义政治思想从其本质上看是反动的，但是不能因张謇在政治上的反动就把他在经济上和教育上某些在客观上所起的有益作用和影响一概加以抹杀。比如，从经济活动上看，张謇创办了一批近代企业，客观上具有对抗帝国主义经济掠夺和促进中国资本主义发展的作用，应该给以肯定。在教育上，张謇在南通兴办了包括高等中等初等教育在内，以近代农工商科学技术为中心的资本主义学校教育，举凡现代资本主义国家所有的特殊教育、职业教育、通俗教育在南通几乎无一遗漏。同时，南通在张謇的倡导下，约莫二十年左右时间内，成立了小学三百七十余所、中等学校六所、职业学校四所、大专学校三所。在张謇所兴办的大批学校中，有中国第一所师范学校（通州师范），有中国最早的京剧学校和刺绣学校，也有中国历史上最早出现的南通博物馆。南通的纺织学校和河海工程学校，不但在当时办理完善，载誉大江南北，而且它还曾经为旧中国培养一批纺织水利工程技术力量。张謇还为旧中国（以南通为试验点）画出一套密切根据生产发展、人口增长、地区面积，以及各级各类学校的发展需要等情况而设计的普及国民教育的蓝图。张謇所有这些办学活动在客观上对促进中国资本主义经济的发展和中国近代学校教育机关的发展都具有积极的作用和影响，也必须加以肯定。当然，在评价张謇的思想时，也不能以其企业活动和教育活动在客观上的某些积极作用和影响片面加以夸大而抹杀他在政治上的保守性和反动性。

整理和评价张謇的教育思想和办学活动的现实意义在于：从考察张謇的教育思想和实际的办学活动中，窥见在半封建半殖民地的社会，在帝国主义和封建主义的联合扼杀下，资产阶级办学的艰苦性和不可避免地要失败这一颠扑不破的真理。同时通过张謇教育事业失败的教训，雄辩地说明在旧中国任何改良主义政治都走不通，为改良主义政治服务的实业教育救国的理想也必然要破灭。

（原载于《福建师范大学学报》（哲学社会科学版）1963 年第 1 期）

余天琦编撰

陈君实

【题解】

陈君实（1923—2018），福建南安人，中国现代教育家，先后就读于广西大学、厦门大学，受进步思想影响，于1947年加入中国共产党，深得组织信赖，曾任支部书记，领导地下党工作。大学毕业后他任闽南白区中共厦门市临时工作委员会书记，领导胜利斗争，后任中共安溪中心县工委委员及闽粤赣边区纵队教导员，率先攻占安溪县，解放县城。新中国成立后，陈君实任龙溪地区行政公署工商科副科长，参与土改工作；历任福州第一中学副校长、校长兼党支部书记，三进一中校，推动教育改革，发扬优良校风，使该校成为顶尖中学，并与学生共同汇编《荆棘之路》，凝练其几十年基础教育的历史经验，为后人提供了宝贵的教育财富。后任福建省教育厅副厅长和福州大学党委副书记兼财经学院院长。

《在新的挑战面前》是陈君实担任中共福州大学党委副书记、财经学院院长时，对"作为一所社会主义中学，怎样办才能适应时代的发展"这一时代课题的思考与领悟。为了寻求答案，陈君实仔细总结了自己过去办学的经验，带着实践中遇到的各种问题，认真阅读了马克思列宁主义、毛泽东思想等相关文献资料；此外，通过研究一些资料，特别是第二次世界大战后一些主要国家的经济发展史有关文献，陈君实前瞻性地提出并强调科学技术对于我国教育发展，尤其是对中小学教育发展的关键作用。陈君实认为，在新的时代背景下，教育必须与时俱进，不断创新。他主张，学校应该成为培养创新精神和实践能力的摇篮，让学生在学习知识的同时，也能够掌握解决问题的方法。他提倡开展课外活动，鼓励学生参与社会实践，真正将教育"面向现代化，面向世界，面向未来"的号召落到实处。

《改造·创新·攀登（节选）——福州一中教育实践（1952—1983）的回眸和反思》一文陈君实深入剖析了对福州一中教育实践的深度思考和独特见解。他将推动教育发展的方法凝练为"改造"、"创新"、"攀登"六个大字，强调改造不是简单的改变，而是要有针对性地对现有的教育体制、教学内容和教学方法进行全面审视和调整。文中有四个观点值得注意：一是陈君实以"二分法"的角度看待"五育并举"，认为这是人类共有价值观；二是陈君实强调"为社会主义建设服务，与生产劳动相结合"，并非"阶级斗争"，提倡劳动教育；三是陈君实坚持德育导向，认为"德育，即道德品质和政治思想教育，是基础教育尤其是中学教育的首要任务"，他将思想品德建设贯穿于课堂教学全过程；四是强调五育并举，重在智育。陈君实认为"智育，是核心，也是基础"，需通过实验和调查开发智力，非死记硬背。陈君实的这些思考和见解，不仅在当时的教育领域产生了深远的影响，也为今天的教育改革提供了宝贵的借鉴和启示。

《农民工的春天何时到来——加强职业技术教育培训》是陈君实晚年时写的一篇文章。他基于社会现象，深刻洞察了农民工群体的困境与挑战，提出了加强职业技术教育培训的紧迫性和重要性。陈君实认为，农民工是我国城市化进程中的重要组成部分，他们为城市的建设和发展作出了巨大的贡献。然而，由于历史原因和制度障碍，许多农民工缺乏必要的职业素质和技能水平，难以适应现代社会的快速发展。这不仅限制了他们个人的发展空间，也制约了我国经济的转型升级。因此，陈君实强调，加强职业技术教育培训是解决农民工问题的重要途径。他提出，要构建多层次、多形式的技术培训体系，为农民工提供多样化的学习机会和选择。这篇文章不仅为农民工问题的解决提供了有益的参考，也为我们思考如何推动教育事业的发展提供了深刻的启示。

在新的挑战面前

（一）

在过去几十年的教育工作实践中，我有较长时间是在福州一中担任校长职务。有一个课题，一直萦绕在我的头脑里，这就是：作为一所社会主义中学，怎样办，才能适应时代的发展。

为了寻求答案，我带着实践中遇到的各种问题，认真阅读了一些马列的书、毛泽东同志的书；此外，我还注意研究一些资料。

在我阅读的资料中，二次大战后一些主要国家的经济发展史，对科学技术的预测和描述开阔了我的眼界，我一次又一次地回味，并思考它们对我国教育，特别是对中小学教育有哪些可以借鉴之处。党的十一届三中全会以来，我的思想逐步形成了一个坚定的信念：基础教育不但要夺回失掉的时间，而且必须迎接21世纪的挑战。

当我重新回到福州一中任职后，在第一次教研组组长会上，我就向大家提出了一个需要探索的课题：基础教育必须展望21世纪，全面进行教学改革。

我认为，当代自然科学技术发展很快，在科学技术领域中，正在酝酿重大突破。国际上以电子计算机科学和生物遗传工程等为主要内容的科学技术突飞猛进，各种科学技术知识迅速积累，新的概念、新的观点、新的定理不断涌现；自然科学技术和社会科学各自内部和相互之间日益结合和渗透，并在应用上形成各色各样的系统工程，凡此种种，定将推动生产力的大发展。

国际上许多著名科学家、社会学家纷纷预测、展望未来,希望能更准确地掌握关键的、带头的科学技术,以便集中力量,不失时机地促进科学技术的进程。种种推测,不一而足,却都有一个共同点:既然21世纪尖端科学技术将迅猛发展,就必然会是教育的世纪。这就在我们面前提出一个重大问题:面对着当今世界大量新知识迅猛积累的局面,我们就必须在培养青少年一代坚定的共产主义信仰的同时,使他们树立现代化的思想概念,为他们提供坚实的文化科学基础,致力发展他们的智能。

我们的学生既然必定要成为21世纪的主人,我们就不能不以此作为我们考虑教学工作的出发点。在回顾以往教育工作主要成绩、经验和问题时,我提出,今后理应进行教育改革,在教学上强调以单位时间的教学效果(即效率)作为检查教学质量的首要标准。要甩掉死记硬背和填鸭式、注入式的一套老方法,因为它是一种效率极低的教学方法,根本无法承担培养迎接新技术革命的劳动者和科技、管理人才的历史使命。与此同时,把学生从沉重的课业负担和频繁考试的桎梏里解放出来,着重打好扎实的基础,培养创造的才能。

1980年初,我参加了全国教育工作会议,在聆听了邓小平同志的讲话之后,我更加明确了这一思想:中学教育是基础教育。作为基础教育,首先,要培养学生具有无产阶级政治觉悟和高尚的共产主义道德品质。其次,应使学生掌握现代文化科学的基础知识,发展他们的智能,培养他们独立分析问题和解决问题的能力。由于科学技术的新突破,必将引起人们在劳动、生活、社会关系等方面的重大变化,教育必须先行于这种变化,才能引导学生具有紧迫的历史使命感和革命的理想,具有高尚情操,具有乐观、奋进、追求高效率的创新精神;要使他们既有扎实的基础,又有较为系统的知识、较高的自学能力,并养成终身勤奋学习的习惯;培养他们手脑并用的创造才能和较高的思维能力;要使他们具有较高的独立生活能力,培养能虚心听取不同意见,协商办事的民主作风和组织能力;同时要培养健壮的体质,这些都是教育改革的核心问题。

总之,中学教育要为我们这一代的学生进入 21 世纪所从事的工作和劳动奠定良好基础。从这个意义上看,我们可以毫不夸张地说:作为教育工作者,我们正在创造祖国的未来。这样,我们就会充满光荣感和自豪感,为完成历史赋予我们的使命——培养一批又一批的社会主义新人而英勇奋斗!

(二)

中学是基础教育的完成阶段,是具有十分重要意义的阶段。少年儿童从小学进入中学是一个质的飞跃,这是他们从接受较少的社会信息的时期,进入接受较大量信息的时期。在这个时期里,他们从学习最基本的读、写、算,发展到学习掌握有一定难度的知识,需要更多地应用抽象思维去接触新学科的时期;他们又正处在老师具体安排指导下,由较多地记忆、背诵的学习方法,转变为要求更多地依靠自己的观察,主动阅读、比较、分析、判别、理解的新时期。对于一个刚刚离开小学的少年学生,这是一个充满希望的、光明灿烂的时期。但如果教育不得法,也有可能暗淡无光,甚至给学生留下终身遗憾。总之,这是奠定青少年共产主义世界观基础和扎实的文化、科学基础的最好时期,千万不能掉以轻心。在多年的实践、观察和调查研究的基础上,我认为初中阶段尤为重要。因此,多年来我校形成一个传统:狠抓初中不放松。从初中学生入学时进行新生入学训练开始,一个学期一个学期地检查。把优秀教师分配到初中各个年级。学校主要领导干部的精力也更多地放在初中。初中打好基础,高中就好办了。基于以上认识,我认为在中学阶段,应着重完成以下任务。

1. 为学生树立共产主义世界观奠定深厚基础;为学生参加正常的社会生活,遵循社会主义民主与法制提供基本训练。

在对学生进行政治思想教育中,除了以往经常采用的课堂教学与各种形式的课余活动(包括团队生活和必要的生产劳动)之外,那就是在马列主义基本理论指导下，引导学生观察社会，进行力所能及的社会调查，让学生通过耳闻目睹，去观察、思考、分析、辨别、论证，建立起一个牢固的、不轻易动摇的信念，以指导自己的行动。

这种方法，我们在五十年代、六十年代、八十年代初期，每逢学生思想出现某些混乱时都曾经采用过，也收到了良好的效果。

当我们进一步研究老一代革命者是怎样建立信念、走上革命道路时，我们发现，每一个革命者都是在先进思想启迪下，通过自己对社会（包括家庭、婚姻等社会现象）的观察、思考、分析，从而得出正确的结论，走上革命道路的。因而，我们坚信这是每个革命者必由之路。我们就把这种方法作为一项根本措施，列入我校教育计划之中，规定在高中一年级上学期，进行一次为时两周的下乡劳动和农村社会调查。此外，则利用节假日，与学生其他课余活动项目相结合，做一些比较简易的、单项的社会调查。

2. 努力发展学生的智能。

中学阶段要突出地继续培养学生使用本国语文的能力，它是学生用以开阔眼界，接受信息，了解历代历史、文化、科学技术概貌和现代社会各项成就，并进行逻辑思维的基础和最重要的工具。同时，也将对学生将来选择职业产生不可忽略的影响。语文是工具。这个工具要为各种教育教学服务，并在服务中，通过全体教师共同配合，提高学生语文水平。因为本国语文这种多功能的特点，中学主要领导就要亲自关心语文教学，组织全体教师为提高语文教学质量而努力。因而，我们要求各科教师都要在自己的课堂教学中，努力帮助学生提高语文阅读水平和写作能力，努力保证学生在初中毕业时，有较好的现代文的听、说、读、写能力。

掌握一门外国语言，是现代科学技术迅速发展的需要，是对社会文化、教育、科学技术工作者提出的起码的要求。外国语言必须从小学起步。我们期望着能在中学阶段基本完成第一外语的教学任务，在目前，至少要打下坚实的基础。

数学是中学教育的另一门重要课程。如果我们考虑到现代数学的发展和它对社会所起的作用,就需要用新的观点,从本质上改革教学内容,培养学生学习数学的浓厚兴趣和主动钻研精神,形成数学观念和掌握科学的思想方法。这就要求老师探索新的教学方法,运用新的教学手段,培养学生准确的独立思考能力。学生应该成为书本知识的主人,而不应该成为习题的奴隶。学习这些知识,不仅要了解原理,记住结论,同时要学会前人探索这些知识的方法。只有这样,才能发展学生的智能,培养他们的自学能力和创造精神。

不错,学生所学的是前人探索过的知识,这些原理原则,不但为科学论证所证明,而且也为实践所验证,因而他们学习这些知识是必要的。现在教学的任务是如何使学生在学习过程中,进一步发展他们的智能,让他们牢固地把握这些知识的规律,从而培养他们创造性地驾驭这些知识的能力。我们不但在自然科学工程技术方面落后,就是在社会科学的研究和管理技术的探讨和实践方面也还有待于加强。因而,这种探索的教和学,在社会科学方面也不能例外。我们要学会运用马列主义基本理论,进行社会科学的教学工作,要善于继承和批判地接受前人的文化遗产。

3. 要着力加强理科的实验教学,努力提高学生的实验能力和其他实际操作的能力。

加强实验教学,能使学生对自然科学的概念和本质把握得更牢靠,形成清晰的图象,还可以进而培养学生从事科学实验所应具有的严肃态度、严谨作风和具有严格的量的观念。这些对于他们科学素质的形成,都有极其重要的作用。我们回顾五十年代和六十年代前期,虽也很重视实验教学,并为之创造良好的实验设施,但当时主要是从直观性原则的实施和科学结论的验证这一角度来考虑的。现在认识有了提高,认为要从培养学生管理和创造的能力出发,在实验的准备、进行、结束一直到写出实验报告的全过程中,引导学生明确理解实验的目的,自觉采用适当的方法、工具,从仔细观察、比较分析入手。还要十分重视量的变化的含义,进而引导学生提出某种假定,再对之作出结论。尽管这基本上在重复前人的认识过程，但却是培养学生的创造才能所不可缺少的。

4. 重视体育和美育，使学生具有健壮的体质，高尚的审美观念和情操素养。

体育教学的任务在于发展学生体质，学生体育成绩是否及格，应作为他们能否升级的不可缺少的一项考核标准。往往被忽视的图画、音乐教学也应加强。中学的歌咏活动是比较易于在群众中传播的艺术形式，它是动员、鼓舞、激励人民从事革命和建设的重要武器，也是丰富业余生活的重要组织形式。中学生具备一定的文娱活动的知识和能力，对于将来从事各项工作，有一个丰富而高尚的精神生活，其作用也是不能低估的。

5. 端正办学思想，制定出整个中学阶段的劳动技术教育纲要，扎扎实实地抓下去。

劳动教育是中学教育的一个必不可少的组成部分。马克思、恩格斯、列宁和毛泽东同志都十分重视教育与生产劳动相结合，并认为这是培养理论与实践相结合、全面发展新人的根本途径，是逐步消灭脑力劳动与体力劳动差别的重要措施。劳动技术教育，必须完成从思想教育、劳动态度教育到技术教育的多重任务。在安排技术教育时，既要从本校实际条件出发——场地空间狭小，也不具备进行多种技术工种的培训等条件；又要紧紧地盯住当代新兴的、尖端技术发展前景，尽可能为它奠定最基本的职业技术训练基础。在初中进行生物技术训练，在高中进行电子技术训练，此外，还要安排一些公益劳动。

（三）

1. 面对新的挑战，必须采取科学的教学方法，正确处理大纲教材、教师和学生三方面的关系。要采取果断措施，从低年级开始，从新生入学开始，根本改变一味注入的教学习惯。否则，发展学生智力，培养学生创造才能，

陈君实

就会成为空话。

我们在教学中需要处理好三个方面的关系，即大纲教材、教师、学生这三个方面的关系。大纲和教材中，包含着党和政府对学生的文化科学知识的要求、对学生智能发展的要求以及实现这些要求的基本方法和检验标准。所说的"大纲精神"应包括：学科知识结构和科学方法体系；根据对未来社会（包括经济、科学技术）发展前景的预测，提出对基础教育的要求，对教育教学规律、对青少年生理、心理发育特征的基本认识。教材一经编定，就是一个固定的因素；而教师的文化科学素养，在一个不长的时间中，可以假定为不变因素。这样看来，教学改革中最活泼、最主动的因素，就是调动师生在教与学中的积极性和主动精神。

教师的主导作用，就是主动地、合乎规律地调动学生学习的积极性和主动精神，只有这样才有教学效率可言。当前科学技术知识的发展极为迅速，因此，教学工作要采取果断措施，从低年级开始，从新生入学开始，改变一味注入的教学习惯。要注意给学生更多的自由支配的时间，指导他们发展健康的个性和多方面的兴趣爱好。否则，想发展学生智力，培养学生的创造才能，就会成为空话。

除了引导学生课内认真读书思考和课外广泛涉猎各种知识外，培养他们观察、比较、分析、综合、判别和论证能力，保持并深化学生的学习兴趣，也是教师一项重要的教学任务。

我国少年学生进入中学阶段，大体可以看成是从直观的思维和学点一般常识的阶段，开始进入更多地需要理论思维的阶段。如数学在理科的教学中，应使学生以观察为起点，经过思考，培养探索自然规律的能力。在自然科学教学方面，注意讲好某些重大的科学技术发展的背景、基础条件，对培养学生掌握科学概念，发展智能是有良好作用的。我认为：科学教学的实质是以科学态度和科学的思想方法去对待教材。也就是说，科学教学应该是科学概念和基础理论、科学方法、科学态度三个集合的交集。中学的所有课程，都是培养一个比较全面发展的人所不可缺的,都需要认真对待,不能偏废。

总之,当前新的科学技术革命,对我们基础教育所提出的挑战,首先要求我们培养的人才具有比较发展的智力,富有创造性,具有不怕风险的进取精神。这个战略性的思想认识,必须成为教育研究和教学改革的指导思想的核心。所有教师应统一认识,认真实践。

2. 在中学生中开展科学技术实验和兴趣活动,是早期发现人才,培养人才的有效途径;在马列主义指导下,引导学生对各种社会信息进行观察、思考,是培养学生树立共产主义世界观的必由之路。青年一代有革命理想,有创造性才能,这是我们对付新技术革命挑战的重要条件。

在党的十一届三中全会路线指引下,我们较深入地进行总结,根据青少年年龄和他们对社会生活的理解,根据教育部对学生进行职业技术教育的要求,结合我们福州一中的具体条件和我们对新的技术革命的初浅认识,做了如下安排:在初中阶段开设植物(花卉)的栽培和微生物(食用真菌)的培养课;在高中阶段,开设以电子技术为内容的职业技术课。

从这两年的实践看来,这些课程引起了学生极大的兴趣。在这些必修课程的基础上,我们还成立了多种兴趣小组。其中有细胞融合技术兴趣小组,在校友——中国科学院植物研究所细胞研究室负责人指导下,进行低等植物细胞融合技术实验,经多次失败后,已经先在高等植物洋葱细胞中初步获得脱壁了的活的原生质。为了在高中学生中进行信息入门教育,我们几经酝酿,从本校勤工俭学收入中挤出一些钱,买了一套微型电子计算机。从 1983 年 6 月开始,培训了多批兴趣小组成员。这些学生初步掌握了 BASIC 语言,还能编制简单的程序。现在学校正在总结经验,为开设选修课程,进而开设必修课程而努力。这项活动也得到校友、福州大学软件研究室同志的大力支持。

从这些活动中,我们看到一个新的苗头:在高等学校和科研单位的支持、指导下,在中学生中开展科学技术实验和兴趣活动,是早期发现人才,培养人才的有效途径。

在劳动教育中,我们还建立了一种制度,即每届高中一年级上学期的学生必须用两周时间,集中下乡参加农业生产劳动。在劳动同时,请农村干部介绍贯彻三中全会精神,实行联产承包责任制以来,农村经济发展情况,组织学生进行家庭访问。这样做能够从这样几个方面教育学生:一是使学生认识到,作为社会主义中国的青年学生,必须对中国农村有所了解,今后在任何岗位上都不应该忘记农村和农民,牢记农村经济是我国经济的基础。二是从农民劳动致富积极性的调动,农村经济的迅速发展,对科学文化的渴求,看到党的政策的无比威力,看到社会主义建设的光辉前景。三是过一次有意义的集体生活,培养组织才能和团结互助的友爱精神。四是组织他们广泛接触社会,训练他们从五光十色的社会信息中,甚至在极为矛盾的信息中,经过思考、分析、议论、判别,得出正确结论的能力。1981年秋,我们组织高一全体学生下乡劳动和调查。回校总结时,许多同学深有体会地说:想不到党的政策有这么大的威力。为了进一步研究这种教育方法,我们接着在1982年组织高二一个班的学生,到马尾就帝国主义入侵和占领、马尾人民的反抗斗争……一直到党的十一届三中全会后马尾的巨变,进行实地考察。这一桩桩、一件件血泪史,福建人民一次又一次的斗争和最后胜利,给学生以深刻教育。他们写的调查报告,虽然幼稚,却充满着发自肺腑的感情。他们写道:马尾镇这个近百年中国人民屈辱、奋斗与胜利的缩影,证明了一条伟大的真理——只有社会主义能够救中国。

我校的教育实践,再一次证明了认识论的一条基本规律:在科学的马列主义基本立场、方法、观点指导下,引导学生对各种历史的、文化的、社会的信息进行观察、思考、探索,是认识真理,奠定共产主义世界观的必由之路。而肩负起振兴中华的伟大历史使命,树立共产主义理想,是对付新技术革命挑战的首要条件。

3. 我国的教育事业,包括基础教育,必须接受新技术革命的挑战。在咄咄逼人的新形势下,我们的基础教育一定要改革,而且要加快改革步伐。

邓小平同志指出：教育工作要"面向现代化，面向世界，面向未来"。这个指示对我们是鼓励，更是鞭策。我国的教育事业，包括基础教育，应该回答新技术革命的挑战。基础教育是造就千千万万自然科学、人文科学、工程技术管理技术学者、专家大军的基础，也是培养千千万万新型的各种产业、服务行业劳动者大军的基础。我们年轻的一代，必须用马列主义、毛泽东思想武装起来，也必须用现代科学技术、历史、文化的宝贵遗产武装起来。

这几年来，我们虽也思考过、议论过，对改革做了点滴尝试，但认识不够高，胆识不够大，道理说得也不透。因而使得同志们既想进行教学改革，培养学生智能和自学能力，又不能彻底顶住社会上片面追求升学率的种种压力，还订不出衡量一个学生的德、智、体发展水平的客观的、便于计量的具体标准，因而难于进一步统一思想，统一步调，组织更多的同志从事教学改革。就是在对中青年教师的工作贡献、物质待遇等问题的评价问题上，也还存在分歧，阻碍教学改革的进展。我们的管理工作，也还跟不上教学改革的需要，还没有摆到科学管理的位置上。从领导到教师、全体工作人员都存在一个迫切的学习、知识更新的艰巨任务。这一切又必须同步进行。面对种种困难，我们必须以勇敢者的姿态出现在新的挑战面前，把教学改革工作深入持久地进行下去，无愧于我们伟大的祖国，伟大的时代。

（原载于《荆棘之路——陈君实中学教育实践文集》2002年5月）

改造·创新·攀登（节选）

——福州一中教育实践（1952—1983）的回眸和反思

三十二年只是历史长河的一瞬，但是对于所有亲身体验过1952年到1983年福州一中沧桑巨变的人们，特别是对于参加过对这所旧式学校的具有开创意义和社会影响的改造、创新，从而不断攀登，为之跻身于社会主义新型中

陈君实

学先进行列而呕心沥血、磨难备尝的人们，更是刻骨铭心、永志难忘。

福州第一中学的前身是1902年由分别创建于1817年和1870年的公立"凤池书院"和"正谊书院"合并组成的新制"全闽大学堂"，此后，几经沿革，更名为福建省立福州中学。百年内，福州一中经历了封建王朝末代、资产阶级共和到社会主义初级阶段三个历史时期，同时进行了两大革命——一是从封建社会到半封建、半殖民地的资产阶级共和制，到社会主义初级阶段的建立这一社会制度的革命；二是从基本上属于儒家传统的缺乏近代科学教育的书院教育制度，到初步创立近代科学教育体制，到人民大众的、现代科学的教育制度的建立和逐步健全。特别是从50年代开始的历史大跨越，为创建人民大众的现代科学教育奠定了坚实的基础。

我和我的战友、同事有幸参加了这场跌宕起伏、极具挑战性，却又令人向往、回味无穷的伟大变革。

1952年9月，我们几个共产党员奉命进入福州第一中学，主要任务是：成立中共福州第一中学支部委员会，实行对福州一中的全面领导，完成民主改革，建立人民大众的新民主主义教育体制；贯彻党的教育方针、政策，建立正常的教育秩序，提高教学质量，为新中国培养社会主义新人。

我们一行五人，桑耘同志任校长兼党支部书记，负责全面工作。我任副校长，负责领导教学和日常行政工作。1956年下半年，我被任命为校长、党支部书记。

在教育厅领导的鼓励和支持下，一场外表平静、内里深刻的教育变革在悄悄地却是一步一个脚印地展开。我们联系实际，认真学习教育方针、教育理论、教学方法，深入教学实践，经常下班听课，参与并推动集体备课、课堂教学和实验教学研究，同时组织教学观摩，推行教学评议，发现并推广优秀教学方法，纠正教师中存在的某些自由教学倾向，迅速提高了全校的教学水平。原省立福州中学基本没有实验室，我们着手扩建自然科学实验室，充实设备，并配备优秀的实验指导人员，显著增强了实验在教学中的作用；我们广泛扩充课外读物,开展课外阅读和写作指导,充实学生的学习生活;我们加强对学生的思想品德教育,鼓励学生提高学习的自觉性,为建设祖国、保卫祖国而努力学习。与此同时,我们加强了对体育、美育、劳动教育工作的领导和指导,特别是组织学生参加社会公益活动和生产劳动,全面贯彻教育方针。教育变革的步步深入,使我逐渐认识到校长的主要任务:第一是通过学习、实践、再学习、再实践,深入认识并实施全面发展方针,正确执行教学计划;第二是通过组织教师学习教育方针、教育理论并引导教师在学习、实践中提高业务水平和执行教学计划的能力,从而组建一支能较快取得共识并实行良性协调的教师队伍;第三是组织建立尽可能充分的物质支持系统,为师生生活、学习服务,尤其是有计划地扩充实验室和各种设备,添置较为丰富的图书,在教学实践中充分发挥它们的作用,同时从实际出发,尽可能地为师生提供良好的物质条件;第四是深入细致地培养师生默契配合,致力于教学的优良学风。

经过全校师生的共同努力,福州一中的教学质量逐年显著提高,从1957年起连续三年高考成绩名列全国之冠。教育部组织全国21个省市参观团来福建参观访问,提出了"学习福一中,赶超福一中"的口号,时值1959年秋季开学,我被冠以"骄傲自满,白专右倾"的罪名,受到批判并被撤职,放逐漳州师专。从1960年起,在漳州两年有余的时间里,通过深入学习和反思,我确信,在近现代基础教育中,为绝大多数教育工作者所公认的教育方针,是使受教育者德、智、体、美、劳五育并举、全面发展的教育方针。德育是主导,智育是核心和基础,体育是载体……作为社会主义体系,我们与资产阶级所不同的仅在于政治和社会导向,即为社会主义建设服务,与生产劳动相结合,这是静态的认识,也是我十年工作的思想小结。

1962年6月,王于畊厅长代表党组织为我平反,恢复名誉,调我回福州一中任校长。在王厅长的大力支持下,福州一中的教育改革实践得到深层次的全面发展:一是从1962年到1965年,大规模地调整教师队伍,此时的福州一中可谓群星灿烂、人才济济,这是福州一中历史上最好的教师队伍;二是在全国普通中学中率先建成了实验室面积为 2400 多平方米的实验大楼;三是有计划地在集体劳动中开展社会调查,提高学生对社会的认识,为此,受到《人民日报》1963 年 5 月 13 日社论的鼓励与表彰。正当我意气风发,奋勇前进时,"文化大革命"开始了,批判加上批判,斗争接着斗争,十几年的学校工作被全面、彻底地否定了。在这十年中,我除了接受"批判""斗争"和"劳动改造"外,就是努力学习和深刻反思。我较为系统地学习了马克思列宁主义,学习了微积分教程。

1974 年,我参加了省委党校学习班,学习后重新分配工作,先是到福州抗菌素厂任职,后调省科委情报研究所工作。此间,我广泛涉猎了西方先进国家经济发展的有关情况,贪婪地学习了大量科学技术、经营管理知识,尤其是生物技术、计算机技术、宇航技术、新能源、新材料、环保技术飞速发展的科普类文章,如摩尔定律、DNA 等等,真是铺天盖地,目不暇接,使我受到了强烈的震撼,大有"山中方七日,世上已千年"之感。十年浩劫使我国经济陷入崩溃的边缘,每一个有良知的中国人,谁不痛心疾首,扼腕沉思!

当我于 1979 年奉调返回福州一中再任校长、党支部书记时,深感我们不但自然科学技术落后,而且社会科学、人文科学、管理技术更加落后,为此必须脚踏实地、争分夺秒地为我们的学生进入 21 世纪从事劳动和学习奠定基础,为赶超世界先进水平做好准备。这是经过长期反复思考后我对全面贯彻教育方针的进一步的动态认识。这种着眼于未来的前瞻性认识正是我第三次进入福州一中时所孜孜以求的激励人心的奋斗目标,更是我立志要完成的神圣的历史使命。

回眸和反思

一、校长的首要任务是坚决贯彻党的教育方针。我在福州一中实际工作时间只有 16 年有余,即 1952 年 9 月—1959 年 10 月、1962 年 7 月—1966 年 6

月、1979年12月—1983年7月。此外,"列入另册",遭斗争、批判,在监督中劳动前后近七年;调往其他单位,做些"边缘化"的工作近六年。然而,这十几年时间却也是我埋头苦读、悉心寻觅知识、寻求智慧、寻找安慰的好时光。

在福州一中工作期间,我一向主管教学和行政工作。从一开始我就努力学习教育理论、教育方针、教学方法,学习社会主义建设理论,在实践中思考、探索、归纳、升华,在反复学习和实践中总结提高,即便受到严重打击,也不改初衷。正是这种执着使我深刻认识到毛泽东关于社会主义教育(在这里指的主要是普通教育12年)必须使受教育者在德育、智育、体育诸方面都得到发展,必须与生产劳动相结合的论述是完全正确的。

作为一个校长,其首要任务是正确把握并坚持贯彻执行全面发展的社会主义教育方针。

在现代教育论坛上,先贤们对基础教育方针的认识大体趋于一致,就是使受教育者在德、智、体、美、劳诸方面获得全面发展,所不同者,仅在于政治和社会导向。无产阶级的社会导向迥异于资产阶级民主主义(含其变种),主张为社会主义建设服务,与生产劳动相结合。

德育,即道德品质和政治思想教育,是基础教育尤其是中学教育的首要任务,它包含人类社会公认的道德品质,即诚实、尊重他人、尊重劳动、遵纪守法、保护环境等等。对于社会主义国家而言,最根本的是反对并废除剥削和压迫,在工人阶级领导下建设祖国、保卫祖国。

智育,是核心,也是基础。列宁在《青年团的任务》一文中指出,共产主义是从人类知识总和中产生出来的,只有确切了解人类全部发展过程中创造的文化,只有对这种文化加以改造,才能建设无产阶级的文化。中学阶段教学计划中每一学科的设置,学时的分配和要求,都是经过科学论证和实践的验证的,为了在单位时间里完成教学任务,以便使学生有更多时间发展,从而不断提高教学效率是校长工作应时刻关注的重中之重。

智育包括各科基本知识及其科学系统、应有的基本技能和在学习中逐步养成的科学思维方法，必须通过自然科学实验和社会调查才能逐步达到开发智力的目的，而绝不是靠死记硬背某些课文、结论所能奏效的。

健壮的身体是一个人思维和行动的载体。中学阶段体育课的任务，就是使学生获得有关运动的基本知识，养成爱好体育锻炼的习惯和科学方法，不断增强体质，以便终生健康地劳作和生活。

美的因素，广泛地包含在各科课程和生活中，要从多方面培养学生审美能力，保持清洁整齐，学会视唱、合唱，学会基础素描和初步空间透视能力，在日常生活中则要求做到语言美、心灵美、爱护环境，自觉拒绝邪恶和丑陋。

劳动教育，就是学会劳动，爱好劳动，尊重他人劳动，在劳动中体验劳动的创造价值，逐步树立"劳动是生活的第一需要"的思想。

为了全面贯彻党的教育方针，提高教育质量，"文革"前的十来年，我坚持在实践中学习再学习。十年浩劫中在遭受猛烈冲击的同时，一个问题始终在我脑中萦回：十五年的是非究竟应如何看待？一所社会主义中学究竟该怎么办才能适应时代发展的需要？为了寻求答案，我努力学习马列主义、毛泽东思想，特别是认真学习《矛盾论》《实践论》和《人的正确思想是从哪里来的》，逐篇细读《列宁全集》中从十月社会主义革命胜利开始的最后七卷，仔细研读其中论述新经济政策的论文和《青年团的任务》。我还阅读了我所能看到的一些报道外国经济、技术发展史和有关资料及对未来的预测和描述。这些对二战后一些主要国家经济发展情况和对科学技术的预测和描述在我心中激荡，使我难以自抑。从此，作为我的业余爱好，我到处搜集我所能找到的各种有关尖端技术的科普报告、情报资料和专著，一遍又一遍地阅读，一次又一次地回味，并思考它们对我国教育和科学技术，特别是对中小学教育改革所提出的课题。党的十一届三中全会根据马列主义原理重新确定了党的政治、思想、组织路线，并提出党的工作重点的转移。经过全面拨乱反正，我的思想深处逐步形成了一个坚定的信念——对教育作动态的认识，要紧跟时代的科学技术、社会科学和管理技术的迅猛发展，尽可能地作前瞻性的探索，以适应时代的需求。我们的基础教育不但要夺回失掉的时间，而且必须迎接21世纪的挑战。

在中央做出推翻压在全国教育工作者心上，也同样沉重地压在我心上的"两个估计"之后，我重返福州一中。在第一次教研组长座谈会上，我以邓小平《在全国教育工作会议上的讲话》（1978年4月22日）为指导思想，明确地提出：基础教育必须展望21世纪，全面进行教学改革。我认为，当代自然科学技术发展很快，在科学技术领域中，正在酝酿重大突破，国际上以电子计算机技术和生物遗传工程DNA等为主要内容的科学技术突飞猛进，各种科学技术知识迅速积累，新的概念、新的观点、新的定理不断涌现，彼此渗透，相互促进；自然科学、技术和社会科学相互之间日益结合和渗透，并在应用上形成各色各样的系统工程，凡此种种定将推动生产力的大发展。国际上许多著名的科学家和社会学家展望未来，纷纷做出预测，无一例外地希望能更准确地掌握关键的、带头的科学技术，以便集中力量，不失时机地促进科学技术发展的进程，旨在夺取科学技术，亦即新兴的尖端技术在经济部门的领先地位。种种推测，不一而足，却都有一个共同点，既然21世纪是尖端技术的时代，就必须是教育的世纪，这就给我们提出了一个重大问题：面对当今世界大量新知识迅猛积累的局面，我们必须在培养青少年一代坚定共产主义信仰的同时，不失时机地帮助他们建立现代化的思维方式，也就是开放的而不是封闭僵化的、善于分析比较的而不是被动接受的、系统的而不是杂乱的思维方式，致力于开发和发展他们的智能。我们的学生既然必定要成为21世纪的主人，我们就不能不以此作为我们考虑教学工作的出发点。在回顾以往教育工作的主要成绩、经验和问题时，我提出，今后理应进行教育改革，在教学上强调以单位时间的教学效果（即效率）作为检查教学质量的首要标准，甩掉死记硬背和填鸭式、注入式的一套老方法，因为它是一种效率极低的教学方法，根本无法承担培养迎接新技术革命的劳动者和科技管理人才的使命。

陈君实

与此同时，把学生从过重的课业负担和考试桎梏中解放出来，着重打好扎实的基础，培养创造才能。

1980年初，我参加了全国教育工作会议，在聆听并学习邓小平同志《目前的形势和任务》的重要报告后，进一步明确了基础教育的重大历史使命，结合总结"文革"前十多年的办学经验和教训，撰写了《进一步提高教学质量，努力培养社会主义新人》一文（见《中学校长工作经验选编》第1～13页，教育科学出版社出版），文中提出"中学教育是基础教育"，"首先，要培养学生具有无产阶级政治觉悟和高尚的共产主义道德品质"，"其次，应使学生掌握现代文化科学的基础知识，发展他们的智能，培养他们独立分析问题和解决问题的能力"，我认为"传统的教育思想和教材、教法，将难以完成为四化所需要的人才奠定基础的重任"，由此联想到，科学技术的新突破，势必引起人们在劳动、生活、社会关系等方面的重大变化，教育必须注视这些变化，才能引导青少年一代在21世纪坚持党的四项基本原则。我认为，必须培养学生具有紧迫的历史使命感和革命理想以及高尚的情操和乐观、奋进、追求高效率的竞赛精神；既有扎实的基础，又有较为广泛的知识和较强的自学能力，养成终生勤奋学习的习惯；使他们具备手脑并用的创造才能和较高的思维能力；具有较强的独立生活能力；树立能虚心听取不同意见、协商办事的民主作风和严守法纪的观念；同时，培养健康的体质。所有这些都是教育改革的核心问题。在中学各种教学中，尤其要高度重视本国语文、外国语文（另一语文）和数学这三门基础学科的教学。

要把本国语文的教学放在十分重要的地位。对现行教材可以从实际出发做一些教学方法上的处理，并补充一些课外阅读内容，让学生在课内外读到各种类型的典范文章，得到更多的书面和口头表达能力的锻炼。特别是在初中，要适应少年的心理特征，激发并培养学生们的学习兴趣，多背诵一些浅显的古代著名诗词或短篇散文，要指导学生观察、分析、鉴赏、评论周边事物并善于较准确地表达出来。本国语文教学一定要在初中阶段打下扎实基础，各科教师对培养学生使用本国语文的能力都负有一定责任，可以也应当通过各自的课堂教学等途径，培养学生独立的阅读和表达能力。

外语教学是当前中学教育的薄弱环节，也是我们欠下高等学校最大的一笔债。我们务必采取积极措施，订出切实可行的计划，在若干年内使绝大多数学生在听、说、读、写方面打下扎实基础。

数学教材必须现代化，要认真探索学生掌握数学知识、发展智能潜力的新途径，把集合、对应、变量、概率、极限等概念提前授予学生。在数学教学方法上，不但要引导学生迅速掌握数学基础知识，还要使学生通过对概念、定理、推论的消化、吸收和运用所学知识析题、解题的从具体到抽象的思维转化过程，发展和巩固学生分析、演绎、推理、综合、论证的能力，只有这样，才能在智力发掘中不断获得更多的知识。

要重视发展学生的智能；要加强理科的实验教学，努力提高学生的实验能力和其他实际操作能力；要加强体育和美育，使学生具有健康的体质和高尚的情操；要加强劳动教育，并对学生进行一些综合职业技术教育。

这就是我所思索并逐步形成的对教育方针动态的认识。对办好基础教育的强烈的责任感促使我立即着手组织教师们认真学习、认真思考、认真讨论，以便取得对教育方针的共识，我认为，教师的认识越高，贯彻执行的力度越大，效果就越好。

二、培养一支老中青合理搭配的优秀教师队伍是校长的基本任务。一个优秀教师必须具有坚决走社会主义道路、恪尽职守、敬业乐群的品德，积极参与社会主义文化建设；必须努力学习、努力实践，不断提高教育理论和专业水平，以优良的教学方法，提高教学效率，全面贯彻教育方针，出色完成教学任务。

原省立福州中学有一支较为优秀的教师队伍，然时值建国之初，百废待兴，人才奇缺，为顾全国家大局，黄缘芳教师等九位精英奉调到省内外有关单位任教授、讲师、高工等职务，校内仅从本省极为薄弱的高师中分配来少量专科学生，为解燃眉之急，我们增补了相当数量的高中毕业生和短训班学员，以当时的数学教研组为例，除被调走的教师外，无一数学本科毕业生，仅有的一位本科毕业生还是从化学系毕业后转任的，直到1954年暑期，才分配来一位提前一年毕业的数学系本科生以应急需。在这种情况下，我们只能通过狠抓集体备课、在职学习、开展教学观摩评议和介绍优秀教学经验的方式来逐步提高教学水平，60年代初期以后这种情况有了很大改观。据档案统计，我校1950年、1956年和1965年教师学历构成如下：

学历 \ 年份（人数）	1950年	1956年	1965年
本科毕业	42	34	73
专科毕业	4	23	16
高中毕业	6	11	4
合计（教师总数）	52	68	93

从1962年暑期开始至"文革"前的1965年为止，在王于畊厅长的支持下，我校实行教师流动制，共调进本科毕业生40多人，也调出相应人数，经过几年实践，在校年青教师迅速成长。如一位刚毕业的外语教师，对教学极为认真，基本上为每一位学生建立了学习档案，予以针对性指导。该班学生毕业前在福建师大教授主持下进行质量检查获得优异成绩，师大教授认为学生所写作文用词量大，全班基本上没有出现语法错误，颇有修辞色彩，这个评价大大鼓舞了我们。这位新教师在第一轮高中班教学中获得如此显著的成效，充分说明教师敬业精神强是决定性的因素，而采用建立学习档案的方法则大有利于备生（即了解学生），便于因材施教，可以充分调动学生的学习积极性，提高教学效率，也密切了师生关系。事实证明，我们坚持有计划地培训教师的工作是正确的、高效的。这支教师队伍是福州一中历史上最优秀的教师队伍。

我们培训和提高教师的办法有三。一是加强对教学工作的领导。组织在职学习，开展教研活动，强调在个人钻研教材的基础上集体备课以研究教材教法，通过教学、讲评等方式，实行以老带新、新老互助以提高教师水平。通过兼课和对教学实践的深入考察，结合对教育理论和教学方法的学习，我认识到教学必须牢牢抓住学科基础知识的掌握和基本思维方式、基本技能的培育，必须养成严谨勤奋的学风。在课堂教学上，我企望老师准确抓住课程的目的、要求，启发学生思维，精讲多练，举一反三，因材施教；要求学生养成独立思考、独立完成作业的习惯，提倡学习上的交流、探讨和质疑，严禁作业抄袭。通过教学实践的深入调查和反复研讨，使我深刻认识到培养学生的学习兴趣，从而发挥学习的积极性、主动性和锲而不舍、勇于进取的精神，是教学理论的第一要义。二是选送一些青年教师到有关大学脱产进修，提高素质。值得庆幸的是，这些教师经过努力学习，均学有所成，成为教学骨干，有的后来还成为高级教师、特级教师。三是自己开办学习班。1956年春，我们礼聘时任福州市副市长、前协和大学中文系主任、中国文学专家严叔夏教授开设古典文学系列讲座，共7个单元、20多个小时。严教授采用中西比较法，把《诗经》与莎士比亚作品进行比较，讲解透彻，形象生动，教师得益良多，为新学年实施汉语与文学教材分开打下了良好的基础。

我们学校的教师就是在这种学习和实践中互教互学、不断提高的。一批老教师尽管教龄很长，对教学工作仍精益求精，常教常新，给青年教师和学生树立了良好的榜样。如特级教师、副校长林桐绰同志长期坚持记录并分析每节课的教学效果，不论同一教材教过多少遍，每次都重新备课。他的教本和教案眉批旁注密密麻麻，剪剪贴贴，越用越厚，他常说自己是"教，然后知不足"。

实践证明，培养优秀的教师队伍必须从选好苗子开始。所谓好苗子必须具备成为优良教师的基本素质，即热爱社会主义教育事业，有献身精神和高尚的情操和志趣，有较广泛的文化科学知识，有健康的体质。从1962年至1965年，我们在王于畊厅长的大力支持下，到福建师范大学挑选了40多位毕业生。为了帮助这批新教师早日成长，我们从一开始就抓得很紧，而且一抓到底。首先，由教研组长或老教师帮助他们熟悉教材，明确教学目的和要求，并选定教学方法，然后进行试教，同时，由老教师评议帮助，使他们不仅有良好的开端，而且上好每一课，通过言传身教，逐步养成兢兢业业、一丝不苟的工作作风。其次是建立师徒关系，三年满师（即完成一轮教学任务）后，让新老教师固定搭配在同一年段，通过经常备课、听课、观摩、作业批改、试题分析、考卷讲评等活动，同时，也通过政治学习和教学理论学习，把老教师的好经验、好传统面对面、手把手地传授给新教师。老教师多有可贵之处，他们爱校如家，专心致志，认真负责，锲而不舍，这种敬业精神通过传帮带，使青年教师感动至深。如1960年来校，现在已是特级教师、副校长的陈日亮同志曾十分感慨地说过，他在业务上提高得最快的是来校头三年，那时，在老教师的帮助下，兢兢业业，不敢有丝毫马虎。

"文革"中，这支教师队伍受尽摧残，一些老教师被迫退休，一些外地教师申请调离。"文革"前102名教师只留下56名，好端端的一所学校被破坏得万家墨面，满目疮痍。然而，这支"文革"前培养起来的教师队伍中的大多数顶住了歪风，坚持教学工作，是一支压不倒的队伍。我校1977、1978、1979三届"文革"中招收的学生在恢复高考后的第一次考试中依然取得了优良的成绩。当时的一级教师林碧英同志，"文革"中被诬为"反动学术权威"，遭受迫害，愤而退休。粉碎"四人帮"后，她焕发革命青春，重新登上讲台，表示"有一分热发一分光"，愿继续为"四化"做贡献。正是有了这样一支教师队伍，我校才能在经历十年浩劫之后迅速重组，并从初中一年级抓起，重新迈出了前进的步伐。

三、校长必须深入教学领域，加强对教学工作的领导。我对教学工作的领导主要体现在五个方面。

一是进行调查研究，了解情况。我们深入课堂和实验室，认真听课，检查老师教案，查看学生作业和实验报告，召开师生座谈会，了解教学情况。

原省立福州中学虽然有一批高水平的教师，但就教师的整体水平而言也是参差不齐。有的责任心不强，甚至未备课就走上讲台搞"自由发挥"；普遍存在教学目的要求不明确、不准确，缺乏共识等现象。这种调查研究对我们有的放矢地加强教学工作至关重要。

二是强调并实施在个人充分准备基础上的集体备课。根据教学大纲、教材的要求和学生学习的具体情况，撰写教案，订出每堂课的教学目的要求和检查学生学习的内容、方法，规定没有教案不得上课。为严肃纪律，规定上课前两分钟，教师必须到位，督促学生做好上课准备。克服教学中的自由主义倾向，加强教学的计划性，从而培养了严谨的良好教风，以此带动了学生主动、积极学习的严谨学风。为了推动集体备课，我们组织开展教研活动。我每周都参加教研活动，语文、数学、外语的教研活动参加次数尤多。在学习教学理论、参加教学实践的基础上，我逐渐了解到培养学生的学习兴趣和积极主动学习的重要性，因而更加强调备课不仅是对教材大纲的了解，更重要的是了解学生、启发学生、指导学生掌握有效的学习方法，养成良好的学习习惯。同时，也进一步认识到培养学生主动阅读课文、认真复习课文的重要性，注意引导教师因材施教、举一反三。

三是深入课堂，组织各种形式的观摩。这是尊重教师劳动，同时也是鼓励教师充分施展才华的好形式，又是领导在教师面前"亮相"的机会，让各科教师检查、督促校长是否深入教学，是否具备与教师探讨、开展教学工作的能力，能否为教学服务的最佳途径，更是校长与教师团结无间的表现。我们在观摩后组织各种讲评，从中遴选优良的教学方法并举办公开教学，以此推广先进的教学方法。这是激励、推动教学的好办法，时隔不久，全校就形成了比先进、赶先进的良好氛围。

四是作为校长，我亲自担任政治课的教学任务，和教师们一样参加在个人准备基础上的集体备课，一样上讲堂，一样体验备课教学中的艰辛。在一切为教学服务的浓厚氛围中，教学秩序有条不紊、健康正常。有时教师因故缺课，我还能代课讲授语文和数学，这就淡化了派校干部的身份，增强了同行意识，密切了与教师的关系，建立起彼此协调、和谐运作的整体意识。我们对教育工作的领导，除组织学习教育政策、教育理论和教学方法外，还组织开展多种形式的教学研究、观摩和评议，积极推广好的教学方法，使党的教育方针在德、智、体诸方面生动活泼地得到发展，并尽量在各个方面落到实处。

五是不断学习教学理论，总结教学经验，明确教学质量的提高取决于各科教师的知识素养和科学的教学方法。从50年代中，到60年代初再到80年代初，我们每周均安排两小时的业务学习时间，学习教育理论、教学方法、教学大纲。从多年的调查研究来看，我认为在教学中需要处理好三方面的关系，即处理好大纲教材、教师和学生这三个方面的关系。大纲和教材，体现了党和政府对青少年学生文化科学知识和智能发展的要求，以及实现这些要求的基本方法和检验标准。所谓"大纲精神"，应理解为对学科知识结构和科学方法体系，以及对青少年生理、心理发育特征的基本认识。这是需要教师深入理解和认真掌握的。教材一经编定，就是一个时期的固定的因素，而教师的文化科学素养在一个短时间内可以假定为不变因素，此时此刻，最活泼、最主动的因素是师生在教与学中的积极性和主动性。如果教师能够不断吸收先进的科学的教学方法，能够深刻地理解和掌握大纲、教材的知识结构和科学的方法体系，又能够不断深入地了解学生的学习情况，追踪学生学习的全过程，对他们的学习基础、学习方法进行分析研究，从根本上培养他们的学习兴趣，使之养成科学的思维方法和良好的学习习惯，帮助他们逐步形成学科的知识结构和科学方法体系，那么，其教学情况和效果定将处于最佳状态。我认为教师的主导作用，应该是主动地、合乎规律地调动学生学习的积极性和主动精神，只有这样，才有教学效率可言。当前科学技术知识的发展极为迅速，知识老化周期迅速缩短，如果教学工作不采取果断措施，从低年级开始，从新生入学开始，切实改变注入式的教学习惯，并注意给学生以更多的自由支配的时间，指导他们发展健康的个性和多方面的兴趣爱好，那么，企望发展学生智力，培养学生的创造才能，就会成为一句空话。

除了引导学生课内认真读书思考外，我们还指导他们在课外广泛涉猎，例如，以语文课兴趣小组"三牧文社"为基本队伍，各年级开展读书活动，举办阅读竞赛。我认为，通过举办课外兴趣小组的形式，培养学生观察、比较、分析、综合、判别和论证的能力，并培养和深化学生的学习兴趣，应该是各科教师的一项共同的任务。

四、在教学过程中，学生是学习能动性的潜在能力的主体，引导、发挥学生潜在的学习能力，就成为教师最主要的任务，我们要求在备课中"备生"就是要发掘这一潜能。这种发掘主要表现在以下几个方面：

一是在教学实践中坚信阐明本科教学目的、要求、意义和基本教学方法，是启发学生学习兴趣的重要方式。学生年龄越小，越要激起他们学习的兴趣和爱好，以激起强烈的求知渴望。

二是坚持启发式。通常从引导学生观察、思考开始，由教师指导学生阅读课文，开展讨论，回答学生疑难，进而演练习题。60年代中期，我曾做过一个小小的实验，以一对一的方式，指导一位资质中上以上的小学二年级学生完成当时小学三到六年级的课程，达到小学毕业程度（该生现已是一名博士，在某单位任研究员）。开始时，我每天用一小时左右时间指导他阅读课文，并略加讲解，分析例题，接着立即按课文规定，一题一题演练，我在旁观察，释疑解惑，并对其所做习题进行综合评析，大约做了十几个练习后，改由他自行阅读课文，并认真解题，当教完全部课程时，我对他的总评价是较好地完成了小学算术的学习任务。这个实验对我很有启发意义，由此我认识到，从小学低年级开始，就应很好地培养学生的阅读能力，这对于尽快提高他们的自学兴趣与能力大有裨益。

三是着力培养学生勤奋学习的态度。要求学生作业、答卷书写要端正整齐，实验操作要规范，并要求老师用板书作示范。为了提高外语学习效率，要求学生划出一定时间（如 30 分钟左右）"天天读"。

四是尽力培养学生现代的科学的思维方法。我们清醒地意识到，民间根深蒂固的封建的僵化的思维模式是学生们探索知识、开发智慧的一大障碍。用旧式的单调的灌输式的方法进行教学或辅导显然是最不成功的，应该启发和引导学生积极思考，通过比较、辨析、辨伪，理解和掌握知识，了解和认识事物。有些事物，则需要通过实验加以论证或进行社会调查以加强认识。由于学生个人的亲身经历极为有限，所以只有通过开放式的广纳信息（但要加以分析、辩证），才能不断增长知识和智慧。有鉴于此，我们认识到，随着学生年龄、知识的增长，指导学生有选择地扩大阅读范围十分重要，而充分利用图书馆存书指导阅读，并在此基础上，指导学生写作、开展自由讨论，则是求知的重要途径。现代科学知识是系统的，与之相适应的现代思维也应是系统的，这就是我们所提倡的培养学生思维的基本涵义。总之，我认为要千方百计地在教学过程中培养学生开放式的具有较强分析能力的系统的思维习惯。

五是以滴水穿石的精神，从一开始就严格要求，并持之以恒，使初中一年级学生从入学训练开始就养成严谨治学的风气。原省立福州中学在当时的中学中以生源好、教师优秀、学风优良，并取得优良成绩而著称，据上海《申报》刊载，省立福州中学在当时高校联考中名列十名内，究其原因，在很大程度上是从严格要求开始的。另据当时报载，英国有所伊顿公学，培养贵族子弟，左右政坛；甚至有滑铁卢之战的胜利，是从伊顿公学操场上获得之说；伊顿公学的辉煌也是从严治校的结果。我们要培养国家的栋梁之才，而这一切也必须从严格要求开始。

我认为中学是基础教育的完成阶段，是具有决定意义的阶段。少年儿童从小学进入中学是一个质的飞跃。在这一时期，他们从学习最基本的读、写、算，发展到学习掌握一定难度，需要更多的应用抽象思维的新学科，又正处于从老师的具体安排指导下，更多地采用记忆、背诵的学习方法，转变为要求更多地依靠自己的观察,主动、比较、分析、判别、理解的学习方法的转型期。对于一个刚刚离开小学的少年学生,这是一个充满希望的光辉灿烂的时期,但如果教育不得法,也有可能成为暗淡无光、甚至留下终生遗憾的时期。青少年所处时代,正是他们大量吸收各种科学文化和社会信息的时代,也是培养他们学习兴趣,鼓励他们勇敢地克服困难,奠定终生学习基础的黄金时代。总之,这是奠定青少年共产主义世界观基础和扎实的文化、科学基础的最好时期,万不可掉以轻心。在多年实践、观察和调查研究的基础上,我认为初中阶段尤为重要,是基础的基础,在这种思想的主导下,多年来,我校形成了一个传统——狠抓初中不放松。从初中学生入学前进行新生训练开始,我们就带领新生参观学校图书馆、实验室、课外兴趣小组等,向他们介绍各项设施及基本的组织和功能,以引起他们的学习兴趣,同时郑重宣布了学校的主要纪律。初中新生的心理特征表明,他们的好奇心正处于旺盛阶段,又是可塑性最强的时期,福州第一中学正是他们向往已久的学校,各种新学科概况的展示,丰富多彩的学习生活最容易为他们所接受。为了加强引导,我们实行少先队学生辅导员制度,从高中学生中挑选品学兼优的共青团员担任辅导员,在总辅导员的带领和组织下,对少先队员进行辅导。这些大哥哥、大姐姐们对听课、读书、做作业、上实验课和课外阅读的亲身感受容易为少年们所理解和模仿,这也是福州一中的好学风能够代代相传的好途径。反过来,这一课余的志愿工作,也是对高一、高二学生组织才能和实际能力的一种锻炼。

为了使初中阶段的教学有一个好的开端,我们把一些责任心强、教学优秀的老师,如陈日亮(语文)、黄维申(英语)、王永(数学)安排到初一年段任教,让少年们一进学校就在得法的指导下养成对学习的爱好和良好的习惯。

五、作为校长,应尽可能地营造一个有利教学、方便生活的软硬环境。当年省立福州中学缺少属于自己的实验室,实验只能到附近的省立科学馆去做。自然科学是无数先贤经历无数次的实验，失败，再实验，再失败，直到得出一系列正确结论而建成的科学体系。青年学生学习自然科学，不能死记硬背科学结论和定理，必须让他们通过必要的实验来认识事物的基本属性，启发创造性的思维方法，并在实验操作中积累今后从事各项工作应有的严谨的步步到位的基本技能和劳动本领。从1953年开始，我们即着手兴建实验室，到1959年底，共新建、调整扩建了15间实验室，并添置各种仪器4000余件，其中包括近20台崭新的进口名牌"蔡司显微镜"。在学校实验室建设中，陈培初先生功不可没。他早年留学美国，获化学学士学位，因不擅口头表达，自愿担任化学实验室管理员和实验员。他以认真细致的工作作风、渊博的化学知识，为化学实验做好各项准备工作。在实验课上，他耐心指导，并纠正学生操作，起到了很好的作用。为了规范管理，他还制订了实验室管理规则，培养了后继管理员，使全校各个实验室都有专职或兼职管理员，并配置了相应的仪器设备和实验材料，使实验室初具规模。从此，重视对实验室的指导，加强实验室管理，在我们学校相沿成习，蔚为风气，保持着良好的发展态势。

1964年底，省厅决定给我校兴建新的教学实验综合大楼5200平方米，其中实验室2400平方米。建楼之先，高层意见分歧，由于王于畊厅长据理力争，在许亚副省长的鼎力安排筹措下，大楼终于1965年9月开学前投入使用。这是当时全国范围内率先建成的一流的普通中学的实验室，以实验室众多、功能齐全、设备先进而著称。

我们十分珍惜这来之不易的楼房，为充分发挥大楼的功能，在广泛征求有关老师特别是使用实验室的老师和管理人员的意见和要求后，采取了切实的有效措施，并落到实处。如化学实验室水电到位，并全部安装了排气设施；化学实验预备室设有直通楼顶的毒气柜，实验桌铺设楠木厚板、生漆涂面的耐酸碱台面；物理实验室则按光学、力学、电学分类安排各具特色的装置，为实验提供方便。我们规定：物理实验每二人一组，化学实验每人一组，生物实验每人一台显微镜,保证人人都有动手的机会,以增强操作技能训练。实验室每天下午开放,对未按规范完成实验的学生进行补课,并允许学生进行自行设计的实验,或开展兴趣小组活动。在当时,我们拥有全国中学一流的实验设施和较高的使用率,从而为学生开展实验提供了理想的环境。我们鼓励学生自行设计实验,并从物质上给予支持。当时,有一个学生颇有创见,想自行搞一个实验,但实验室没有他所需要的药剂,化学教研组特地为他提供方便,花了30多元购买了有关试剂,支持他做好实验。

在实验大楼中,我们开辟了一个无线电活动室,配置了100多套制作工具,并有一名技术辅导员专职辅导。活动室每天下午开放,在初中生中开展自制无线电收音机活动。当看到学生们自行配置一台台小收音机高兴地离开时,我们心里也很高兴。80年代初,我们在新建教学楼中,专门设立一套无菌室,支持学生开展各种食用菌培植活动。在众多兴趣小组中有一个细胞融合技术兴趣小组,他们在热心的校友——一位种植植物学细胞研究室研究员的指导下,进行了低等植物细胞技术实验,经过多次失败后,终于在洋葱细胞中初步获得脱壁的活的原生质。尽管在小论文答辩中,许多同学和老师提出质疑,他们还是满怀信心地准备重复这个实验。

旁观者清。1980年,时任北京市教育局长的韩作黎同志十分感叹地对我说,福州一中优良的学风和全国一流的科学实验室在他脑海中留下了深刻的印象。不久,上海市教育局长杭苇来访,当他到实验室参观并听取实验设备使用情况的介绍后,由衷地说,我了解你们理科成绩特别好的原因了。

1980年,我有幸参加了教育部普教访问团,到德国、加拿大访问。这是我第一次访问西方国家,通过访问,开拓了眼界,大大增强了基础教育必须为21世纪做准备的信心和决心。此次访问给我留下的深刻印象是两国都有完善的教学支援体系,如优良的电教设施,集中统一而分布到各个教室的教学资讯供应体系,幽静的阅览室,不超过12人的分组实验设施,较为完善的体育设施,有效的并与市场紧密联结的职业劳动技术教育等等,特别是德国二元制的职业技术教育体制,对于推动经济发展起着十分重要的作用。在德国一所小学参观时,据主人介绍,小学数学课还有二进位制的教学内容,我不禁为之心头一颤,凭直觉,他们是在为小学生上电脑课做准备。

回国后,我一直琢磨着福州一中该怎么开展课外电脑学习活动,并着手为此后把电脑列入正式课程做好师资、教材和教学的准备。1981年,我尽量从学校经费和勤工俭学收入中挤出2万多元(相当于当时20个青年教师一年的工薪)购买苹果电脑一台,作为师生课外兴趣活动之用。随后,高中学生林斯健参加教育部举办的第一届全国中学生电脑比赛,以较为熟练的操作和编程荣获一等奖,为此,教育部奖励我校电脑两台,奖给学生中华学习机一台。此后,我又向胡平省长申请电脑培训费10万元,添购17台电脑,使全校电脑总数达到20台,为把电脑正式列入必修课程做好了准备。我相信,我们购买的第一台电脑是全国中学中自费购买的第一台,这是全校职工节俭办学所取得的业绩。从1983年6月开始,在一中校友、福州大学软件研究室同志的大力支持和指导下,福州一中培训了多批兴趣小组成员,这些学生初步掌握了Basic语言,还能编制简单程序。从这项活动中,我们看到中学教学发展进程中一个新的苗头,这就是在高等学校和研究单位的支持、指导下,在中学生中开展技术实验和兴趣活动,是早期发现人才、培养人才的一条康庄大道。

我们一向重视阅读。原省立福州中学只有图书23097册(1951年统计),其中适合青少年阅读的很少,我们立即派人到上海采购,至1959年底增至48720册。为了开展课外阅读活动,加强阅读指导,我们请老师们作阅读指导报告,并抽调曾任出版社编辑的老师负责图书馆工作。从1962年起,我们在学生中组织课外阅读和写作兴趣小组,其中"三牧文社"在学生中颇有吸引力和影响力。学生们自办墙报,写出不少好文章,如《崂山道士》《沈园会》等等。1964年国庆,一叶姓学生写了一篇《国庆献辞》,另一学生撰文"商榷",汪姓学生马上加入论战行列,慷慨陈词,一时间学校文坛好不热闹,学生们纷纷发表议论，阐明各自观点，这的确是中学校园一场并不多见的"文坛鏖兵"，可以说是锻炼学生阅读、写作能力的极为难得的好机会。然而，在那个特殊的年代，有人竟认为这是阶级斗争的反映，终于贴出《福州一中资产阶级办学方向必须批判》的大字报，紧接着社教工作队进驻学校，老师们惴惴不安，一个好端端的生动活泼的学习局面就这样被葬送了。但这种崇尚阅读和写作之风一旦兴起，就具有旺盛的生命力，不但不可能被窒息，反而顽强地年复一年地影响着福州一中的校风和学风。

当时，福建是前线，没有什么工业和商业建设，财政靠中央拨款，吃饭靠中央拨粮，十分有限的教育经费只能供给教工吃饭。面对百废待兴的局面，我们只能加强行政管理，严格执行会计制度，节省每一分钱，一方面主要用于发展教育事业，另一方面不失时机地创造条件保证教师、学生的生活急需。我们利用废旧材料，兴建简易宿舍楼，为最困难的教师解困，为新来的教师提供斗室（约 7 平方米），虽仅一人一床、一桌、一椅、一书架而已，却也为老师们营造了一个属于自己的生活、学习和备课的宁静而温馨的环境。我们集中使用助学金，资助特困学生。如学生蔡某原是童养媳，人民解放了，她也解放了，并进入本校初中一年级学习，六年来，在助学金的全力支持下，她不但完成了学业，还考入北京化工学院；又如学生强某，学徒出身，也是在助学金的全力支持下完成了学业，并考上了中国人民大学。我们尽心尽力办好食堂，以保证师生生活，促进教学工作的顺利开展。为了照顾离家住宿的学生，使之有一个宁静的宿舍和自修室，我们在学生宿舍安排了兼职管理员，以维护秩序，加强管理。为了保证寄宿生的睡眠，我们土法上马，建造大锅，把水煮沸，对床架、床板实行消毒，以杀虫灭菌。总之，事无巨细地为老师和学生创造尽可能好的环境，以满足他们开展教学的需要。

六、进行劳动教育，是中学教育中的重要组成部分。人类社会是在勤奋劳动中发展起来的。热爱劳动是人类价值中最重要的组成部分，只有当劳动成为人们生活中的第一需要时，人类社会才有望达到物质生活极为丰富、精神生活光辉灿烂的顶点。热爱劳动必须从小培养，基本的劳动技能也要从小培养。参加劳动，从事社会实践是青年融入社会、认识社会，对社会负责的开始，意义十分重大。

我们从进入福州一中开始，就十分重视组织学生参加生产劳动和公益劳动，认识也是一步一步深化的。在每次组织课外劳动时，我们都强调参加劳动的重大意义，强调劳动纪律，强调劳动安全，更强调劳动中必须做到手脑并用，这对学生们的影响和帮助很大。如在参加福建南福铁路福州站广场的义务劳动中，学生们提出许多小建议，以改进劳动力的组织，提高劳动效率，得到广场建设指挥部的好评。为了体验劳动的艰辛，我们选择了最脏的"倒马桶"劳动。当时，福州绝大多数居民家中没有抽水马桶，使用的是木制马桶，每天凌晨，他们把马桶排在门口，由倒桶工人将粪便倒入粪车，并清洗马桶。我们首先对学生进行劳动动员，让学生体验干这种脏活的意义，并指出应该创造条件迅速消灭这种不文明的现象。学生们在学校里熬了一夜，次日凌晨二时，由我带队到现场参加"倒马桶"劳动，大家不怕脏、不怕累，任务完成得很好。50年代末，我们尝试开展综合技术教育，并建立了综合技术劳动基地，成立了金工、木工、机工车间，但由于认识不足，对市场了解很少，没有什么起色。此间，也搞了农业生产基地，但也无法坚持下去。现在回想起来，的确是一大憾事。1962年下半年，我们对开展劳动教育进行认真的总结，根据青少年的年龄和对社会生活可能理解的程度，提出在下乡参加农业劳动的同时，有计划、有目的地开展对农村经济、农民生活、农村阶级情况进行社会调查的计划，上报省教育厅王于畊厅长，获准后，我们组成两队高中学生赴福州快安和长乐县郊劳动、调查。学生们一方面积极参加农业劳动，一方面在田头、农舍向农民们了解解放前后的生活和劳动情况，对解放前农村阶级情况进行调查，对此，学生们反响强烈。《福建日报》就此写出内部参考，《人民日报》于1963年6月5日发表题为《坚持不懈地好好组织学生参加生产劳动》的社论，予以鼓励和表彰，并刊出以福州一中党支部名义发表的报道文章，这使我们深受鼓舞。在学习社论后，我进一步认识到，对社会进行调查是正确认识社会的认识论中的方法论，极为重要，就像自然科学必须由实验来论证一样。因此，中学阶段必须划出一定时间，让学生进行社会调查，以验证和体验社会生活，从此，开展社会调查就成为我们学校教育计划的必不可少的重要组成部分。

在党的十一届三中全会路线指引下，通过拨乱反正，我们更加清醒地认识到，当代新的科技革命对我们基础教育提出的挑战，要求我们所培养的人才不但应有扎实的基础知识、基本技能和基本的科学思维方式，而且应有比较发达的智慧和富有创造才能，具有不怕风险的进取和竞争精神。为此，我们根据教育部对学生进行联合教育的要求，结合我校具体情况，决定在初中阶段开设以植物（花卉）的栽培和微生物（食用菌）的培植为主要内容，在高中阶段开设以电子技术（从收音机到电路开关、电子数字显示等部件的安装技术）为主要内容的职业技术课。由于受学校场所匮乏的限制，有些活动我们只好在家长的支持下，分散到学生家中进行，如要求每个学生必须亲自在家中培养一丛花卉，并每日观察，记录生长情况。

随着劳动教育的深入开展，我们建立了一项不成文的制度，即每届高中一年级上学期的学生必须集中两周时间下乡参加农村生产劳动，学生集体住在农村，在劳动的同时，请农村干部介绍党的十一届三中全会以来，农村实行联产承包责任制以后经济发展的情况，并组织学生进行家庭访问。这样做使学生受到多方面的教育，一是作为社会主义中国的青年学生，必须对中国农村有所了解，并在今后任何岗位上都不忘记农村农民，牢记农村经济是我国经济的基础；二是从农民劳动致富积极性的调动、农村经济的迅速发展和农民对科学文化的渴求中，看到党的政策的无比威力和社会主义建设的光辉前景；三是过一次有意义的集体生活，培养组织才能和团结互助的友爱精神；四是在有组织、有领导的条件下，让学生们广泛而自主地接触社会，训练他们从五光十色的社会信息中，甚至在极为矛盾对立的信息中，通过思考、分析、议论、判别，得出正确结论的能力。从 1980 年开始，我们恢复并发展了这种传统做法，收到了良好的效果。1981 年秋，我们组织高一全体学生下乡劳动和调查。学生们从这个大课堂里获得的不再是政治课中的比较抽象的概念，而是活生生的现实。劳动调查即将结束时，农民们诚挚地对学生们说：你们是高中学生，将来上大学、当干部，请不要忘记我们农民。现在党的好政策千万不要再变了。回校总结时，许多同学深有体会地说：想不到党的政策有这么大的威力。为了进一步研究这种教育方法，我们紧接着在 1982 年组织高二一个班的学生，用两周时间到马尾实地考察。我们让学生们事先做好准备，并请高校教授专题介绍，然后学生们自己动手查找资料，并到马尾实地就五口通商、马尾船政局的建立、中法马江之战、日本帝国主义两次侵占马尾及马尾人民的反抗斗争……一直到三中全会后马尾发生的巨变等情况进行考察。通过一桩桩、一件件血泪史和福建人民一次又一次的搏斗和最后取得的胜利，给学生们以深刻的教育。他们写出各种调查报告和虽然幼稚却发自肺腑的文章和诗篇。许多同学深情地写下了这样的感想——马尾镇近百年的历史是中国人民屈辱、奋斗与胜利的缩影，证明了一条伟大的真理，只有社会主义才能救中国。回校后，他们的诗、文和调查报告的展出，激起了全校同学的共鸣。十多年的教育实践再一次证明，运用科学的马列主义基本观点引导学生对各种历史的、文化的、社会的信息进行观察、思考与探索，是认识真理、奠定共产主义世界观的必由之路，而肩负起振兴中华的伟大历史使命，树立共产主义理想，则是迎接新技术革命的挑战的首要条件。

对于我本人曾亲历其境的福州一中 30 多年的教育实践，回忆和沉思难免夹杂着几丝苦涩，然而带给我更多的是欣慰。我们究竟该怎么认识教育？怎么看待基础教育？经过了 30 多年的风风雨雨，我以为自己还是有一点发言权的。总而言之，我认为教育是一个社会系统工程，是塑造未来的事业，是具有前瞻性的基础事业。福州一中在 30 多年的变革历程中之所以能够锐意创新，不断攀登新高峰，从而得到领导机关、全国基础教育同仁和社会的认可，就在于：

第一，福州一中作为福建省委和福建省教育厅探索社会主义教育规律的实验学校、示范学校和"试验田"，它是在一个坚定不移地执行党的教育方针，并且锐意改革、具有远大抱负的主管机关省教育厅的正确领导、全力支持和多方呵护下，认真贯彻中央和省委指示，通过自己的创造性劳动和不懈的努力才取得的成功。

第二，它有一支热爱祖国、忠诚于党的教育事业，努力学习，不断进取，以老带新，相互促进，紧密团结在校长周围的教师群体，这是学校创造出色业绩的根本保证。

第三，校长是学校这个基层组织的核心人物，他必须深入教学，亲自参加教学主要领域（授课、改作业）的实践，才能体验教学劳作的辛酸和甘甜，才能和老师们心连心，才能了解建立正常教学秩序的必要性，才能体会改善教师工作条件，完善教学设施、设备的重要性和紧迫性。他必须尽力学习，以了解世界科技、经济、教育发展的趋势，努力为基础教育改革提供必要的条件，他还必须明了培养社会主义接班人的重要意义，而以身相许，奋勇承担历史使命，虽遭挫折而能奋起再战。只有这样，他才能深刻体会教育是未来的事业，是社会系统工程，而没有上级的正确领导和大力支持，没有全体员工的共识和协力奋斗，没有学生们学习积极性的充分发挥，没有自己的身先士卒、带头苦干和善于引导，就不可能取得突出的成就。他还必须作风公正、平实，才能和老师们亲密团结。我扪心自问，在党的教育下，我基本上做到了上述几点。

正是以上这三者的相互结合才得以完成福州一中攀登历史高峰的使命。

但我深感遗憾的是，我没有足够的智慧和勇气去顶住某些压力，损伤了老师，影响了一些学生上学的机会；没有能够建立评议、监督校长的民主机制；没有为学校建立起一套完整的行政、教学、实验和科技活动的档案资料；没有着手研制一套考评各项工作，特别是教学活动质量的标准体系，因而对人事的评估未免失之偏颇。

前瞻与期盼

在20世纪之初，原省立福州中学是在中国人民反对封建专制、要求进步的呐喊声中，在两所旧式书院的基础上组成的新制学校，几经沿革，成为公立普通中学。新中国成立后，经改造成为社会主义学校。在党的领导下，几十年奋斗，尽管道路崎岖险阻、荆棘丛生，福州一中总是奋力爬坡，排除艰难，努力创新，攀登一个又一个高峰。展望21世纪，我们的祖国将在迎接经济全球化的挑战中，充分发挥我们具有相对优势的劳动密集型产业，去占有在国际分工中应有的份额，还将在新世纪以知识为基础的经济体系中，在以生命科学、信息技术、纳米技术为代表的高新技术产业群中，努力拼搏，去占领一些世界领先的席位，为全人类做出中华民族应有的贡献。在这一历史机遇中，作为基础教育群体中的一员，福州一中责无旁贷，应不断创新、攀登；作为一流名校，福州一中肩负着光荣的历史使命，应当冲锋在前，为高新技术产业，也为劳动密集型产业所需要的优秀人才，提供大量的拔尖的优秀后备军。

我有幸作为迎接新中国诞生的千千万万共产党员中的一员，作为为祖国教育事业奋斗终生的新中国第一代教育工作者，对福州一中充满了希望，希望福州一中在振兴中华的伟业中，代代相传，不断开拓，努力实践、超越自我，为攀登历史的新高峰，做出新的无愧于时代的贡献。

（原载于《荆棘之路——陈君实中学教育实践文集》2002年5月）

农民工的春天何时到来

——加强职业技术教育培训

2013年11月11日，《参考消息》转载德国《青年世界报》网站11月9

日的报道《为了更好的生活工作》：在中国大城市的工地上有很多农村妇女，她们在那里打工挣的钱比在家乡务农多。邹云丽（音）来自贵州省农村，现年 38 岁，有两个孩子；四川省的魏淑群（音）现年 43 岁，和丈夫在外打工 20 年了，也有两个儿子在家中由爷爷奶奶带着。她们都没有接受劳动技能培训的机会，干不了技术含量高的活，只能在建筑工地做简单的工作：运沙、粉刷或保洁。她们的工资在行业中算是最低的，一天 12 小时的工作报酬约合 10～16 欧（1 欧元约合 8.23 元人民币），相当于男工薪酬 50%～70%。但是，她们心中都有着美好的梦想。魏淑群的大儿子今年考上了山东省一所大学，这让她感到自豪和高兴，因为儿子是家里唯一的希望。"今年夏天我们把他们带到这里，让他们体验我们经历的困难。"她说，"这样他们才会理解并抓住通过学习改变生活的机会。"

看到这里，我不禁热泪盈眶。一方面，我为魏淑群一家感到欣慰，他们的孩子终于考上大学，有了对未来的希望；另一方面，我又为被称为农民工的兄弟姐妹的生存状况而痛心疾首。他们受经济大潮的裹挟，背井离乡冲向城市、冲向工地，在恶劣的环境下，拿着低廉的工资，得不到起码的社会保障，干着最繁重的苦活、脏活、累活，有些甚至是很危险的。他们如此辛苦，只为挣得连"劳动力价值"都达不到的"价值"。魏淑群或许是幸运的，然而农民工群体的生活常态却呈现了社会分配的不公和保障制度的缺失。农民工在城乡之间、工农之间"双栖"，"临时工"成了他们身份之痛。

他们的孩子呢？这批父母双双或单方外出打工的留守儿童，他们享受的家庭之爱和学校教育都不充分，长大之后，路在何方？能否摆脱父辈"双栖""临时"的时代阴影？改变这一切需要突破时代的局限，除了加大社会改革的力度，教育更有它不可推卸的责任。

1980 年，我作为福州第一中学校长，受教育部委派访问德意志联邦与加拿大魁北克省教育机构。在德国，我看到并体会到他们在扎实的基础教育之上，采用了从市场需求出发，回归市场的培训方式。学生（或者可以称之为徒工）的每件产品都独具一格、畅销市场，这使我深为钦佩。也许正是基于此，德国制造誉满全球，社会不同层次劳动者充分就业。

所以，为了中国的发展，为了农民工及其后代"更好的生活工作"，我们急需建立多层次、多形式的技术培训体系，建设数量更多、质量更好、技术含量更高的职业教育机构，让大批离开农村、离开土地的农业劳动者，获得有价值的技术技能训练，为他们成为现代产业工人提供必备条件，从而让他们过上有保障、有尊严的生活。

《中共中央关于全面深化改革若干重大问题的决定》指出，"加快现代职业教育体系建设，深化产教融合，校企合作，培养高素质劳动者和技能型人才。"党中央号角已经吹响，号令已经下达。为此，我呼吁教育界、职教界的同仁们，乘风破浪，把职业教育事业推向新的历史发展阶段。

（原载于《福建教育》2014 年第 13 期）

金钰珍编撰

赖昌贵

【题解】

赖昌贵（1924—2013），福建福州人，当代著名心理学家、教育家，早年于永安师范学校、厦门大学教育系先后完成专科、本科的学习，1982年担任福建师范大学教科所所长、硕士生导师，1987年任福建师范大学教育系教授。赖昌贵学术造诣精深、著述累累，独立或合作出版心理学著作、教材多部，并潜心致力于基础教育教学心理的实验研究，发表高质量学术论文30余篇，在全国心理学界享有较高的学术声望。赖昌贵从事教育工作40余年，在学科建设、人才培养等方面均作出了突出贡献，他强调理论联系实际，注重对学生道德情操的影响，教学效果显著，为国家培养了许多高层次人才。

《A. 班杜拉的社会学习理论述评》一文是赖昌贵对于美国20世纪著名心理学家、新行为主义学派代表人物阿尔伯特·班杜拉（Albert Bandura）的社会学习理论的引介性研究文献。文章围绕班杜拉社会学习理论研究的三大核心内容——"观察学习""决定行为的各种因素"与"三联相互决定论"展开介绍，较为系统地阐释了班杜拉关于人类学习行为的基本观点与理论构想，肯定了新行为主义"对观察学习进行的较细致的分析，有助于人们对观察学习的机制、影响条件和作用的了解"，并认为班杜拉在考察人与环境的关系问题时"含有一定的辩证法"因素，突破了"机械论"与"宿命论"的桎梏。

与此同时，赖昌贵也颇具批判性地指出社会学习理论"没有强调符号系统学习并进行更深入的研究"及"对个体差异的影响没有给予应有的注意"等局限，深化了国内心理学界、教育学界有关社会学习理论的认识。

《中学生学习方法测验的编制》一文是赖昌贵在学生学习方法检测问题上的示范性研究成果。自改革开放以来，基础教育教学改革工作一直尤为党和国家所重视，也备受全国心理学专家的关注。基础教育教学不再仅局限于知识技能的传授，而是更强调学生学习能力与素养的培育，然而，国内学者对于学生学习能力发展水平的测定问题却始终"没有得到很好的解决"。赖昌贵认为"学习方法的掌握与学习能力的提高有直接的联系"，而关于中学生学习方法测验的编制，则须结合国外已有研究与我国中学的教学现状，通过严谨、科学的心理测试，经过反复的修订、补充后运用于教学实际。

《布卢姆掌握学习策略评介》是赖昌贵对美国著名教育学、心理学家布卢姆有关掌握学习策略研究的述评，他强调掌握学习策略不仅应"照应到学生的个别差异"、提出了新的课堂教学模式，还宣扬了"一种新的学生观"，即学生学习能力的差异是可以"通过提供适当的学校与家庭环境条件或学习经验"得以改善的。掌握学习策略实现了"确定教学目标、实施教学与教育评价三项工作"的有机结合，"增强了对教学的系统控制"。最后，赖昌贵指出，"进行掌握学习实验并逐步加以推广"具有帮助学生避免"遭受旧学习观的祸害，成为不合理教育的牺牲品"的现实意义。

A. 班杜拉的社会学习理论述评

A. 班杜拉是当代美国著名的心理学家，1925 年出生于加拿大，大学毕业后，到美国衣阿华大学跟新行为主义者 K. W. 斯彭斯学习，1952 年获博士学位。从 60 年代起他陆续发表各种论文和专著，形成自己的理论体系，受到心理学界的重视。

早期的社会学习理论是 J·多拉德和 N·米勒于四五十年代提出的。他们先后发表了《挫折与攻击》《社会学习和模仿》《人格和心理治疗：关于学习、思维、文化的分析》等著作，认为内驱力、线索和强化在包括模仿在内的行为模式的建立中起着关键的作用。早期的社会学习理论家是行为主义者，他们根据动物行为研究的结果去推论人的社会行为，其理论有很大的局限性。

班杜拉早年无疑深受行为主义的影响。但是，随着五六十年代现代认知心理学的兴起，他觉得既然控制行为的条件因物种的不同而有差异，那么把从种系发生中较简单的有机体研究中得出的结论推广到人类，就可能产生各种错误的解释。他认为，由于人类具备一些特有的能力，新的和高度复杂的行为形式就能不依赖于强化而获得，而且认知因素和自我指导在习得行为的控制中具有重要的作用。他的主要著作有《青少年的攻击》（1958）、《社会学习与人格发展》（1963）、《行为矫正原理》（1969）、《社会学习理论》（1971）、《思想和行动的社会基础：一种社会的认知理论》（1986）。以下我们就社会学习理论研究的三个主要问题作简要的介绍和评论。

观察学习

班杜拉认为，除了基本的反射之外，人并不具备各种先天的行为技能。各种行为技能或新的反应模式，或者是通过直接经验，或者是通过观察学习来的。

来源于直接经验的学习的最基本形式是通过行为所产生的积极的或消极的结果进行学习。一种行为方式如果产生积极的结果，证明是成功的，它就被择取；反之，一种行为方式如果产生消极的结果，证明是无效的，它就被抛弃。反应结果之所以能影响行为，是由于它具有几种功能。第一，它具有信息的功能。人们通过观察各种行为所产生的不同结果，形成在什么场合进行什么反应才是合适的假设,而这些假设将指导下一步的行动。行为的结果一般是通过思维中介的影响来改变人的行为的。第二,它具有动机的功能。过去行动结果的经验使人能预料某种行动可能产生什么样的结果,这种对将来结果的预期会转变成为现在行动的动机。班杜拉认为,几乎所有的行为都受预期的控制。第三,强化的功能。关于结果的这种功能是最有争议的。原先对强化的解释是,行为结果可以在没有意识参与的条件下自动地增强行为。然而这种观点受到一些实验结果的挑战。班杜拉认为,能够证明强化本身可以自动地塑造人类行为的证据是很少的;即使实验方法的改变能够使基本的反应在没有意识到强化的条件下习得,这也不意味着复杂的行为也能在这样的条件下获得。其实,强化不是作为机械的反应加强者发生作用,而主要是作为信息和动机的因素发生作用。因此与其说行为被它自己的结果所强化,倒不如说被它自己的结果所调节。在班杜拉理论中"强化"这个概念也是在这种意义上加以应用的。

如果人们只是通过自己行为的结果来学习,那么学习就非常吃力,而且要靠运气。幸好人类的大部分行为都是通过对榜样的观察而习得的。由于人们在行动之前,至少可以用一种近似的形式向榜样学习,他们就可以避免一些错误。社会学习理论认为,榜样的影响主要是通过它们的信息功能引起学习的。在观察过程中,人们获得了示范活动的符号表征,这种表征指导他们的合适行动。观察学习的效果取决于以下四个子过程。

1. 注意过程　只有集中注意才能正确地观察、感知示范的事件。注意决定人观察什么以及从所示范的事件中提取哪些信息。注意过程受示范事件的特征,如显著性、情感诱惑力、复杂性、流行性等的影响。注意过程涉及自我指导的探索,它受观察者的品质,如能力、情绪唤醒水平、知觉定势和期望的影响;人与人的相互关系也很重要,一个人经常与什么人交往,也影响他能学到什么样的行为类型。

2. 保持过程　包括对观察中获得的信息进行转换和加工的积极过程。观察学习依赖两种表征系统：表象系统和言语系统。观察到的示范事件或者以表象的形式，或者以词语编码的形式保存在长时记忆中，这些表征系统以后将起到指导行为的作用。演习（rehearsal）也有助于记忆，无论是符号的演习，还是动作的演习在保持上都能起重要作用。同时，保持也受观察者的品质，如认知技能、认知结构的影响。

3. 运动再现过程　示范学习的第三个部分是把符号表征转换成适当的行动。为了分析方便起见，运动的再现过程可以分为以下几个环节：反应在认知水平上被选出和组织起来、反应的起动、对再现出的反应的自我监测、将反馈信息与反应的认知组织进行比较，并在此基础上改进反应。运动的再现还跟观察者的身体活动能力和是否具备组成整个行动的次级技能有关，如果缺乏必要的次级技能，运动的再现就可能发生错误。

4. 动机过程　社会学习理论把习得（acquisition）和操作（performance）加以区分。因为人们并不把习得的所有反应模式都表现在行动中。从观察中学习到的行为是否操作受三类强化——直接强化、替代强化和自我强化的影响。人们如果直接体验到、观察到或自我评价某种行为的结果是有价值的，他们将积极地把习得的行为展现出来；反之，就不展现。

社会学习理论虽然认为，观察学习可以不要强化就能习得新的行为模式；但是，它并不否认强化在观察学习中的作用，它认为强化会使人预期行为的结果，从而影响注意、组织和演习的过程。

示范影响的主要功能在于把一些反应组合成新的反应模式的信息传递给观察者。这种信息可以通过身体演示、图象表现或言语描述来传递。除了一般的示范，抽象示范和创造性示范在人类学习中也起着重要的作用。

决定行为的各种因素

刺激——反应理论在论述控制有机体的反应或行为的因素时，或则强调先行于行为的外部刺激，或则强调后继于行为的强化作用。而社会学习理论则认为,有机体的行为既受行为先行因素的决定,又受行为后继的结果因素的决定,还受认知因素的控制。这三种因素是相互联系着起作用的。

1. 决定行为的先行因素

如果一定情境的、符号的或社会的线索有规律地同一定的反应结果相关联,那么这些线索将逐渐地成为一定行为的激起者和指导者。例如,在十字路口,绿灯亮时,驾车可以顺利通过,而闯红灯则带来麻烦。灯光信号由于有规律地和驾车行为后果相关联就成为驾车行为的先行决定因素。先行因素之所以能控制人的行为,是由于它具有预示行为结果的机制。

先行事件与行为结果之间相依关系(contingency)的建立和保持,不一定都要通过实际活动,获得个人的具体经验;它也可以通过言语解释而实现,例如,告诉学习者在某种情境下,进行某种活动会得到奖赏或受到惩罚。在许多情况下,它还可以通过观察别人的行为在不同的情境中受到何种强化而替代性地学习到刺激的预示性意义。但是,通过言语解释和观察别人行为建立起来的先行决定因素通常还需要依靠定期的直接经验的证实才能得到保持。

对人的行为的控制,在各种预示性线索中社会线索具有特别重要的作用。例如,有的男孩在慈爱的母亲面前可能表现出破坏性行为,而在严厉的父亲面前则很少这样。班杜拉根据先行因素控制人的行为的原理,分析了防御行为、攻击行为、移情作用、情绪自我唤起和行为失常等现象的形成过程并提出了矫正和治疗的一些办法。

2. 决定行为的结果因素

人的行为不仅受先行因素,即环境线索的决定,而且在很大程度上受其后继的因素,即自身结果的决定,前已谈到,社会学习理论认为,结果主要通过它们的信息价值和诱因价值来影响行为。一般说来,反应结果是以形成在今后出现同一结果的期待来先行地影响行为的。预期会得到奖赏,行为就增强;预期会受到惩罚,行为就减弱或抑制了。这种理论将反应结果分为三种,即外部结果、替代结果和自我生成的结果。由于行为结果对行为本身起强化的作用,所以三种结果的作用也称为外部强化、替代强化和自我强化。

(1) 外部强化　外部强化时,行为的结果是在个体外部产生的。工作得到报酬,好成绩受到赞扬,不良行为遭到谴责。物质奖赏、金钱、赞扬、优待、惩罚等都能对行为起强化的作用。当然,外部强化的效果又受许多因素的影响。

班杜拉认为,诱因应该首先用于提高能力和持久兴趣。如果积极的诱因能促进一般技能(如阅读技能)的发展,那么在诱因停止后,人就会继续运用这种技能进行有关的活动;而且随着技能的发展和对活动了解的加深,社会性的、符号的和自我评价的奖赏就会替代物质强化,发挥诱因的功能去调节活动。

(2) 替代强化　人们既可以从自身行为经验中学习,也可以从观察他人行为的成败结果中学习。观察者看到他人的某种行为受到奖赏,往往也倾向于做同样的行为,这种现象称为替代强化。用替代强化的方式不仅可以增强行为,而且可以使某种原先受到抑制的行为解除抑制,重新表现出来。

替代强化和直接强化在行为学习上和行为激励上的效果有一定差别。一般说来,通过观察他人行为的成败,观察者会比行为者本人学得更快,特别是所学习的课题是概念性的技能,而不是动作技能的时候。但是,在使行为长期维持下去方面,直接诱因比替代诱因有更强的动机力量。同时,直接强化和替代强化又是相互联系、相互影响的。

观察他人受到奖赏或惩罚,为什么能改变观察者的思想、情感和行为?社会学习理论认为,这是由于替代强化具有以下几种机能,即传递信息的机能、激发动机的机能、影响情绪的机能、评价的机能和影响反应的机能。同时,替代强化人所产生的影响的程度,会受被观察的行动的类型、榜样和强化者的特征、所产生的结果的类型和强度、结果的合理性、结果发生的前后条件、榜样对结果作出的反应等的影响。

（3）自我强化　如果人的行为只受直接经验的和观察到的外部结果的决定，那么，它将完全受环境的支配。然而，人有自我调节的能力，人的大部分行为都是在自我强化的控制下实现的。在这个过程中，人自己确立一些行为的内部标准，然后以自我奖赏和自我惩罚的方式对自己的行为作出反应，从而调节自己的行为。

社会学习理论认为，自我调节的强化是以它的动机功能来增强行为操作的。人通过对自己行为是否达到一定水平所作的自我评价的反应，诱导自己的行为以达到自我规定的标准。行为的自我调节包含三个子过程：

第一，行为操作的自我观察。对自己行为操作的质量、速度、数量、创造性、可靠性、序列性、变异性、伦理性等方面进行观察。随着活动种类的变化，观察的侧重点也有所不同。例如，对赛跑的观察侧重速度，对学业成绩的观察则侧重质、量和创造性。

第二，判断过程。对观察到的自己某些操作作出判断，认定它们是可奖赏，还是要受惩罚的。为了进行判断，个人必须确立一定的内在标准，这些标准可以通过讲授或示范来建立。进行判断时，要把观察的结果和个人的标准相比较；在许多情况下还要和社会参照成绩相比较，比如，和标准常模、社会一般标准、别人的成绩或某一团体的成绩相比较。通过这种比较，才能对自己的操作作出高的、中的或低的评价。同时，对活动价值的判定也是重要的，只有认定是有价值的活动，人才会对它们作出努力。

第三，自我反应。根据对自己行为操作的判断和评定，人会作出肯定的或否定的自我反应，如自我满足、自尊，或自我不满、自我批评等；有时，人还把它们和物质结果联系起来，实行自我奖赏或自我惩罚，以激励自己把活动继续下去，直至达到目标。自我反应也和判断过程中对行为成败的归因有关。例如，把成功归于自己的能力和努力，会感到自豪；而把失败归于自己不够努力或不负责任，就会作出自我责备的反应。

自我评价性反应是否产生动机效果与人的自我功效感有关。当通过内部比较，发现自己的操作结果低于标准时，自我功效感较高、确信自己能力的人，将激起更强的动机，作出进一步的努力，直到活动成功；而自我功效感偏低的人则可能由于活动的失败，感到沮丧，失去活动的动力。

当人们学会了为自己行为规定标准和产生自我评价性反应以后，他就获得了自我评定的能力，能够借助于自我生成的结果来控制行为，而不必时刻依赖即时的外在强化来支持自己的行动。社会学习理论认为，虽然人的行为一般会产生两种结果：自我评价反应（强化的个人来源）和外部结果（强化的外部来源），而且二者相互联系着起作用；但是，在人类行为的控制上起主要作用的是自我强化。它认为，把自我强化这一概念引入学习理论，会大大提高强化理论对解释人类行为的适用性。

3. 认知的控制

社会学习理论认为，绝大多数外部影响是通过中介的认知过程对行为起作用的。认知因素在一定程度上决定人们观察哪些外部事件、这些事件怎样被理解、是否会留下持久的影响、具有什么诱发力和功效，以及事件所传递的信息如何被组织起来供将来应用等。总之，认知过程在行为的获得、保持和表现上都起着重要的作用。

首先，认知是行为动机的一种重要来源。固然有些行为的动因来自环境事件和机体状况的刺激作用，但是，人类的大量行为是在缺乏令人感兴趣的直接外部刺激的情况下被激发和维持的。这时，行为的诱因就来源于认知活动。班杜拉认为，以认知为基础的动机的一个来源是在思想上表现行为未来结果的能力；另一个来源则与自我调节能力有关。

其次，通过观察与抽象活动，人们能建立起环境事件与反应结果之间相依关系的认知表征，从而使合适的行为突然增加，获得了"顿悟"。

认知对行为的影响还表现在信念可以增强、减弱、歪曲或取消某些行为上。例如，一个人确信某种行为是错误的，反应就减弱，甚至消失。然而，人们的信念和现实并不总是一致的。当出现这种不一致时，正常人通常可以通过实际重复经验，改正错误，形成现实的信念和预期。

由于具有符号化的能力，能够运用代表外部事件及其关系的符号，如语言符号、数学符号、音符等，作为思维的工具。借助于思维符号结构系统，人就可以在思想上尝试各种解决问题的办法，评价不同行为可能产生的长期的和即时的结果，从中选择最优的办法付诸实践，从而更好地控制自己的行为。

思维的结果是否正确还需要加以验证。班杜拉认为对思维进行验证的证据有以下几种来源：一是行动后果的直接经验；二是观察别人行动的结果；三是将自己的判断同别人的判断进行比较；四是进行逻辑检验。人的思维就是通过这种亲自经历的、替代的、社会的和逻辑的验证而获得发展的。

上述的行为的三种调节系统，即先行的、结果的和认知的调节系统是彼此相互作用的。在心理学理论研究中如果强调其中一种系统，而忽视其他系统，就会得出片面的结论。只有将三种系统相互联系起来，做深入的探究，才能对人的行为有全面的理解。

三联相互决定论

班杜拉在详细地分析研究了人们行为的形成途径和决定因素的基础上，提出了"三联相互决定论"这一理论构想。

他认为，解释人类行为的理论必须精确地识别人类行为的决定因素和行为变化的中介机制，从而表现出预测的能力。多少年来，人们提出过许多解释人类行为的理论。这些理论，由于对人性的不同看法，往往侧重人类心理机能不同方面的研究。某些理论家认为，那些下意识地活动着，以需要、内驱力和冲动的形式表现出来的动机力量是行为的主要决定因素；因此，他们着重用个体的内部力量去解释人们的行为。随着行为理论的发展，对行为因果关系分析的焦点从内在决定因素转向外部影响因素。行为主义理论家认为，行为的决定因素不在有机体的内部，而在环境；因而，着重分析外部因素如何控制行为。上述这些理论实际上认为行为是单向地或者由内在素质，或者由环境力量引起的。

但是有关影响双向性的实验材料日益增多，于是越来越多的理论家赞成因果关系的相互作用的模式，把行为看作是个人因素和环境因素影响的结果。按照班杜拉的分析，人们对相互作用有几种不同的理解。一种是按相互作用的单向性观点，把人和情境看作是各自独立的实体，它们联合着引起行为，通常表述为 B=f（P，E）（B 指行为，P 指人，E 指环境）。另一种理解虽然承认人和环境的影响是双向的，但就行为来说，又保持单向的观点，它通常表述为 B=f（P⇌E）。第三种就是社会学习理论的理解，它认为行为、人的因素和环境因素都是作为彼此联系着的决定因素起作用的，它表述为

$$\begin{matrix} & B & \\ P & \longleftrightarrow & E \end{matrix}$$

。这些相互依赖的因素在各种场合，对不同的行为所产生的相互影响是不同的。

班杜拉在讨论这种相互决定论时，为了讨论方便起见，把个人及其行为的影响放在一起作为个人的决定因素。他认为个人决定因素和环境决定因素不是各自独立的实体，而是相互依存的。

环境并不具有必然刺激人的固有特性。环境仅仅是一种潜在的可能性，它只有被人的适当行为所激活，才能变为现实。例如，书籍只有在人们去阅读它们时，才能影响人们。人的行为对环境的激活是有选择性的。有人应用有趣的玩具，如电视机、弹球机、电动火车等，对正常儿童和精神分裂症儿童进行了实验研究。儿童要想开动这些玩具来玩，必须在玩具上的灯亮时，投入硬币才有效；如果在玩具上的灯熄灭时投入硬币，不但不能开动玩具，反而使它们不启动的时间加长。在实验中，正常儿童很快学会如何玩玩具，为自己创造了奖赏条件；而精神分裂症儿童却不能掌握简单的控制技能，而把具有潜在奖赏的环境看作是白花钱的、令人不愉快的

场所。

行为不仅可以通过选择性的激活，调节环境的影响，而且能在一定程度上创造环境条件。例如，工会或其他团体能够通过集体的活动，改善其成员的工作、生活条件或工资制度。同样地，个人的决定因素也是一种潜在的可能性，只有被激活时才能作为影响因素起作用。例如，懂得解决某一问题的办法的人，只有说出来才能影响别人。在社会生活中人们相互作用的条件下，各个参加者的行为往往彼此制约着他们全部潜能的哪些部分得以实现。在有关二人交往的研究中可以看到，参加者的行为如何相互激活对方的特殊反应并共同形成特定的环境。在日常生活中也能看到，攻击型的儿童，由于自己的行为制造了一个不友好的环境；而采取友好反应方式的儿童则造成和睦友好的社会环境。实际上，人们行为一般都是相互影响，相互控制的，单向控制是罕见的。

应该指出，相互影响过程并不是都在直接的人际交往水平上进行的。许多影响作用于人，首先导致认知上的变化，这些变化又影响到人对后继影响的选择和符号加工的过程。

班杜拉在详细分析决定行为的各种因素并提出三联相互决定论的基础上，进一步探讨了自由与决定论的问题。照某些哲学观点看来，自由和决定论是相对立的。但班杜拉认为，如果自由是根据人们所能得到的选择权的多少和实现选择的权利来定义的话，自由和决定论就不存在矛盾。在同样的环境条件的约束下，那些具有较大选择权利并善于调节他们自己行为的人将比那些缺少个人机智的人体验到更多的自由。

社会学习理论认为，一方面，自由不是不受外部的影响和约束的。相反地，个人的自由常常在许多方面受到限制和约束。另一方面，约束人们自由，制约人们行为的事物的相依关系或环境则会由于人们的行为在一定程度上发生变化。班杜拉说：确实，行为受它的种种相依关系的调节；但相依关系部分地也是人们自己活动的产物。换句话说，环境以一种相互作用的方式影响着行为，行为又部分地创造着环境。

按三联相互决定论的双向控制的观点进行分析，在连续的社会相互作用过程中，同一社会事件，随着开始分析位置的不同，既可以成为一个刺激，也可以成为一个反应或一个强化物。因此，用单向控制的、固定不变的观点来看待个人决定因素或环境因素是不对的。班杜拉认为，就人们能安排自己行为去影响未来环境来说，人们可以被认为是有部分自由的，他们至少是自己命运的部分主宰者；而决定论也不是一定要含有人们仅受外界影响的宿命论的观点。

对社会学习理论的评价

1. 班杜拉受认知理论的影响，摒弃行为主义的个体只能通过实际经验或反应结果进行学习的观点，突出示范学习或观察学习的作用。他对观察学习进行的较细致的分析，有助于人们对观察学习的机制、影响条件和作用的了解。但是，把人类的学习只归为两类：通过反应结果即借助于直接经验进行学习和通过示范即通过对榜样的观察进行学习，这是不够的。我们知道，人的学习主要是个体主动地掌握人类社会历史经验的过程，而人类社会历史经验则主要是借助语言文字等符号来记载和传播的。因此，人们学习的一种重要形式是倾听讲解和阅读书籍资料并通过思维以理解其内容。在这过程中当然也包含有示范和观察，但示范和观察，哪怕包含有"抽象示范"和"创造性示范"，也不能概括上述学习的整个过程。我们觉得奥尔逊和布鲁纳把学习分为直接经验学习、观察学习和符号系统学习三种基本形式是更符合人类学习的实际的。社会学习理论没有强调符号系统学习并进行更深入的研究，不能不说是一种缺陷。

2. 社会学习理论指出决定行为的因素有三种：先行的、结果的和认知的因素；结果因素所产生的强化作用又分为外部的、替代的和自我生成的三种。这种分析摒弃了心理学某些流派的片面观点，使我们对控制、调节人们行为的因素有了全面的理解。

3. 社会学习理论赞同决定论，认为人的行为是受个人的因素和环境的因素决定的；但这种决定不是单向的，而是双向的，就是说，行为、个人因素和环境因素三者之间是相互影响、相互决定的。它认为，人的本性是以具有一个巨大潜能为特征的；这种潜能在生物学的限度内，可以通过直接的和替代的经验，被塑造成各种各样的形式。在人与环境相互作用的过程中，由于人具有许多基本能力，如符号化能力、预谋能力、替代能力、自我调节能力、自我反省能力等，他们就能有选择地激活环境因素，甚至创造环境条件和抗拒环境。因此，人既受环境的决定，又享有部分的自由，能部分地主宰自己的命运。可见，社会学习理论在论述人与环境的关系，在考察人的本性时，含有一定的辩证法，并批评了机械论与宿命论。

4. 社会学习理论特别强调行为中情境因素的作用，而对个体差异的影响没有给予应有的注意。班杜拉承认，遗传天资所提供的特殊化的联合机构可能决定一个有机体如何受到经验的影响。但他又认为，即使在动物身上，学习难易程度的差异，也不应过早地归因于生物学上预先准备的选择性；同时，从动物研究中得出的结论也不应简单地推广到人类。人类由于具有使经验符号化的高级能力，而先天准备的程序又很有限，他们就能学到极其多样的行为。因此，这种理论对个别差异问题没有作更深入的探讨。

5. 社会学习理论家注意吸收当代心理学主要派别的研究成果并创造性地开展一系列实验研究，他们积极地将理论用于实际，并在实验和实践的基础上进一步发展理论。他们关于德育心理和行为矫正的研究是值得重视的。关于这个问题，我们将另文阐述。

参考资料

1. A. Bandura Social Learning Theory. Englewood Cliffs, N. J.：Prentice-Hall, 1977. 参阅郭占基等译的中译本（《社会学习心理学》，吉林教

育出版社 1988 年）和陈欣银等译的中译本（《社会学习理论》，辽宁人民出版社 1989 年）。

2. A. Bandura Social Foundations of Thought and Action：A Social CognitiveTheory. Englewood Cliffs，N. J.：Prentice-Hall，1986.

3. A. 班杜拉《社会学习理论里的因果模式》，《华东师范大学学报》（教育科学版）1987 年第 1 期。

4. 蒋晓《试论班杜拉社会学习理论及其教育意义》，《华东师范大学学报》（教育科学版）1987 年第 1 期。

5. 班杜拉《社会学习理论》译序，李伯黍作，辽宁人民出版社 1989 年版。

（原载于《福建师范大学学报》（哲学社会科学版）1993 年第 4 期）

中学生学习方法测验的编制

一、测验的目的和内容

教学不仅要传授知识和技能，而且要发展学生的能力。首先是学习的能力。学生掌握知识和技能的程度可以通过通常的考试方法加以测定，而学习能力发展水平的测定问题，则没有得到很好的解决。我国学者曾引进国外少年儿童学习能力测验并加以修订，① 但至今尚未得到推广应用。苏联心理学家卡尔梅科娃等曾致力于学生智力发展诊断问题的研究，探讨测定学生"接受能力"的方法，取得一定成就。② 那种方法应用起来似乎比较复杂，花费时间，因此，教师和学者在探索培养学生学习能力的工作中，仍然苦于缺少测

---

① 《少年儿童学习力测验的编制》，林传鼎、张厚粲等编，见武汉师范学院教育研究室编印的《心理学资料选编》第一集。

② 《学生智力发展诊断问题》，[苏]卡尔梅科娃编，人民教育出版社 1984 年版。

定这种能力的有效而简便的方法。

我们认为学习方法的掌握与学习能力的提高有直接的联系,通过学习方法的调查将有助于了解学生学习能力发展的水平。我们参考美国密切根大学学与教研究中心提供的大学生学习方法测验①和有关中学生学习方法②的资料,结合我国中学教学实际,编制了《中学生学习方法测验》,希望这个测验经过修订、补充能够用于教学实际。

学习能力不仅和学习方法有联系,而且和学习态度与习惯也有一定关系。因此,这个测验包括学习能力、学习方法和学习态度与习惯三部分的内容,但以学习方法的调查为主。整个测验原先包括106道问题,后来淘汰掉7道,剩下99道题,其中属于学习方法的44道,学习能力的29道,学习态度与习惯的26道。有3道题是关于学习计划性的问题,本来应归入方法一类,但在编题归类时,却误归在态度与习惯一类里,这对调查结果的统计有一定的影响。

被试者阅读每一道题,根据题目中所叙述的内容和自己相符合的程度,按下列 A、B、C、D 四个等级加以评定,并把评定的代号写在答案纸相应题码的括号内:A、完全符合被试情况;B、大体符合被试情况;C、有一些符合被试情况;D、完全不符合被试情况。

题目分 A、D 两种类型,A 型题从正面阐述问题,D 型题从反面阐述问题。A、B、C、D 四个等级答案,A 型题分别给 3 分、2 分、1 分、0 分,D 型题则分别给 0 分、1 分、2 分、3 分。

调查于 1985 年 9 月 15 日至 20 日在福州第八中学初中二年级、高中一年级、三年级三个年段进行。每个年段调查三个班,共九个班,445 人。其中初二 190 人,高一 140 人,高三 135 人。测验一般在半小时内做完,快的 20 分钟,慢的也不超出 40 分钟。本测验用团体测验形式进行,但也可用于个别

---

① [美] Winstein, The learning and Study Strategies Inventory (1978).
② 《中学生的科学学习方法》,[日] 田崎仁,中国农业机械出版社,1981 年 10 月版。

测验。

二、测验的结果

(一) 测验分数的分配

445 名被试者整个测验得分分配情况见表一，三个分测验得分分配情况见表二。

表一　445 名被试测验分数分配

人数＼分数＼年级	20.1—30	30.1—40	40.1—50	50.1—60	60.1—70	70.1—80	80.1—90	合计
初二	3	8	38	53	44	21	3	170
高一		3	10	47	53	22	5	140
高三		2	14	54	44	19	2	135
合计	3	13	62	154	141	62	10	445

表二　445 名被试三个分测验分数分配比较

人数＼分数＼项目	10.1—20	20.1—30	30.1—40	40.1—50	50.1—60	60.1—70	70.1—80	80.1—90	90.1—100
学习态度与习惯		5	7	38	105	132	112	44	2
学习方法		7	23	88	132	135	53	7	
学习能力	2	7	18	70	142	117	67	22	

(二) 各道测验题在 445 位被试者测验中的得分情况，按从高到低的顺序排列见表三。

表三　各道测验题得分情况

题序	原分数	等级分数	题序	原分数	等级分数	题序	原分数	等级分数
57	1186	88.8	3	867	64.9	8	701	52.5
53	1173	87.9	59	862	64.6	7	695	52.1
46	1169	87.6	81	845	63.3	75	686	51.4
24	1085	81.3	13	843	63.2	58	683	51.2
12	1068	80	2	842	63.1	85	676	50.6
32	1057	79.2	27	840	62.9	23	660	49.4
38	1056	79.1	50	833	62.4	16	635	47.6
51	1048	78.5	10	832	62.3	82	633	47.4
55	1040	77.9	94	831	62.3	48	627	47
90	1036	77.6	45	829	62.1	35	627	47
4	1030	77.2	97	823	61.7	14	622	46.6
31	1030	77.2	74	823	61.7	73	618	46.3
89	1026	76.9	68	817	61.2	64	615	46.1
83	1009	75.6	47	813	60.9	26	613	45.9
34	1009	75.6	5	803	60.2	71	609	45.6
93	998	74.8	41	802	60.1	92	606	45.4
43	979	73.3	61	802	60.1	39	605	45.3
99	971	72.7	54	798	59.8	42	603	45.2
79	971	72.7	77	797	59.7	49	593	44.4
15	969	72.6	66	794	59.5	37	588	44
20	958	71.8	69	791	59.3	33	577	43.2
6	957	71.7	52	783	58.7	86	561	42
63	953	71.4	76	768	57.5	17	558	41.8
88	952	71.3	87	759	56.9	98	558	41.8
96	948	71	30	754	56.5	29	545	40.8
1	937	70.2	67	753	56.4	28	540	40.5
78	935	70	56	752	56.3	80	514	38.5
70	918	68.8	21	750	56.2	11	508	38.1
9	909	68.1	44	750	56.2	95	502	37.6
65	900	67.4	72	737	55.2	36	469	35.1
40	886	66.4	25	737	55.2	60	438	32.8
18	876	65.6	84	732	54.8	91	400	30
22	870	65.2	62	730	54.7	19	346	25.9

注：每题最高分数3分，445人满分为1335分。

三、测验的效度与信度

这个测验的效度如何呢？也就是说它是否能有效地测量出它所要测量的东西呢？我们从以下几方面加以说明。

第一、我们算出各个年段测验分数的平均数和标准差（见表四），并对各年段各分测验成绩平均数差异的显著性进行了考验（见表五）。

表四 三个年段三项分测验平均分数和标准差

项目	分数\年段	初二	高一	高三
学习态度与习惯	平均数	48.6 (62.3)	53.7 (68.9)	50.2 (64.4)
	标准差	10.4	8.6	8
学习方法	平均数	71.4 (54.1)	77.6 (58.8)	73.6 (55.8)
	标准差	15.6	14.7	13.6
学习能力	平均数	48.9 (56.2)	52.7 (60.6)	54.3 (62.4)
	标准差	12.5	9.4	8.8

注：表内平均数为原分数，原分数后面括号内数字为等级分数。

表五 三个年段测验成绩平均数差异显著性考验

项目\差异显著性\年段	初二与高一		初二与高三	
	Z	显著水平	Z	显著水平
学习态度与习惯	4.68	$P<0.001$	1.52	$P>0.1$
学习方法	3.6	$P<0.001$	1.32	$P>0.15$
学习能力	3.05	$P<0.001$	4.4	$P<0.001$

从表四和表五中可以看到学习能力从初二到高一、到高三逐级提高，差异很显著；其余两项从初二到高一的提高也很显著，但高三与初二比，只有个别班级如（高三6班）提高显著，从整个年段看虽然也有所提高，却不显著。这

种情况的产生可能和各学年招生质量有关。从上述数据中也可以看到学习方法的掌握和学习能力的提高是相互联系的,但二者的发展又是不平衡的。

第二、从测验成绩和学习成绩的相关来看。求这两种成绩的相关时,初二和高三用的是上学年各主要科目成绩的总和,高一是新入学的学生,用本学期期中考试的成绩。计算结果见表六。

表六　各班学生测验成绩与学习成绩的相关

班级	初二			高一			高三		
	2班	4班	6班	3班	5班	6班	1班	3班	6班
r=	0.33	0.39	0.33	0.48	0.07	0.07	0.35	0.29	0.49

在计算高三三个班学生的测验成绩与学习成绩相关时,发现各班都有少数极端数值对计算结果产生显著影响。如果每班都去掉三个极端数值,那么这三个班的相关系数则分别提高到 0.52、0.39、0.67。从统计数据看来,除高一 5 班与 6 班外,其他各班测验成绩和学习成绩确实都存在一定的相关,虽然相关程度不是很高。至于高一 5、6 两班的相关系数特别低的原因,还有待探讨。

第三、从测验成绩和教师对学生学习态度、方法和能力的评定之间的相关看。我们把测验成绩处在最好和最差两端的学生（每班十四位到十九位）,请班主任对他们的学习态度、方法和能力分别按优、良、中、差四级加以评定并写出评语,然后求出教师评定与测验成绩的相关。结果见表七。

表七　各班学生测验成绩与教师评定的相关

班级	初二			高一			高三		
	2班	4班	6班	3班	5班	6班	1班	3班	6班
r=	0.55	0.83	0.43	0.56	0.13	0.39	0.39	0.31	0.59

有些班级,教师评定和测验成绩很一致,如高三 6 班、初二 4 班、高一 3 班等。高三 6 班测验成绩处于最好和最差两端的 14 人（其中好的 9 人,差的 5 人）。现将该班教师评定和测验成绩、学习成绩加以比较（见表八）。

表八 高三六班十四位学生的教师评价、测验成绩、学习成绩比较

测验成绩分项目 \ 学生	A				B				C				D				E				F				G			
	态度	方法	能力		态度	方法	能力		态度	方法	能力		态度	方法	能力		态度	方法	能力		态度	方法	能力		态度	方法	能力	
教师评价	差	差	差		良	良-	良+		优	差	差		良+	良+	良+		良	良	良		良+	良+	优-		优-	良+	优-	
测验成绩	30.8	31.8	46		79.5	65.1	78.2		48.7	43.4	56.3		53.8	48	46		71.8	70.5	77		83.3	69	74.7		75.6	69.8	78.2	
学习成绩	69				80				64.5				83.8				80				84.2				81.7			

测验成绩分项目 \ 学生	H				I				L				M				N				O				P			
	态度	方法	能力		态度	方法	能力		态度	方法	能力		态度	方法	能力		态度	方法	能力		态度	方法	能力		态度	方法	能力	
教师评价	优	优	优-		中	中	中下		良	良	良		优	优	优		差	中	良		良+	良	优		良+	良	良	
测验成绩	80.8	89.7	79.1		75.2	59.5	56.4		34.9	48.3	82.1		75.2	82.9	83.3		72.1	78.2	78.2		53.8	48	52.9		75.6	71.3	70.1	
学习成绩	87				74				77.5				83.8				75.3				67.7				83			

注：1. 测验成绩一栏中的数字为等级分数。该班学生学习态度与习惯的测验成绩最高为83.3，最低为30.8，全班平均为65.8；学习方法的测验成绩最高为79.1，最低为31.8，全班平均为57.6；学习能力测验成绩最高为89.7，最低为46，全班平均为64。

2. 该班为文科班，学习成绩一栏中的分数为上学年政治、英语、数学、语文、历史、地理六门课程的平均成绩。全班最高成绩为87，最低为64.5。

从表八中可以看到大多数学生三项测验成绩与教师评价和学习成绩都是基本上相符合的，但有三位（D、L、N）却明显不符。前两位学生测验成绩很差，而教师给他们评的等级很高，考试成绩也是好或较好的。可是，教师给D的评语中指出"有一定的学习方法，但更多的是肯花学习时间""有一定的学习能力，也肯动脑筋提问题，但受智能等根本素质的限制，尚嫌知识掌握得较死板"。对L的评语中也指出："能注意学习的计划性，但知识学得较为死板"。可见测验成绩低还是有一定原因的。N的学习态度被评为"差"，是由于"过于自负"，"有各种兴趣爱好"而"影响学习"。但老师认为他"有一定的分析能力、理解能力，并有多方面的才能"。那么，测验成绩好也是有原因的。还有一个学生O是刚从理科班转进文科班的。他的测验成绩和考试成绩较为一般，与教师评语不一致。也许这是由于教师对新转来的学生了解不够深入的缘故。

关于本测验的信度，我们随机抽取60份测验卷计算奇偶相关，结果$r=0.88$，此相关系数的标准误为0.016，$t=r/SEr=0.88/0.016=55$。t值大于3.46，表明由取样误差造成此相关系数的可能性不足0.1%，因此，r是可信的。

三个分测验之间的相关程度，在各班测验中都很高（见表九）。学习方法与学习能力有密切的关系，二者相关程度高，应该认为是合乎规律的。态度习惯与方法的相关系数各班都特别高，除了学习的态度、习惯与方法有一定联系外，还由于在题目归类时，有三道本来归入"方法"更为合适的题目被错归到"态度习惯"一类中去。个性、个人的主观态度与能力之间的关系，许多心理学著作早已论述到，因此，二者相关系数较高也是可以理解的。

表九 测验三个组成部分之间的相关系数

相关系数 项目	初二			高一			高三		
班级	2班	4班	6班	3班	5班	6班	1班	3班	6班
r_{xy} 学习态度与习惯	0.74	0.71	0.70	0.71	0.67	0.76	0.66	0.59	0.81
r_{xx} 学习方法	0.53	0.75	0.71	0.50	0.55	0.76	0.57	0.54	0.76
r_{yx} 学习能力	0.66	0.69	0.74	0.63	0.63	0.66	0.63	0.50	0.60

四、讨论

讨论三个问题：

（一）中学生学习方法的掌握和学习能力的发展的情况

表三中得72分以上的题目有20道。其中属于学习方法的题目有7道，属于学习能力的题目有3道，属于态度与习惯的题目有10道，占这部分题目的一半。

属于学习态度的10道题的内容：第15、31、34三道题是愿意独立思考解决难题，不抄别人的作业；第57、46两题是努力按时完成作业；第83、93两题是发回的考卷或作业，如有错误，努力弄清错误原因；第51、90、99三道题是喜欢学习，认为学习能增长知识，学到的知识有用处。

属于学习方法的7道题的内容：第12题是诵读和尝试背诵交错进行；第32题是重理解，也注意记住关键性词语或公式；第38题是当天功课当天复习，做完作业；第4、89两题是备考时，系统复习，不靠猜题，不死记事先准备好的答案；第53题是喜欢动手做实验；第43题是喜欢独立思考，也愿意和同学共同讨论。

属于学习能力的3道题的内容：第24题是默读和速读能力；第55题是对教材重点内容划线做记号的能力；第79题是喜欢做应用题。

属于方法的题目中，第38题和态度部分第57、46两题接近；第89题备考时系统复习，不靠猜题也跟学习态度有联系。得分高的20道题内容反映出：重点学校学生学习态度比较端正，喜欢学习，掌握了某些学习方法，速读和分析教材的能力较强。

表三中得分46以下的题目有20道，其中属于学习方法的题目有11道，属于学习能力的题目有7道，属于学习态度与习惯的题目有2道。

属于学习方法的11道题的内容：第91题是复习时列表画图，揭示知识的区别与联系；第36题是写文章或做问答题时先列大纲要点，然后下笔去写；第95题是重视总结和交流学习经验；第28、98题是做作业前先复习功课；第29题是在理解基础上熟记定义、定理、公式；第17题是注意分析教材内容；第86题是用比较法，发现各种知识的异同；第49题是将新材料和已有知识、经验联系起来；第42、39题是重在平时复习，考前不紧张，不跟考试跑。

属于学习能力的7道题的内容：第60题是能将全文缩写成提纲或根据提纲扩充写成全文；第19、26题是能有条理地、扼要地回答提问，表达思想；第33题是能对具体材料概括地进行表述；第37题是能迅速抓住课文的段落大意和中心思想；第71题是能扼要地、系统地记笔记；第92题是能将学到的知识有系统地记在头脑里。

属于学习态度和习惯的第11、80两道题的内容是能在寒暑假制订计划并按计划进行学习。

最后这两道题也可以说是属于学习方法的问题。关于学习能力的题目，主要是关于概括力、言语表达力、笔记能力和认识结构完善程度的问题。得分最低的20道题的内容反映出：虽是重点学校，学生在学习方法上仍然存在许多问题，学习能力也有待提高。

（二）本测验的有效性和局限性

在讨论本测验的效度与信度时，我们已经看到本测验能够在一定程度上测出学生的学习态度与习惯、学习方法的掌握和学习能力发展的情况。学生测验的总分和学习成绩、教师评定之间，除高一两个班情况特殊外，总的看来具有中等程度的相关。在某些学生身上，这些总分、成绩和评定之间甚至具有高度的正相关；当然也有某些学生相关程度很低，甚至是负的相关。这种情况的产生，我们认为是由于影响测验、学习和教师评定的因素复杂所致。

首先，测验的结果除了受测验题本身是否科学的影响外，还受被试的某些主观因素的影响，主要有：1. 被试对待测验态度。有的学生可能认为这不是考试，不计分，就不认真作答；有的学生可能怕答得不好，影响老师对自己的印象，因而答案未能真实反映自己的实际情况。2. 受学生的个性特点与自我评价能力的影响。有的学生比较自满，倾向于过高地评价自己；有的学生严格要求自己，倾向于过低地评价自己。于是有些学习成绩不高的学生在测验中得到了高分，有些学习成绩很好的学生测验时却得了较低的分数。自我评价能力发展不够高的学生，对自己往往作出不准确的评价。此外，学生对题目的理解程度对测验结果也会产生影响。

其次，影响学习成绩的因素也很多，如考试的题目、方式、教师对评分标准掌握等对学生学习成绩都有影响。还有，教师的评定也难免要受教师对学生了解的深入程度和个人思想倾向性的影响。

由于影响的因素多，测验总分和学习成绩、教师评定之间要得到很高的相关系数是不容易的。但是，如果我们在实施测验时能做好思想工作，取得被试配合，测验结果还是能够在一定程度上有效地反映被试在学习态度、习惯、方法、能力等方面的情况，只要我们不把测验结果看作是绝对的、固定不变的，那么，它对教师和家长的教学和教育工作，还是有一定参考价值的。

(三) 本测验的进一步工作

关于这个测验的编制，有四项工作要进一步去做。第一，测验取样问题，目前只取三个年段的中学生为被试，为了取得数据更有系统、更充足，应该对中学生六个年段都进行测验，适当的时候还应扩大测试范围，在不同类型的学校中都进行测试并比较测验的结果；第二，对现在的99道题应再作一次增删，如第 19 题就可以删掉。整个测验题是仍然分为三个分测验，还是合并成两个分测验（学习方法与学习能力）也可以考虑。如果仍然是三个分测验，三个分测验的题目有必要再进行一次调整。第三，要使每一个学生测验的结果能够以剖面图的形式表现出来，这样本测验就更具有实用的价值。同时，为了便于计算分数，画出剖面图，也必须调整测验题。第四，建立常模是必要的，但有许多困难，一是工作量大，要有一定人力、经费的支持；二是要争取全国若干地区心理学工作者的协作。我们打算进一步修订本测验，送国内若干地区心理学家和教育工作者试用，根据试用结果，再争取协作制订常模。

福建师大教育科学研究所教育心理研究室董书章、郑小锋同志参加了部分的材料统计工作，福州八中师生，尤其该校教育研究室负责人黄锐老师给予大力支持，均在此表示感谢。

（原载于《福建师范大学学报》（哲学社会科学版）1986 年第 4 期）

布卢姆掌握学习策略评介

本杰明.S.布卢姆（Benjamin S. Bloom）是美国著名的教育学家和心理学家。他在教育目标分类、课程编制和评价技术上的研究成果对现代教育改革起了重要的影响。他对人类特性的发展和个别差异的形成、家庭和学校环境对学习成就的影响、有特殊成就人物的成长过程等问题都进行了深入的探讨。下面仅就他对掌握学习策略的研究作简要的评介。

一、一种新的学生观

六十年代中期，布卢姆考察了现代的课堂教学模式，发现美国学校的课堂教学方法受以下一些思想的支配：个体的学习能力是天生的，并具有高度的稳定性和持久性，学校对学生学习能力的影响极小；个体学习能力的数量化差异呈正态分布；能力倾向和学习成绩之间存在着因果联系，只有能力最强的学生才能达到高成绩水平。由于存在上述思想，教师在新学期新课程开始时总是预想：大约只有三分之一学生能完全学会他所教的内容；三分之一学生将不及格或勉强及格；还有三分之一学生虽然也将学会所教的许多东西，但算不上"好学生"。而且，教师的这种预想，在教学过程中总会通过各种渠道传递给学生。

布卢姆认为"这些使师生学业目标固定化的预想，是当今教育系统中最浪费、最具有破坏性的一面"。[1] 因为，它压制了教师和学生的创造力，降低了学生的学习热情，也破坏了相当数量的学生自我形象和自我概念，使大量学生失去进一步学习的机会。他说：现代复杂的生产劳动和社会生活要求多数人能完成中等或高等的教育，也要求越来越多的人终身学习，如果学校教育只强调选拔的功能，培养10%的学生受高等教育，而淘汰90%；如果多数儿童在校学习时总是遭受挫折与羞辱，从而失去学习的兴趣，那么，这种教育就不能适应现代社会的要求。

如何解决当前这个教育上的问题呢？布卢姆认为关键在于改变我们对学习者及其学习的看法。

六十年代初，哈佛大学研究人员约翰·B.卡罗尔（John B. Carroll）提出一种看法，认为学习能力的差异是由于个人的学习速度造成的。他说："能力倾向是学习者达到掌握一项学习任务所需的时间量。"[2] 这就是说，即使学生的能力倾向是呈正态分布的，只要向每个学生提供所需的时间和帮助，那么，所有的学生在学科的学习上都能达到同样高的水平。布卢姆认为卡罗尔的假设对教育具有最根本的影响，为了验证这个假设，他和他的学生们进行了长期的实验研究。

实验的结果不仅证实只要教学的类型和质量、可用于学习的时间适合于

---

[1] 布卢姆：《教育评价》，华东师范大学出版社，1987年版。
[2] 同[1]。

每个学生的特点和需要,大部分学生都能高水平地掌握所学习的学科内容;而且发现一个人学习的速度比卡罗尔设想的要容易改变的多。布卢姆认为学生学习能力的差异并不像人们所想象的那么大,也不是完全稳定不变的,相反,通过提供适当的学校与家庭环境条件或学习经验,它是可以改善的。

二、掌握学习的课堂教学模式

布卢姆通过对可供选择的教学模式进行多次实验研究,终于形成了改进课堂教学的广泛计划,即掌握学习。

什么是掌握学习呢?这个学派的另一位著名人物詹姆士·H. 布洛克(James H. Block)认为,它包含两个意思:"首先,掌握学习是一种有关教与学的乐观主义的理论。实际上,这一理论主张任何教师都能帮助所有的学生很好地学习;其次,掌握学习是一套有效的个别化教学实践,它不断地帮助大多数学生很好地学习。"①

布卢姆认为掌握学习有许多切实可行的策略,但每一种策略都必须找到正确处理下列五种变量的方式:

1. 对某些特殊类型学习的能力倾向,这一点前面已经谈到。布卢姆认为:对于90%的学生,能力倾向只能预测学习的速度,而不能预定可能达到的学习水平或复杂程度。

2. 教学质量,即"对于学习任务要素的表达、解释与顺序安排趋向最适合于既定学习者的程度"(卡罗尔)。②

3. 理解教学的能力,即"学生理解学习任务的性质以及学习中应遵循的程序的能力。"布卢姆认为语言能力的发展主要在学前阶级和小学阶段,但词汇和阅读技能在各年龄段都可能得到改善。语言熟练水平的提高会改善学生的理解能力。因此,改进教学以适合学生的需要,是可以提高学生的理解能力的。

---

① 布卢姆:《教育评价》,华东师范大学出版社,1987年版。
② 同①。

4. 持久力，即学习者愿意花在学习上的时间。

5. 允许用于学习的时间。

处理好这五种变量就能使教学和学习者的需要和特征联系起来，帮助所有学习者取得优异成绩，获得最充分的发展。

实施掌握性学习要具备两个先决条件。第一，给掌握下定义。这就是教师要先明确地阐述"掌握"一门学科意味着什么。为了做到这一点，要规定好学生学什么材料并确定课程目标；要编好能覆盖所有这些目标的终结性测验；要规定好总结性测验成绩达到掌握水平的分数标准。第二，要为掌握拟定好计划。计划包括以下两方面内容：把要掌握的课程内容分解为一系列较小的学习单元并将它们按顺序排好；为每一单元设计一种反馈——矫正程序，就是要为每个单元编制出形成性测验并规定出达到掌握水平的成绩标准，同时，还要设计一组供选用的教学材料和教学程序，以及为形成性测验的每项题目准备好"矫正手段"。

进行掌握性学习研究，一般把两个班（一个是实验班，一个是控制班）做对比。开始时，两班学生原有的学习水平、态度和智力测量方面都是等值的。两个班同一门学科由同一个教师教，而且在教材、教法、教学时间表以及课程计划上也尽可能相似。控制班按目前学校的常规进行教学；实验班除了按常规进行的群体教学之外，还加上向每个学生提供频繁的反馈与个别化的矫正性帮助。

掌握性学习班的教学实施程序是：在学期开始时，教师先向学生解释掌握性学习课程的特点、措施以及可能取得的成果，使学生明确努力的方向。然后，按常规进行群体教学。每个单元教学结束时，对全体学生进行一次形成性测试（形成性测试 A）。每个学习单元一般包括两周或大约 8—10 小时的课内教学，小学低年级可只包括一周，大专学校可包括 3—4 周的教学。每次形成性测试大约花费 20—30 分钟。测试后通常让学生自己评分，弄清哪些题目做对了，哪些题目做错了。一般做对了 80%—85% 试题算是达到了掌握的水平，对达到这一水平的学生，教师给予鼓励。

有些试题可能大多数学生（大约三分之二或更多些）不能正确回答，那就表示作为这些测试基础的概念是教学的难点，或者是试题出得不够完善。这时，教师应该在测试后不久或在下一堂课，采用与以前不同的教学方式重新解释这些概念。进行这种复习性解释之后，全班学生应当进入下一单元的教学，使掌握班的进度与控制班大致保持一样。

对于没有达到单元掌握水平的学生则进行个别化的矫正性帮助。这种帮助可以由一名助手、其他学生、家庭成员进行，或要求学生自己阅读参考资料。经过这种矫正性帮助，在第一次形成性测试之后几天，进行第二次形成性测试（形成性测试B），这次测试的问题和第一次测试是平行性的。通常只要求学生回答在第一次测试中未领会的平行性问题。通过这次测试来查明学生是否已掌握了先前未掌握的内容。如果两次测试答对的试题数量达到了全部试题的80%—85%，这就算掌握了该单元的内容。这时，教师给这些学生以鼓励并表扬他们做了额外的工作。如果学生在形成性测试A或B中都未达到掌握水平，一般就不要求他们进行第三次测试了。

三、掌握性学习的成果

掌握性学习取得的成果，首先表现在学生学习成绩的普遍提高上。掌握班中大约80%的学生达到了常规群体教学班级中20%的最好的学生所达到的期末成绩水准（通常为A或B^+等）。大部分原先学得较慢的学生都能达到学得较快的学生那样的学习成绩水平。他们同样能够学习复杂、抽象的概念，能够把这些概念应用到新的问题中去，还能够同样好地保持这些概念。虽然，他们用了较多的时间。

近几年布卢姆和他的博士研究生又进行了一系列实验，目的在于让更多的学生达到掌握的水平。他们在使用原先掌握学习策略的基础上，再补充一两项措施，如提高认知或学习的先决条件（即在开学的第一周花些时间给学生补缺补漏）、改进阅读和学习的技能、改进教师的提示与解释、让学生更多地参与课堂教学、加强互助学习等。结果达到掌握水平的学生，从只运用原有掌握学习策略时占全部学生的80％左右提高到90％以上，在有些试验中甚至达到98％。

除此以外，掌握学习策略还取得以下几方面的成果：

1. 掌握班学生的学习能力得到提高。如果在某一学科的入门性课程中实施掌握学习，那么，学生一般都能把在掌握学习中学到的新的学习方法用于学习该学科的高一级学习课程。如果在更大范围内运用掌握学习，那么，学生在"学会学习"品质方面也会有所提高，他们发展了自我反馈和自己改进学习的技能，当学习遇到困难时，知道如何寻求答案和寻求帮助。

2. 在掌握学习的过程中，原先学得慢，需要矫正的学生对于特定的帮助和额外时间的需要越来越少了。于是学得慢的学生与学得快的学生在学习时间的差距上大大缩小了。例如，做数学家庭作业的时间，两类学生最初为6∶1，通过掌握学习，可能变为2∶1。

3. 由于成功地掌握了学科，学生就对学科感到兴趣，产生了进一步学习的动机，进而对学校也产生了积极的情感，入学率提高了，停学率戏剧性地下降了。

4. 学生由于掌握了学科，得到社会的认可，增强了学习的信心。这将使他们的自我观念以及对外部世界的看法发生深刻的变化。学习上的成功减少了焦虑，心理更加健康，承受某些精神压力的能力也增强了。在掌握学习班中，违反纪律的现象也显著减少了。

5. 掌握班学生互相帮助，消除了为分数而引起的竞争，他们变得富有合作的精神，班级里团结与合作的精神得到发扬。

6. 改变了教师对学生学习能力的看法。多数教师在实行掌握学习四至六周内就发现实验班学生与控制班学生在学习上的差异，对学生的学习潜力产生了更充足的信心。结果便自愿继续采用掌握学习程序教学，并且不愿意在控制班继续用常规方法教学。

四、掌握学习策略的几个要点

为了更好地了解掌握学习策略的精神实质和具体措施，有必要进一步探讨这一策略所包含的几个要点。

1. 确定掌握目标，明确努力方向。布卢姆说："教学的艺术在于把一个复杂的最终产物分解为必须分别地并按某种顺序地达到的组成部分。教授任何一种事物，便是在向着终极目标前进时，一面记住所达到的最终模型，一面集中力量走好每一步。"[①] 这两句话确实指出了掌握学习的实质。实行掌握学习时，首先确定课程总目标和各单元的学习目标，然后根据目标构制评价工具，规定达到掌握水平的成绩标准，在课程开始时又先向学生说明掌握学习的特点和要求，为掌握定向。这一切，目的都在于使学习的目标明确、具体，以便师生能扎扎实实地、一步一步地朝终极目标前进。

2. 创建必要的测量体系。要使掌握学习产生效果，课程编制者还应该参与创建一种符合师生需要的测量体系。这种体系包括以下一些内容：

（1）配置性或事先测验。这种测验的最主要用途是揭示学生对某一学科学习的预备性条件的掌握程度，以便确定如何指导学生的下一步学习。

（2）对于能力、认知方式以及强化形式的测量。学生的能力、认知方式以及接受强化的形式都存在个别差异。应该创建和应用多种能力倾向测验进行测量，以便针对学生的个别差异选取教材、设计和使用适当的教学程序以及运用适合于个人的强化物。

（3）总结性评价。这种评价前面已提到。把教学目标和内容计划转换成评价程序，能使师生进一步明确学习成绩的标准，进行这种测试可判断学生是否达到掌握。应该把教师、评价专家和课程专家三方面力量组织起来，编制出符合某一特定学科或课程主要教学目标的试题，建立起试题库，供教师选用。

（4）形成性评价。它是根据学习单元的内容和目标编制的一种简要的诊

---

① 布卢姆：《教育评价》，华东师范大学出版社，1987年版。

断进步的测验。对于已完全掌握了单元内容的学生,它可以起强化作用,增强他们的信心;对于未完成单元掌握任务的学生,它可揭示学习的特殊难点。对于教师,它则能够提供反馈信息。运用这种测验的要点是尽可能减少矫正时间以便使学习的时间变得更多。一般说,一门课程的初期和课程的基础的、预备性的部分应较多地进行这种测验,以确保完全掌握。

（5）情感评价程序。实施掌握学习也需要一种能指明学生的兴趣、态度与心理健康的评价工具。

3. 个别化的教学程序。布卢姆说：过去五十年里研究者力图找到一种适合于所有学生的教学方法、教材或课程方案,这就把他们引进死胡同。研究表明,学生的学习能力、认知方式以及学习持久力等都存在着个别差异。一些学生通过独立学习,便能学得很好,而其他学生则需要高度结构化的教与学的情境;一些学生需要更具体的说明和解释,另一些学生则需要更多的例证才能理解一种概念。因此,各个学生可能需要十分不同的教学类型和质量才能够达到掌握。如果我们对不同的学生采用不同类型的教学,那么,他们就可能学会同样的教学内容,达到同样的教学目标。布卢姆认为,评定教学质量应当根据它对于各个学习者,而不是对随机的学习者群体所产生的效果。

那么,怎样才能把教学质量的变化和学习者的个别差异联系起来呢？布卢姆认为,一对一个别教学方法的效果最好,它可使98%的学生达到掌握水平。然而,这样做,在人力和财力上都是不允许的。因此,他提出掌握性学习的策略,以对每个学生频繁的反馈与个别化的矫正性帮助去补充群体教学的不足。近几年来,他又进行新的实验研究,以求达到与一对一个别教学相等的效果。

布卢姆采用过的个别化教学的方法很多。例如,某一概念用一种方式教学,学生不能掌握时,就改用另一种方式进行解释;教科书也不限定一种,必要时针对学生的难点,选用另一种能有效解释概念的教科书;当学生学习某一单元有特殊困难时,还可以使用练习册和程序化教学单元,这种单元具有小步子和经常强化的特点；也可以运用视听方法和学术性游戏等。在近年研究中与掌握性学习结合应用的变量多达十几种（每次用一、二种）。

4. 反馈与矫正性帮助。反馈与矫正性帮助是个体化教学的一种重要方式。在群体教学中，不管教师多么认真负责，工作多么有效果，总有一部分学生在学习上产生误差。这些误差如不及时矫正，必定会影响下一步的学习并逐步积累起来，以致要完全矫正很不容易。因此，教学时的关键就在于通过反馈系统及时揭露这些误差并及时加以矫正。

反馈可以通过简短的、诊断性的形成性测试的形式来提供。个别化的矫正性帮助，每一个学生每一周或两周只需要一小时左右；但是，在一个有三十名或更多学生的班级里，单靠教师一个人是很难完全做到的。因此，要发动许多同盟者，如助手、其他学生、家长等参加这项工作。发挥家长的作用很重要，教师可定期召开家长会，把学生进步的情况和需要什么样的帮助和鼓励告诉家长。

布卢姆发现矫正性学习过程最有效的程序是让学生小组（二或三人）聚会三十分钟左右，对形成性测试的结果进行检查并互相帮助，克服测试中发现的困难。起初，这种聚会在课内进行，当学生学会如何有效地相互帮助之后，便可改在课外进行。

5. 鼓励合作。如果学校里按正态分布或某种相对的标准评定成绩，那么，就只有少数学生能得到 A 等。这时，学生学习成绩的高低或进步的情况就表现在他在班级内学生成绩等级次序中的相对位置上。于是，他们彼此就会为取得等级中更高位置而展开竞争。布卢姆认为这种竞争弊多利少。他说："对于用竞争的眼光看待别人的学生而言，竞争也许是一种激励，但如首先而且主要强调竞争，便可能摧毁许多学习与发展。"[①] 他认为学生在学习过程中应当互相关心、互相帮助、互相合作。学校不应当只重视培养学生具有准时、整洁、驯良以及竞争等品质，而应当把社会性的相互作用、社会性品质包括

---

① 布卢姆：《教育评价》，华东师范大学出版社，1987 年版。

到主要的教育目标之中。

实行掌握性学习,确立达到掌握水平(也就是优秀成绩)的标准、按学生作业的实际水平评分并采取措施让尽可能多的学生经过努力都能达到这个标准,就能消除竞争,就能在学习小组中共同学习,互相帮助,矫正误差。同时培养起互相支持,互相关心,彼此尊重,乐于分享成功快乐的良好品质。

实行掌握性学习,不仅学生要互助合作,教师也应互相支持。对于教师不仅应事先提供四至六小时的掌握性学习的理论与程序的定向指导,在以后工作中遇到困难时,每隔两周或每月还要会面一次进行互助。

五、对掌握学习策略的评价

二十几年来在美国有几百万学生参加了掌握学习的实验,实验的范围涉及各级各类学校和各门学科。在国际上也有许多国家进行了大规模的实验,所取得的成果似乎不容置疑。可是,正如布卢姆所说的那样:"掌握学习的理论、实践和研究中的许多东西对于一些教育家来说似乎是'陈旧'的。"[1] 掌握学习中所采用的各种措施、模式是许多教师在教学实践中运用过的,或者只是对标准做法作了微小修正而已。那么,实验为什么会取得那么显著的成效呢?我们认为这和掌握学习的下述三个特点有关:

首先,掌握学习策略是针对班级教学中长期存在的问题——群体教学如何照应到学生的个别差异这个问题提出的。它用群体教学、小组讨论、个别辅导相结合的方式,用频繁及时的反馈和个别化的矫正的办法,让群体教学中在掌握上有误差的学生及时得到补救,使他们具有必要的坚实的基础去迎接下一步的学习,从而保证了大部分学生达到了掌握的水平。

其次,掌握学习策略始创于六十年代,它吸取了西方国家教学论和教育心理学研究的许多最新成就。从布卢姆的著作中可以明显地看到卡罗尔的新学生观、加涅和格莱塞的教学心理学理论、普莱西和斯金纳的程序教学研究、布鲁纳和奥苏贝尔的认知学派教育心理学原理、莫里逊的五步教学法、古德

---

[1] 《布卢姆掌握学习论文集》,福建教育出版社,1986年版。

拉德的关于课程和课程变化理论等,对于掌握学习策略的提出产生了深刻的影响,并使它进一步完善。

第三,掌握学习策略把确定教学目标、实施教学与教育评价三项工作结合起来。教学目标可使人明确教学的结果将使学生发生什么样的变化;教学旨在引导学生进行某种学习,它是用以达到目标的手段;评价工具的编制能使教学目标进一步具体明确,它们的应用则可提供学生个体是否发生了或在多大程度上发生了符合于教育目标的变化的证据。目标、教学与评价的有机结合大大增强了对教学的系统控制,使那些似乎是"陈旧"的措施,获得了新的含义,发挥了应有的效能,从而保证大多数学生达到了教学目标。

但是我们觉得,掌握学习策略还有几个问题尚待进一步明确。

第一,关于这一策略的适用范围问题。七十年代认为这一策略较适用于最少需要预备性条件的学科(如第一年代数、中学的生物学、化学、大学的统计学、心理学导论、哲学、第二语言的第一年课程),必修的、序列性的、封闭性的以及注重辐合思维的学科和小型的、常规的班级。到了八十年代初研究的范围日益扩大,似乎这一策略在各类学校、各种学科中都能适用。我个人觉得七十年代初的结论似乎较为实际。既然掌握学习是以及时反馈和个别化矫正去补充群体教学的不足,那么,它在大型班级中实施可能就不容易收到在小型班级中实施一样好的效果;既然掌握学习的关键在于及时矫正在群体教学中学生个体产生的误差,使他们具有必要的预备性条件迎接下一步的学习,那么,在要求更多预备性条件的学科中实行掌握学习就可能更难取得较好的效果。

第二,掌握学习是否能达到教育目标的各个层次的问题。布卢姆把教育目标分为六个层次。实验中80%—90%达到掌握水平的学生,他们是否都达到高层次的教育目标?布卢姆于1984年写道:"甚至在出售了一百万本《教育目标分类学》(布卢姆等著,1956年)以后,采用该分类法对教师进行职前和在职训练二十五年之后,仍然有百分之九十五以上的要求学生回答的测验题目没有超过识记材料。现在，我们的教学材料、教学方法、测验方法仍然很少超出分类学法的最低范畴：知识。"① 因此，他和他的博士研究生运用把演讲改为自己阅读材料、直接取得实际经验、开展小型讨论（每班 28 个学生）、开卷考试等方式以加强高层次心理过程的教学。可见，在掌握学习中达到高层次教育目标的问题还有待进一步的探讨。

第三，布卢姆接受卡罗尔的看法，认为学生的能力倾向表现在掌握一项学习内容所需时间的多少上。换句话说，所有学生在完成一项学习任务时，只要有足够的时间都能达到掌握的水平。但是，各个学生达到规定水平的掌握，其含义是否完全一样？照理说，真正的掌握应该达到教学目标的所有层次，然而，要做到这一点，实际上是不容易的。每个达到掌握水平的学生在理解教材各部分内容的深度上、在所掌握的知识的概括水平与巩固程度上、在应用知识的灵活性上、在掌握学习方法的水平上、在接受不同性质学习材料的能力上可能仍然有差异。这些差异在长期学习过程中有的可能逐渐缩小，有的也可能进一步扩大。我们似乎很难设想在学习过程中各个学生的发展最后会一模一样，这不是说，我们怀疑大多数学生都可能掌握他们所学的课程，尤其是在接受基础教育的阶段，这只是说，我们不应忘记：同样达到掌握水平的学生仍然存在个别的差异，而这种差异在进一步学习与发展上必然会产生影响。

布卢姆重视环境与教育对个体能力发展的重大影响，重视早期教育的作用。这些论点我们认为都是正确的。但是，与此同时，他又认为人类的许多特征，包括言语发展、推理能力、学习能力在很早的时候，即在出生后的最初五年或者在学前阶段和小学阶段就决定了的，这就有待进一步研究了。我觉得这种观点和他掌握学习的理论是有矛盾的。真正达到教学高层次目标的掌握，实际上包含着学习能力、推理能力的发展。如果这些能力在早期就基本决定了，那么，怎能使人相信掌握学习在各级各类学校（包括高等学校）

---

① 《布卢姆掌握学习论文集》，福建教育出版社，1986 年版。

都适用,都能取得很好的效果呢?

第四,布卢姆从教学必须适应学生个别差异出发,强调一对一个别教学的效果,只是由于看到财力、人力的限制,不可能普遍实行这种教学,才研究以个别化教学的方法补充群体教学的不足。看来他对班级集体对学生个体学习的影响是估计不足的。此外,他在提倡学习小组成员的合作的同时,主张消除竞争,这种看法也是不够全面的。教育心理学研究表明:不适当地应用竞赛、鼓励竞争,将带来许多消极的影响;而适当地应用竞争机制,尤其将竞争与合作相结合,使竞争服从于远大的目标时,它是完全可能产生良好效果的。

掌握学习策略所要解决的问题,也存在于我国当前的教育中。在我国许多地方都有大量学生遭受旧学习观的祸害,成为不合理教育的牺牲品。因此,进行掌握学习实验并逐步加以推广,不无重要意义。

(原载于《福建师范大学学报》(哲学社会科学版)1989年第2期)

王世铎编撰